新元史

第十冊

列傳（五）
考證

柯劭忞 撰
張京華 黃曙輝 總校

上海古籍出版社

新元史卷之二百三十七　列傳第一百三十四

文苑上

昔金之末造，文章衰敝，至元好問出，始無愧於唐、宋之作者。然蒙古初入中原，好問之學不甚顯於當世。中統以後，浸尚詞術，上下百有餘年，稱詩者推楊載、虞集、揭傒斯、范梈，稱文者推虞集、揭傒斯、黄溍、柳貫，皆質有其文，彬彬然立言之君子也。皇朝黄宗羲以姚燧、虞集爲元文之最盛者，王士禎以吴萊之詩配蘇軾，翁方綱以虞集之詩繼黄庭堅，蓋議論之不同如此。文章之士，因派别而爲愛憎，至論定於千載之後，其言固不可易也。作《文苑傳》。

楊奂員擇　陸文圭梁益　劉辰翁黄圭　羅志仁　周密　盧摯　戴表元　陳孚馮子振　洪希文〔一〕　龔璛　宋无　白珽　劉應龜　元淮　袁易泰　鮮于樞　鄭滁孫陶孫　姚應鳳　謝暉　吾邱衍仇遠　楊載　楊剛中　李桓　劉詵龍仁夫　劉岳申　陳旅程文　陳繹曾　李泂王景賢　范梈　柳貫　李孝光朱文霆　周馳　朱

德潤　顧輝　馬瑩　黄叔英　吴福孫　胡渭　李存

楊奂，初名焕，後改爲奂，字焕然，乾州奉天人。年十一，母卒，哀毁如成人。金末，舉進士不第。太宗九年，詔宣德税課使劉中試諸路儒士，奂應試東平路，兩中賦論第一。耶律楚材薦爲河南路徵收課税所長官，兼廉訪使。奂言於楚材曰：「奂以書生，理財賦已非所長，况河南兵荒之後，遺民無幾。願假以歲月，使得摩撫瘡痍，爲朝廷萬一之助。」楚材善之。奂至，約束簡易。或以增税額爲言，奂責之曰：「剥下欺上，爾欲我爲之也？」即減原額四之一，公私便之，謂從來漕司所未有。在職十年，以老病致仕。世祖在潛邸，驛召參議京兆宣撫司事。累上書，得請而歸。卒，年七十。賜謚文憲。

奂博學强記，讀《通鑑》論漢魏正閏，不平其事，著書駁正之。文章務去陳言，以蹈襲古人爲恥。趙復稱其「沉没莊、騷，出入遷、固，然後折衷於孔、孟之《六經》」，世以爲知言。著有《還山集》六十卷，《天興近鑑》三卷，《正統書》六十卷。初，奂從太宗檢文，判誤「奂」爲「英」，不敢私改，故又名英云。

門人員擇，得奂文學之傳，奂文集即擇所釐訂者。

陸文圭，字子方，江陰人。幼穎悟，博通經史百家之學。宋咸淳九年，以春秋中鄉選。宋亡，隱居不仕。延祐設科，有司强之就試，再中鄉選。其對策，言救流民之策三，曰擇守令，輕賦役，議振貸；革貪吏之策三，曰清選法，均俸給，嚴糾劾；拯鹽法之策三，曰恤亭户，減官額，省職員；拯鈔法之策三，曰住印造，節用度，禁奢侈。皆切中當世之弊。朝廷數遣使以幣聘之，文圭老疾不果行。卒，年八十五。

文圭爲文，縱横變化，莫測其涯涘，東南學者皆宗師之。屬纊先一日，語門人曰：「以數考之，吾州二十年後必有兵變。吾死宜葬於不食之地，勿封勿樹，庶免暴骨之患。」其後江陰之亂，冢墓盡發，人乃服其先知。有《牆東類稿》二十卷。

同縣梁益，字友直。工文辭，與文圭齊名，著有《三山稾》、《詩傳旁通》。

劉辰翁，字會孟，吉安廬陵人。宋太學生。廷試言：「濟王無後，可憫；忠良戕害，可傷；風節不競，可憾。」忤賈似道，置丙等。宋亡不仕。著有《須溪文集》。子尚友，亦能文。吴澄評其父子之文，謂：「辰翁奇詭變化，尚友浩瀚演迤，皆能成一家之言。」

同縣黄圭，字唐佐；羅志仁，字壽可。宋末有詩名。以薦，圭授莆田丞，志仁授天長書院山長。劉辰翁嘗稱之曰：「黄西月五言，羅秋壺小詞，它人莫能及也。」

周密，字公謹，其先濟南人，後徙吴興。密學問淵雅，爲宋相馬廷鸞所知。累官豐儲倉所檢察。宋亡，寓杭州，居癸辛街楊沂中之瞰碧園，與王沂中、張炎、仇遠等相倡和。其詩感慨激發，樂府尤工。有《蠟屐集》、《弁陽詩集》、《蘋洲漁笛譜》。密著書甚多，其《齊東野語》、《癸辛雜志》、《絶妙好詞》皆盛行於世。

盧摯，字處道，一字莘老，大都涿州人。至元中，以能文薦，累遷河南路總管。真人吴全節，代祀嶽瀆，過河南，聞其治行，力薦之。大德初，授集賢學士，出爲江東道廉訪使，復入爲學士，遷承旨，卒。

元初能文者，曰「姚盧」，謂姚燧及摯也。古今體詩，則以摯與劉因爲首。著有《疏齋集》。臨川吴澄曰：「盧學士所作古詩，類魏晉清言。古文出入《盤誥》中，字字土盆瓦缶，而有三代虎蜼瑚璉之色。」見者莫不改觀。摯嘗曰：「清廟明堂，謂之古，朱門大厦，謂之華屋可也，不可謂之古。太羹元酒，謂之古。八珍，謂之美味可也，不可謂之古。知此可與論古文矣。」其自言得力如此。

戴表元，字帥初，一字曾伯，慶元奉化州人。宋咸淳中，登進士乙科，教授建寧府。後遷臨安教授，不就。大德八年，執政薦於朝，起家授信州教授，再調婺州，以疾辭。

初，表元閔宋季文章氣萎苶而辭骫骳，慨然以振起斯文爲己任。時四明王應麟、天台舒岳祥，並當代儒宗，表元皆從受業。故其學博而肆，其文清深雅潔，蓄而始發。至元、大德間，東南以文章大家名重一時者，表元一人而已。其門人最知名爲袁桷。桷之文，體裁、議論皆取法於表元者。

表元晚年，翰林、集賢以修撰、博士二職論薦，不肯起。年六十七卒。有《剡源集》三十卷。

陳孚，字剛中，台州臨海人。至元中，孚以布衣上《大一統賦》，江浙行省聞於朝，署上蔡書院山長。考滿，謁選京師。二十九年，世祖命梁曾以吏部尚書再使安南，選南士爲介。朝臣薦孚博學有氣節，調翰林國史院編修官，攝禮部郎中，爲曾副。陛辭，賜五品服，佩金符以行。三十年正月，至安南，世子陳日燇以憂制不出郊，遣陪臣來迎，又不由陽明中門入。曾與孚回館，致書詰日燇以不庭及不出郊迎詔之罪，往復三書，辭直氣壯，皆孚筆也。使還，除翰林待制，兼國史院編修官。帝方欲寘之要地，而廷臣以孚南人，且尚氣，頗忌之，遂除建德路總管府治中，再移衢州、台州。大德七年，奉使宣撫循行諸道。時台州旱饑，道殣相望。江浙行省檄浙東元帥脱歡察爾振之，脱歡察爾不恤民，驅脅有司，動寘重典。孚遂詣宣撫使，愬其不法十九事，按實抵罪，發倉振民，全活者衆。孚亦以此致疾，卒於家。年六十四。贈臨海郡公，謚文惠。孚天材過人，性任俠不羈，其詩文任意疾成，不事雕斲。有文集行於世。

同時有馮子振，其豪俊與孚略同，孚自以爲不及。子振嘗爲詩諛桑哥，及桑哥敗，子振又告詞臣撰碑，引喻失當，孚發其奸狀，帝不問。子振爲文，酒酣耳熱，命侍史二三人潤筆以俟，據案疾書，隨紙數多寡，頃刻輒盡。然不盡合於法度，人亦以此少之。

洪希文，字汝質，興化莆田人。父德章，宋貢士，初爲興化教諭。會兵亂，父子同居萬山中，飯疏飲水，相倡和，無愠色。德章有集曰《軒渠》，希文自號《續軒渠集》，又號《去華山人稿》。其詩激宕淋漓，爲閩人之冠。

龔𤩽，字子敬，鎮江人。父渠，宋司農卿，宋亡，例遣北上，行至莘縣，不食而卒。𤩽與弟理，力學不仕，當時以「兩龔」比之。以薦，爲寧國路儒學教授。遷上饒縣主簿，以江浙等處儒學副提舉致仕，卒。爲文卓偉殊絶，自成一家，著有《悔存藁》。

宋无，字子虚，舊字晞顔。宋末兵起，自晉陵遷平江，冒朱姓，搶攘之際，不廢學業。父國珍，領征東萬户案牘，適病瘻，无匄以身代，入海，抵竹島，風濤大作，无吟詠自如。至元二十四年，中丞王約薦之，以奉親辭。著有《翠寒集》。趙孟頫稱其「風流藴藉，皆不經人道語」。又《啽囈集》一卷，雜咏古人軼事。《鯨背吟》一卷，乃從事征東幕府時，作七言斷句，議論諷刺，有裨時政焉。

白珽，字廷玉，錢塘人。年十三，受經太學，即有聲。甫壯，李衎爲江浙平章，薦爲太平學諭，珽勉起應命。秩滿，遷蘭溪州判官，不赴。其詩文爲時所重，紫陽方回稱其「冠絶古今」，廬陵劉辰翁言：「其蒼然者，不惟極塵外趣，兼有雲山韶護之音。」晚歸老棲霞，學者稱湛淵先生。所著曰《經子類訓》，曰《集翠裘》，曰《静語》，各二十卷。亦工書，有魏晉風。

劉應龜，義烏人。自少潛心義理之學，每以古人自期。宋淳祐間，遊太學，丞相馬廷鸞高其才，將以女妻之，堅不允，由是名稱藉甚。至元初，起爲月泉書院山長，升杭州學正。所著有《夢稿》、《癡稿》、《聽雨留稿》，共二十卷。

元淮，字國泉，别號水鏡，臨川人，徙家邵武。以軍功，官至溧陽路總管。嘗有詩云：「截髮搓繩聯斷鎧，撦旗作帶繫金創。卧薪嘗膽經營了，更理毛錐治溧陽。」溧陽，至元十三年升爲溧州，繼改溧陽府，已升爲路。淮到省，乞改爲直隸州，少蘇民力。及去任，作詩云：「問歸行李輕如羽，沿路吟詩有一船。」著《金囦吟》一卷。

袁易，字通甫，平江長洲人。力學，不求仕進。行省使者將薦之，易固辭。辟署石洞書院山長，亦不就。居吴淞、具區間，築堂曰静春，聚書萬卷，手自校讐。著《静春堂詩集》四卷。與郡人龔璛、郭麟孫爲「吴中三君子」，趙孟頫嘗作《卧雪圖》以美之。

子泰，字仲長，爲郡學教授，别號寓齋，亦有詩名。

鮮于樞，字伯機，號困學山民，大都人。官至太常典簿。學書於張天錫。偶適野，見二人輓車行泥淖中，遂悟書法。酒酣，吟詩作字，奇態横生，與趙孟頫齊名，終元世，學者不出此兩家。或言孟頫妒其書，重價購而燬之，故傳世不多云。著有《困學齋集》。虞集贊其畫象曰：「斂風沙裘劍之豪，爲湖山圖史之樂。翰墨比米、薛而有餘，風流擬晉、宋而無作。」世稱知言。子去矜、孫端，皆能世其家學。

鄭滁孫，字景歐，處州人。宋景定間，登進士第，知温州樂清縣。累遷宗正丞、禮部郎中。至元三十年，有以滁孫名薦者，世祖召見，授集賢直學士，累擢學士，乞致仕歸。弟陶孫，字景潛。亦登進士第，監西嶽祠，先陶孫徵至闕，奏對稱旨，授翰林國史院編修官。會纂修國史，至宋德祐末年事，陶孫曰：「臣嘗仕宋，宋是年亡，義不忍書，書之非義矣。」終不書。世祖嘉之，擢應奉翰林文字。後出爲江西儒學提舉。滁孫兄弟在當時最號博洽，學者翕然推之。隆福太后製衣親賜之，人以爲榮。滁孫所著，有《大易法象通贊》、《周易記玩》等書。陶孫有文集。

姚應鳳，字時和，慈谿人。自雄其才，喜馳騁，每屬筆於廣衆中，詞鋒横逸，驚一座。後持以謁同郡袁桷，桷語之曰：「子文不受束縛，然法度自不可廢也。」應鳳領之。自是務爲簡嚴，日益深邃。至元間，嘗就試省部，時以龍虎臺命題，有司得應鳳賦，嘆曰：「此秦漢間故物也。」置高第，著有《訥軒稿》。

謝暉，字彦實，資陽人。識見通敏。早歲受業胡長孺之門，以德業自勉。或勸習舉子業，答曰：「學以博通古今，資文行耳，仕奚所急？」趙孟頫見而愛之，授以書法，一臨池遂得其神似。文章質實，皆布帛菽粟之言。

吾邱衍，字子行，由太末徙家錢唐。性凌傲，高不事之節。家於委巷中，教小學，常數十人。或請謁，從樓上遥謂曰：「吾出有間矣！」著《尚書要略》、《聽玄集》、《九歌譜》、《十二月樂譜辭》、《重正卦氣》、《楚史檮杌》、《晉文春秋》諸書，兼通音律，工篆、隸。初，衍年四十未娶，所知爲買酒家女爲妾。女有前夫，知女所在，訟之。衍遭捽辱，不勝忿，因詣仇遠作别。值晨出，留詩一章，有「西泠橋外斷橋邊」之句，明日，有得遺履於橋上者。西湖多寶院僧可權，從衍學，知其投水死，乃葬衍遺文於後山。

同縣仇遠，字仁近。官溧陽州教授，好古博雅。楷書學歐陽率更，行書亦善。著有《山村集》、《批註唐百家詩選》。

楊載，字仲弘，其先居建州之浦城，後徙杭州。幼孤，事母至年四十不仕。户部尚書賈國英數薦於朝，以布衣召爲翰林國史院編修官，與修《武宗實録》。延祐初，仁宗以科目取士，載遂登進士第，授饒州路同知浮梁州事，遷寧國路總管府推官。至正二年，卒。

載博涉羣書，爲文以氣爲之。黄溍評其文：「博而敏，直而不肆。」載亦謂溍曰：「子之文，氣有未充也，然已密矣。」溍歎服。尤工詩，嘗語學者曰：「詩當取材漢、魏，而格律則以唐爲宗。」自載出，始洗宋季詩人之陋。

載與虞集友善，每言集不能作詩。一日，集載酒，問詩法於載，酒酣，盡爲集言之。後集作詩送袁桷扈駕上都，介他人質於載，載曰：「此詩非伯生不能作也。」或問：「君謂伯生不能作詩，何以有此？」載曰：「伯生學問高，予以詩法授之，餘莫能及也。」故元一代之詩，稱「虞、楊、范、揭」云。

同時，上元有楊剛中，字志行。自幼厲志操。及爲江東按察司照磨，風采凜凜。其文奇奥簡澀，力矯凡俗，爲元明善歎賞。仕至翰林待制而卒，有《霜月集》行世。

其甥李桓，字晉仲，同郡人。由鄉貢進士累遷江浙儒學副提舉，亦以文鳴。

劉詵，字桂翁，吉安廬陵人。少有文名。江南行御史臺屢以教官、館職、遺逸薦，皆不報。詩文曰《桂隱集》。桂隱，詵別號也。至正十年卒，年八十三，賜謚文敏。

同郡龍仁夫，字觀復；劉岳申，字高仲。其文學皆與詵齊名，有集行世。而仁夫之文尤奇逸流麗，所著《周易集傳》〔二〕，多發前儒所未發。岳申用薦，爲遼陽儒學副提舉，仁夫，江浙儒學副提舉，皆不就。

陳旅，字衆仲，興化莆田人。幼孤，篤志於學，於書無所不讀。用薦者，爲閩海儒學官。適御史中丞馬祖常使泉州，一見奇之，謂旅曰：「子，館閣才也，胡爲留滯於此？」使勉遊京師，既至，翰林侍講學士虞集見其所爲文，慨然歎曰：「我老將休，付子斯文矣！」即延至館中，朝夕以道義學問相講習，自謂得旅之助爲多。

中書平章政事趙世延力薦之，除國子助教。居三年，考滿，諸生不忍其去，請於朝再任焉。元統二年，出爲江浙儒學副提舉。至元四年，入爲應奉翰林文字。至正元年，遷國子監丞，階文林郎。又二年，卒，年五十有六。

旅於文，自先秦以來，至唐、宋諸大家，無所不究。故其文典雅峻潔，必求合於古作者。有文集十四卷。

篤於師友之義，每感虞集爲知己。其在浙江時，集歸田已數載，歲大比，請於行省參知政事孛朮魯翀，親奉書幣請集主鄉試。集感其來，留旬日而別，惓惓以斯文相勉。集每與學者語，必以旅爲平生益友。一日，夢旅舉杯相向曰：「旅甚思公，亦知公之不忘旅也，但不得見爾。」既而聞旅卒，集深悼之。

同時有程文、陳繹曾者，皆名士。文，字以文，徽州人。仕至禮部員外郎，作文明潔而精深，集亦稱之。繹曾，字伯敷，處州人。爲人雖口吃，而精敏異常，諸經註疏，多能成誦。文辭汪洋浩博，其氣爗如也。官至國子助教，論者謂二人皆與旅相伯仲。

李泂，字溉之，滕州人。少以文受知姚燧，薦授翰林國史院編修官，轉太常博士。拜住爲丞相，聞泂名，擢監修國史長史。泰定初，除翰林待制。以葬親辭歸。天曆初，文宗開奎章閣，延天下知名士充學士員。泂數進見，奏對稱旨，特授奎章閣承制學士。泂既被知遇，乃著《輔治篇》以進。命預朝廷大議，同修《經世大典》。謁告歸，復除翰林直學士，稱疾不起。

泂骨清神朗，峨冠褒衣，望之如圖畫中人。爲文揮灑縱放。去官後，歷游匡廬、王屋、少室諸山，留連久之乃去。僑居濟南，有湖山、花竹之勝，搆亭其間，文宗嘗敕虞集記之。泂尤善書，自篆、隸、真、草，皆見重於世。卒，年五十九。有文集四十卷。

同時，海康人王景賢，號愚谷，爲邕州路教授。文宗居海南，得其詩愛之，手書「愚谷」

二大字以賜。及即位，又賜以六花宫袍。

范梈，字亨父，一字德機，清江人。家貧，早孤，母熊氏守志撫之。天資穎異，所誦讀輒記憶。居則固窮守節，竭力養親，出則假陰陽之技，以給旅食。耽詩文，用力精深，人罕知者。與虞集友善。年三十六，始客京師。中丞董士選延之家塾，以薦爲翰林院編修官。秩滿，御史臺擢海南海北道廉訪司照磨。遷江西湖東道，選充翰林供奉。御史臺又改擢福建閩海道知事，閩俗素污，文繡局取良家子爲繡工，無別尤甚。梈作歌詩一篇〔三〕，述其敝，廉訪使取以上聞，皆罷遣之。未幾，移疾歸。天曆二年，授湖南嶺北道廉訪司經歷，以養親辭。明年卒，年五十九。

所著詩文，與虞集、楊載、揭傒斯齊名。梈居官廉正，不可干以私，疏食飲水，泊如也。吴澄稱爲特立獨行之士云。

柳貫，字道傳，婺州浦江人。幼有異稟，穎悟過人。稍長，受學於金履祥，又從方鳳、吴思齊、謝翺游，肆力於古文詞。以察舉爲江山縣學教諭，又爲昌國州學正。考滿，至京師，翰林學士吴澄語人曰：「柳君如慶雲甘露，天下士將被其澤。」翰林學士承旨程鉅夫以墨一笏贈之，曰：「天下文章，今屬子矣。」延祐四年，特授湖廣等處儒學副提舉，未上，改國子助教，擢博士。泰定元年，遷太常博士。朝廷有大典禮，集諸儒討論，貫酌古今之宜，爲之折衷，人咸服其精審。沅州歲貢包茅四十一舟，茅輕，舟多覆溺。貫建議，請減其三之一，附以他貢物，自是無覆溺之患。前臨江州知州李倜爲部使者所劾，倜官至集賢侍讀學士，卒，當得謚。貫爲謚議，其子納金於貫，乞毋及臨江事，貫辭之，而明其無罪。執政欲以其祖配食孔子廟，衆莫敢言，貫獨毅然持不可而止。有神降於大名，長吏白於朝，乞封爵。貫以爲神姦蠱民，不治將爲亂，下所部禁止之。監察御史馬祖常薦貫才任御史，疏再上，不報。出爲江西等處儒學提舉。抵任，吏沿舊例，納米八十石。貫謝不受。道士廟侵學地，書院學田爲僧所占者二百三十畝，悉奪而歸之。南康倉吏坐飛語逮繫百餘人，行省檄貫讞其獄，一訊而伏，平反甚衆，人尤服其明允。秩滿，謝病歸。家居十年，饔飧不給，泰如也。至正元年，召爲翰林待制，兼國史院編修官。明年卒，年七十三。門人私謚文肅先生。

貫學問淹雅，其文舂容紆徐，事詳而詞覈，蔚然成一家言。工篆籀，杜本謂其妙處不減李陽冰。有《近思録廣輯》三卷，《字系》二卷，金石文字十卷，文集四十卷。

李孝光，字季和，温州樂清人。少居雁蕩山五峰下，四方之士遠來受學，名譽日聞，泰不華以師事之。至正七年，詔徵隱士，以秘書監著作郎召，與完者圖、執禮哈琅、董立同應詔，赴京師，見帝於宣文閣，進《孝經圖說》，帝大說，賜上尊。明年，升文林郎、秘書監丞。卒於官，年五十三。孝光以文章負名當世，其文取法古人，非先秦、兩漢語，弗以措辭。有文集二十卷。

同時，莆田人朱文霆，字原道。仕至泉州路總管，博學能文，宋濂稱其言醇而理彰。著《葵山集》。

周馳，字景遠，東昌人。文章雅贍。官燕南廉訪僉事。嘗爲南臺監察御史，分治過浙西，日與朋友周旋，每有往復，其書吏記於壁上以諷之，馳召謂曰：「人之讀書，所以明人倫。使我屏絶故舊，是爲御史而廢朋友一倫，其可乎？」聞者韙之。後卒於官。

朱德潤，字澤民，平江人。父環，長洲儒學教諭。德潤工詩文，善書，尤長於繪事。延祐末，游京師，趙孟頫薦之駙馬瀋王以聞，仁宗召見，授應奉翰林文字、同知制誥，兼國史院編修。英宗嗣位，出爲鎮東行中書省儒學提舉。又明年，二月大雪，上獵於柳林，駐壽安，獻《雪獵賦》，累萬餘言，上奇之。未幾，英宗遇弑，德潤謂人曰：「吾挾所長，事兩朝而不偶，是命也。其歸歟三江水乎？」旦日，遂棄官歸。至正十二年，江浙行中書省平章政事三旦八起爲行省照磨，乃進言於三旦八，請貸脅從，以攜賊黨。既而，選爲長興尹，以病乞歸。卒，年七十二。子吉，閉門教授，不應張士誠之聘。

顧輝，字德潤，鄞縣人。其大父應春，鄉貢進士；父學海，字叔川，皆名士。輝幼承家學，甫十歲，即善屬文。郡博士俞希魯欲以神童貢，辭不就。既長，肆力經史，卓然欲以事功自見。既而喟然嘆曰：「吾身不遇矣，殆將以立言已乎？惟經以載道，史以紀事，古先哲王所藉以牖民者也。」自是默索精思，晝夜孜孜，垂三十年。著《釋圜》一，《説約》六十三，《圖徽》二十一，《希言》二十四，《事剡》六十二，《治要》十八，《體卦》八，解八，辯十二，議二十四，傳七，記、論、序文、銘各三，雜著十八，賦六，騷十九，雜詩三百二十一，合三十卷，分爲三集，通謂之《守齋類稿》。

馬瑩，字仲珍，建德人。少穎悟，精研經史，旁及諸子百家，靡不淹貫。延祐設科，瑩再舉進士不第，卒。瑩善爲詩，措意遣詞，初尚葩澤，後更脱去邊幅，直窺微妙。有《歲遷集》四十卷，文集十二卷。

黄叔英，字彦聞，慈溪人。父震，宋宗正少卿，門人私謚文潔先生。叔英傳其父學，於經史百氏之書皆能成誦。爲文儁拔偉麗，意氣奔放，用薦者，爲晉陵縣教諭，卒。有《贛答暇葺》三卷，詩文集二十卷。

吴福孫，字子善，錢塘人。用薦者，爲寧國州儒學正。趙孟頫以善書名，福孫得其楷法之妙，兼工篆、籀。後授潮陽縣青山洋巡檢，移疾歸。至順二年，赴選至京師。大學士阿榮以福孫所作小楷書進於上，召見奎章閣，命近侍引金鍾酌酒以賜，將用爲館職，有沮之者而止。至元中，累遷上海縣主簿，卒。著有《樂善齋集》、《古印史》。

胡渭，字景吕，紹興諸暨人。隱居不仕。工詩，鮮于侁稱其閑遠清麗，稍加精密可幾杜甫。趙孟頫重其高節，寫《袁安卧雪圖》以遺之。有《静春堂集》四卷。

李存，字明遠，安仁人。穎悟該博，好爲古文詞。與貴溪祝蕃遠、舒元易、吴尊光同游上饒陳立大之門，號「西江四先生」。葺書室曰竹莊。秘書李孝光舉以自代，不起。有《俟庵集》三十卷。

【校勘記】

〔一〕「洪希文」，原作「洪无文」，據退耕堂本及正文改。

〔二〕「周易集傳」，「集傳」二字原脱，據《元史》卷一九〇列傳第七十七《儒學二》補。《周易集傳》八卷今存。

〔三〕「椁」，原作「椁」，據本卷目録及上文改。

新元史卷之二百三十八　列傳第一百三十五

文苑下

薩都剌　周權　陳泰　黄許　楊士弘萬白　辛敬　周貞　鄭大同　史公珽　傅若金　李康　迺賢黄玠　何失　程以臨　王逢　蒲道源　岑安卿謝宗可　鄭元祐　胡天游　周霆震　吴定翁孫轍　郭鈺　舒頔　李祁王禮　戴良吴海　王冕　錢惟善　張昱　陶宗儀　顧德輝郭翼　楊維楨　張憲張雨　丁鶴年　倪瓚黄公望　吴鎮　王蒙

薩都剌，字天錫，答失蠻氏，後徙居河間。薩都剌本朱氏子，其父養爲己出。弱冠，成泰定四年進士，授應奉翰林文字。擢御史於南臺，以彈劾權貴，左遷鎮江録事司達魯花赤。歷淮西廉訪司經歷。至正三年，擢江浙行省郎中。遷江南行臺侍御史。明年，左遷淮西江北道經歷。

詩才清麗，名冠一時，虞集雅重之。晚年寓居武林，每風日晴好，輒肩一杖，挂瓢笠，踏芒蹻，凡深巖邃壑，無不窮其幽勝，興至則發爲詩歌。著有《雁門集》八卷，《西湖十景詞》一卷。後入方國珍幕府，卒。

周權，字衡之，處州人。磊落負雋才，持所作走京師，袁桷大異之，謂其「意度簡遠，議論雄深」，可預館職，力薦弗就。陳旅選其詩，題曰《周此山集》。此山，權之別號也。歐陽玄序云：「季世詩人，宋之習近骫骳，金之習尚號呼。當混一之初，猶或守其故習，今則皆自刮劘而不爲矣。此山詩，簡淡和平，語多奇雋。」揭傒斯謂：「詩之正，如日月星辰山川草木鳥獸；而其變，如風雲雷雹龍騰虎躑。要在盡其常，通其變而已。惜不得與權共論之。」

陳泰，字志同，茶陵州人。延祐初，與歐陽玄同舉於鄉，以《天馬賦》得薦，官龍泉主簿。生平以吟詠自怡，別號所安，有《所安遺集》一卷。好作歌行，出語清婉有致。

黄許，字與可，處州人。至正中，遣大臣宣撫各道，許以處士獻捄時十策，曰：嚴選舉，革貪污，除吏敝，抑兼并，省冗官，汰僧道，覈田賦，興武舉，作士氣，結人心。磊落數千言，時不能用。後中書省參政普顔帖木爾、内臺治書侍御史李國鳳奉詔經略江南，得許十策，嘆曰：「世未嘗無才，顧上無用才之人耳。」初，許及懷玉鄭元善、同里葉峴、林定老相師友，三人皆第進士，而許獨不遇。定老僉浙東廉訪司事，舉爲麗水儒學教諭，不就。所著有《四書會要》、《讀易大意》、《詩書類要》、《天文地志官制類編》及《古今人詩文駢儷類選》。有《石壁晚稿》，不爲華靡無益之言。學者稱爲南岫先生。

楊士弘，字伯謙，襄陽人。好古學，嘗選唐詩一千三百四十首，分爲始音、正音、遺響，總名曰《唐音》。其自著有《鑒池春草集》。與江西萬白、河南辛敬、江南周貞、鄭大同，皆以詩雄，名聲相埒。

史公珽，字搢叟，明州人。精《易》理，作文有典則。同里鄭奕夫，以道學文章自命，每有論譔，必俟公珽鑑定，然後出稿。隱居數十年，助教程端學薦主甬東書院，棄去不就。自號蓬廬處士，有《蓬廬稿》、《易演義》及《象數發揮》若干卷。

同時，陳大倫，字彦理，諸暨州人。始學於從兄洙，後事吴萊，絶意仕進。嘗語人曰：「吾平生無他嗜，唯攻文成癖耳。」所著有《春秋手鏡》、《尚雅集》。

傅若金，字與礪，新喻人。少孤刻，勵於學，能文章，受業范梈之門。甫三十，游京師，虞集見其詩，大稱賞之。元統三年，介使安南，乘傳至真定，若金始悟曰：「安南自陳日烜絶王封，朝廷降詔，止稱世子。今不然，是無故王之也。」還白中書，更之。至安南，館姬侍，卻之曰：「吾曹非陶穀，曷爲以此見污！」使還，授廣州教授，卒。有文集二十卷。

李康，字寧之，桐廬人。事母篤孝，人稱「李孝子」。工詩文，旁及書畫琴奕，無不冠絶一時。至正二年，郡守馬九皋遣使幣聘，不起。行省官至桐廬，命縣令造請議事，康不得已，往，極談當時得失。欲薦之，以母老辭。有《杜詩補遺》、《桐川詩派》、《梅月齋永言》、《看山清暇集》。

迺賢，字易之，葛邏禄氏。世居金山之西，後散處内地，隨兄塔海宦江浙，遂家明州。生平不喜禄仕，獨長於歌詩，不規規雕刻，而温柔敦厚，有風人之致。每一篇出，士大夫輒傳誦之。時浙人韓與玉能書，王子充善古文，人目爲「江南三絶」。至正間，用薦爲編修官。有《金臺集》、《海雲清嘯集》行世。

同時，黄玠，字伯成，定海人。幼勵志操，卜築弁山，號弁山小隱。工詩，有《知非稿》、《唐詩選》、《纂韻録》行世。

何失，昌平人。負才氣，能詩文。至正間，名公交薦，以親老不就。揭傒斯雅重其人，贈以句曰：「心事巢由上，文章陶阮間。」虞集見其所作，嘆曰：「當序而傳之，使後之作者亦知世有斯人。」後卒於家。

程以臨，字至可，江西寧州人。後至元間，除將仕郎，辭不就。天資超悟，尤長於詩。搆別墅，閉户著書，老而彌篤。選漢、魏、唐、宋諸詩，名曰《删後正音》。其自著，有《瓢丸小集》。

同時，黄庚，字星甫，天台人。著有《月屋漫稿》。其自序曰：「僕齠齔時習舉子業，不暇爲詩。自科目廢，始得脱屣場屋，放浪湖海，凡平生豪邁之氣，盡發而爲詩，若醯雞之出甕天，坎蛙之出蹏涔，而遊江湖也。」其詩風致清遠，時人重之。

王逢，字原吉，江陰人。才氣爽俊，以能詩名於時。至正中，作《河清頌》，臺臣薦之，稱疾辭。晚年避亂上海烏涇，築草堂以居，自號最閒園丁，又稱席帽山人。元亡，明太祖徵召甚迫，以疾辭。逢與戴良皆眷眷有故國之思云。有《梧溪詩集》七卷。

蒲道源，字得之，眉州青神人。幼强記過人，究心濂洛之學。嘗爲郡學正，罷歸。晚以遺逸徵入翰林，改國子博士，歲餘引去。起提舉陝西儒學，不就。優游林泉，病弗御醫藥，飲酒賦詩而逝。仲子機爲秘書少監，裒其遺文曰《閒居叢稿》二十六卷，黄溍爲之序，稱其「以性理之學，爲臺閣之文」云。

岑安卿，字静能，餘姚人。所居近栲栳峰，號栲栳山人。與李季和、危素相善。嘗作《三哀詩》，弔宋遺民之在里中者，寄託深遠，膾炙人口。著有《栲栳山人集》。

同時，謝宗可，江寧人。有詠物詩百篇，傳於世，皆婉秀有思致。汪澤民題其卷，謂「綺靡而不傷於華，平淡而不流於俗」。

鄭元祐，字明德，遂昌人。兒時以乳媪失手，傷右臂。比長，能左手作楷書，規矩備至，自號尚左生。僑居平江，詩名籍甚。所著有《遂昌山樵雜録》，其詩曰《僑吴集》。

胡天游，名乘龍，以字行，别號松竹主人，岳州平江人。有俊才，七歲能詩，具作者風力，名動一時。然負高氣，孤立峻視，有沈湘蹈海之概。其詩名《傲軒吟稿》。晚歲作《述志賦》，尤爲人所傳誦。

周霆震，字亨遠，安成人。父以道，篤志古學，宋亡，遁跡石門。霆震績其世學，專意古文辭，每屬文，不起草而用意精刻。至正中，遭亂，其感時觸事之作，皆可補國史之未備。晚年自號石西子，有《石初集》十卷，謂「石門，吾先志」，不忘本也。

吴定翁，字仲谷，臨川人。工於詩。揭傒斯稱其幽茂疏澹，可比盧摯。辟薦相望，終身不出。嘗曰：「士毋求用於世，惟求無愧於世可也。」同郡，孫轍，與定翁齊名，吴澄序其集曰：「所謂『仁義之言，藹如也』。」定翁與轍俱不仕。元統二年，轍卒，年七十三。

郭鈺，字彦章，吉水人。壯年負盛氣，爲詩清麗有法。其於離亂窮愁之作，尤悽惋動人。年逾六十，竟以貧死。其《春夜詩序》云：「余值時危，一貧到骨。今春雨雪連旬，牛衣以當長夜，遂成痁瘧。」其固窮如此。所著《静思集》，詩文甚富。

舒頔，字道原，績溪人。年十五六，與同郡程文，講明經史之學。後至元中，辟貴池教諭。秩滿，轉台州學正。遭逢世亂，奉親歸遁山中。嘗避寇巖谷，被執，頔正色叱賊，賊感而釋之。其詩盤鬱蒼古，不染纖巧纖紝之習。書法尤樸拙，識者以爲得漢隸法。學者稱貞素先生。有《華陽貞素齋集》七卷。

李祁，字一初，茶陵州人。元統初，登進士第一，應奉翰林文字。母老，就養江南，改婺源州同知，以母憂，歸隱永新山中。年七十餘，遭兵亂，被傷而歿。總制新安余茂，刻其遺文爲《雲陽先生集》十卷。

同舉進士者，王禮，字子讓，廬陵人。元亡不仕，日以鐵拄杖採詩山谷間。著作甚富，不求聞於時，故所傳絶少。

戴良，字叔能，婺州浦江人。少事舉子業，尋棄去，專心博古。學文於柳貫、黄溍，學詩於余闕，皆得其師承。至正中，以薦授江北儒學提舉，而浙東已陷，乃避地吴中。久之，挈家泛東海，渡黑水洋，趨登、萊間，僑寓昌樂數載，訪求齊魯間豪傑，奮欲有爲，而卒無所遇。後南還，變姓名，隱九靈山下。明太祖徵之，召見，頗忤旨，卒於邸舍。有《九靈山人集》三十卷。

又有吴海，字魯客，閩縣人。至正末，絶意仕進，以文學自娱。與同鄉王翰友善。翰事見《忠義傳》。翰之死，海實勸之，又撫其子偁，俾成立，時論稱之。爲文嚴整典雅，有《聞過齋集》八卷。

王冕，字元章，號煮石山農，諸暨田家子也。年八歲，父命牧牛隴上。竊入學舍，聽諸生誦書。聽已，輒默記。暮歸，亡牛，父撻之。已復如故。安陽韓性聞而異之，因録爲弟子。通《春秋》諸傳。一試不第，即焚所爲文。常着高簷帽，披緑簑衣，履長齒木屐，或騎黄牛，持《漢書》朗誦，人皆目爲狂。北遊燕，有欲薦以官職者，冕曰：「不滿十年，此中狐兔穴矣，何以禄爲？」即遁歸，隱九里山，結茅三間，自題爲梅花屋主。倣《周禮》，著書一卷，坐卧自隨。賦詩千百言立就。善畫梅，題詩其上，人争寶之。明太祖聞其名，召爲參軍，未就而卒。

錢惟善，字思復，錢塘人。長於《毛詩》學。鄉試題爲《羅刹江賦》，應試者皆不知羅刹江爲錢塘江，惟善引枚乘《七發》爲據，謂發源太末，大爲主試者所稱，由是得名。號曲江居士，又自稱心白道人。著有《江月松風集》十二卷。官至副提舉。張士誠據吴，退隱吴江之筒川，未幾卒。

張昱，字光弼，廬陵人。早游湖海，爲虞集、張翥所知。累官行省左右司員外。日以詩酒自娱，超然物表。後棄官歸。張氏禮致不屈，策其必敗，題蕉葉以寓志焉。居西湖，每放舟湖心，把酒扣舷，自歌其所爲詩，笑曰：「我死，埋骨於此，題曰『詩人張員外墓』足矣。」著有《左司集》。年八十三而終。

陶宗儀，字九成，黄巖人。父煜，爲福建行院都事。宗儀幼好古，灑落不凡。少舉進士，一不中即棄去。工文章，尤刻意字學。至正間，浙帥泰不華、南臺御史丑閭辟舉行人校官，皆不就。藝圃一區，躬耕之暇，以筆墨自隨。時輟耕樹陰，抱膝而嘆。每記一事，輒摘葉書之，貯一破盎，去則埋於樹根，人莫能測。如是者十年，遂累盎至數十。一日，盡發其藏，萃而録之，合三十卷，題曰《南村輟耕録》。又有《説郛》一百卷，《書史會要》九卷，

《四書備遺》二卷。其未脱稿者不與焉。

顧德輝，字仲瑛，崑山人。性警敏，才贍思捷，下筆成詩。與一時名士張翥〔一〕、李孝光、楊維楨等相酬和。年踰四十，築草堂自居，名曰玉山草堂。集唱和詩十三卷〔二〕，爲《草堂雅集》。自號金粟道人。至大間，徵爲儒學教諭，不就。至正十七年，張士誠屢欲辟用之，皆以病謝。後卒。

同縣，郭翼，字義仲。沈潛百家，尤邃於《易》。善詩歌，楊維楨稱其有樂府才。

楊維楨，字廉夫，諸暨人。泰定初進士，署天台尹，罷去。張士誠據浙西，累使招之，不能屈。且撰五論，反復告以順逆成敗之説，識者韙之。生平氣度高曠，喜戴華陽巾，披羽衣，周游山水間，以聲樂自隨。早歲居吴山鐵崖，築萬卷樓，轆轤傳食，讀書其上者五年，故以鐵崖自號。已，得鐵笛於湘江，吹之，亦號鐵笛子。文辭非秦、漢弗之學，久與俱化。晚年築蓬臺於松江東南，才俊士投贄求文者無虚日。當疾亟，撰《歸全堂記》，頃刻立就，擲筆而逝。著有《四書一貫録》、《五經鑰鍵》、《春秋透天關》、《禮經約》、《歷代史鉞》二百卷、《東維子集》三十卷、《瓊臺曲》、《洞庭雪間雜吟》二十卷。

張憲，字思廉，山陰人，别號玉笥生。負才不羈，嘗走京師論天下事，衆駭其狂。還，入富春山，混緇黄以自放。張士誠據吴，辟爲都事。吴亡，變姓名走杭州。旦暮手一編，人不得窺，死後視之，其平生所作詩也。楊維楨曰：「吾鐵門稱能詩者，南北凡百餘人，求其似憲者，不能十人。」有《玉笥集》，皆懷古感時之作。

同時，杭州人張雨，亦隱於黄冠者。從虞集受學。詩才清麗，著有《句曲外史集》。

丁鶴年，其先西域人。父職馬禄丁，徙居武昌，因以丁爲氏。年十七，通《詩》、《書》、《禮經》。至正間，從兄吉雅謨丁爲定海令，徒步往依焉。省臺交薦，凡九上，皆不就。既而方國珍據浙東，鶴年深匿海島，賣藥以自給。凡憂國之念，皆發之詩歌。著有《海巢集》。

倪瓚，字元鎮，無錫人。工詩，善書畫。所居曰清閟閣，藏書數千卷，皆手自勘定。自號雲林居士。有潔癖，盥濯不離手。家本素封，至正初，忽散其財給親故，人咸怪之。未幾兵起，富室悉被禍，瓚扁舟箬笠，往來江湖上，獨免於難。張士誠欲招之，不肯出，其弟士信怒，一日，與賓客宴湖上，聞葦中有異香，疑爲瓚，物色漁舟中，果得之，抶幾死，終無一言。明洪武初卒。

與瓚畫齊名者，有常熟人黄公望，字子久；嘉興人吴鎮，字仲圭；吴興人王蒙，字叔明。公望辟書佐，以罪免，遂爲黄冠。鎮隱居不仕。惟蒙仕於明，坐法死。

【校勘記】

〔一〕「時」，原作「詩」，據文意改。

〔二〕「十三卷」，「卷」字原脱，據文意補。《玉山草堂雅集》十三卷，今存。

新元史卷之二百三十九　列傳第一百三十六

篤行上

《周官》以六行教萬民，曰孝、友、睦、婣、任、恤。後世旌民善行，亦《周官》之遺意。然自三代以下，犯上作亂者，日逞而未有艾。至元之季世，邪慝興而妖亂作，社稷卒亡於盜賊。嗚呼，民之失教久矣！雖有一二敦行之士，有司旌之，以爲故事，無當於化民型俗也，然其人則天理民彝所賴以維繫者焉。故採其事實，著於篇。

田喜 繆倫　祖浩然　徐師顔　陳斗龍　胡景清 顔應祐　趙應祥　周古象　王閏　郭道卿 佐卿　廷煒　蕭道壽　郭狗狗　張閏 芮世通　丁煦　向存義　田改住 王住兒　寧猪狗 李家奴等　樊淵 賴禄孫　劉德泉　朱顯　吴思達　朱汝諧　郭回　孔全 張子夔等　楊一 張本　張慶　元善　郤祥　趙毓　胡光遠 龐遵　陳韶孫　李忠 吴國寶　李茂　羊仁 黄覺經　章卿孫　俞全　李鵬飛　徹徹　王初應 施合德　石明三　鄭文嗣　王薦　郭全 劉德　馬押忽　劉居敬〔一〕　楊皡　丁文忠　邵敬祖 李彦忠　譚景星〔二〕　郭成　扈鐸　孫秀實 賈進〔三〕　李

子敬　宗杞　趙榮　吴好直〔四〕　余丙　徐鈺　尹莘孫希賢　卜勝榮　劉廷讓　劉通黄鎰　丁祥一　張旺舅
張思孝　杜佑　長壽梁外僧等　孫瑾吴希曾　張恭　訾汝道　趙德

田喜，保定清苑人。金貞祐元年，保州陷，驅居民出，喜及其父彦與焉。是夕，下令先殺老者，刃將及其父。喜潛往，伏其父於下，以身覆之。兩手俛據地，延頸待刃。喜腦中兩刃死，夜半復蘇。後令再下，無老幼盡殺。時喜以工藝被選，行次安肅，聞父死，遂歸求父尸，得之，負以涉水，傷脛至血出，發母冢合窆焉。

又，東平繆倫，字叔彝。當淮兵亂，執其父，將殺之。倫哀號乞免，弗聽；願傾家資贖父命，又弗聽。乃自縛，請以自代，賊殺之而釋其父。

祖浩然，字養吾，建寧人。世儒家。至元中，盜黄華起政和，朝廷命將往討。回軍經浦城，掠其母全氏而北。時浩然方六歲，獨與父居者。二十八年後，爲三山書院山長。或告以母在河南，而不能名其處。浩然棄職辭父，抵河南。每舍逆旅，聞操南音者，必就與語。久之，知全氏已輾轉至汝州，浩然遂返汝州，徧訪之。或有言在别蓋山者，益喜，走三百餘里，果見其母，奉以歸。聞者皆爲歌詩美之，往往舉朱壽昌事爲比。

徐師顔，字子愚，新定人。性倜儻，急人之難。至元十四年，江南大疫，師顔出粟募民，舁尸坎瘞，可醫、食者，親撫視以活之。遇一女子，扶曳氣微，屬問之，曰：「吾衢州儒家女。」師顔載以歸，療之，後嫁爲士人妻。師顔事繼母至孝，一日，其妻出微語，師顔聞之自責，不居内者數月。其母言婦無過，乃叱妻拜堂下，爲夫婦如初。卒，年七十。著有《上饒集》，牟巘序其詩，謂「事親如徐積，詩亦似之」。

陳斗龍，字南仲，杭州昌化人。父澤民，母盛氏，先後卒，斗龍才十三，廬墓極哀。已娶妻，有盛冲者告之曰：「若生母王氏，若未一歲，改嫁錢塘人。聞其家在清湖中。」斗龍大驚，即日與婦決，具裝行，曰：「必與母俱歸。」先是，澤民妻無子，以幣如錢塘求宜子者，得王於清湖，生斗龍，期滿遂去。斗龍至清湖，逢白髮媪，告曰：「若母歸，無幾時，已往江東。」斗龍即入江東，往來數郡間，踰六年。一夕，舍永豐之逆旅，旅人怪其數過，問焉，告之故，其人驚曰：「吾主人婦王氏，自言家清湖。」乃走告。良久，有老婦人哭而出，斗龍亦哭，乃奉之歸。會盜入昌化境，斗龍爲廬百丈山，身自負母，婦擁後。逢盜數百人，斗龍置母，稽首曰：「余幼失母，行求六年，得母歸，未百日。若夫婦死，誰當養母者？」盜咨嗟去。

後母子俱以壽終。

胡景清，龍溪人。元兵下漳南，景清甫五歲，隨父母逃難，倉卒失母。及長，知學，每念母，輒涕下不食。乃辭父尋母。遇其叔胡巨川，知母已至大都，而未識其處。踰年，始得之。母子不相見者凡四十年。事聞，詔旌之，仍給驛以歸。

同縣有顏應祐者，母許氏，先以患難遷徙，失所之。應祐訪求無息耗，嘗悲號流涕。一日得書，知在雲南，即往求之，果得母以歸。士君子咸歌詩，以嘉其孝。

趙應祥，廬陵人。年十四，其父行賈不還。後聞父已死，即辭母往求。都下有曾老者，與父善，走數千里詢之，知父殯濱州，墓冢纍纍不可辨。應祥行哭七日，解髮繫馬鞍，祝曰：「隨馬所之，過吾父墳者，當髮解、鞍墮。」既而經一墳，鞍果墮。發之，棺上具有父姓名，遂脱己衣，裹其骨，負之以歸。

周古象，蘄水人。元初，被兵掠至薊州，贅蒙古氏。既生子，未嘗喜笑。妻詢其故，曰：「有母在，欲歸省。」妻許之，且囑曰：「母在，當奉養，勿以妾故復來。」及歸，母尚無恙，古象奉母盡孝。母歿，廬墓。妻亦終身不嫁。淮西僉按察司事韓克莊爲立孝里門。

王閏，東平須城人。父卧疾，夜燃燈室中，火延竹壁。閏驚起，火已熾，烟燄蔽寢户。閏突入火中，解衣蒙父，抱之出，肌體灼爛，而父無少損。一女不能救，遂焚死。中統二年，復其役。

郭道卿，興化莆田人。四世祖義重，至孝。宋紹興間，有詔旌之，鄉里爲立孝子祠。至元初，閩盜起，居人竄匿。道卿與弟佐卿，獨守孝子祠，不忍去，遂俱被執。盜將殺佐卿，道卿泣告曰：「吾有兒已長，弟弱子幼，請代弟死。」佐卿亦泣告曰：「吾家事賴兄以理，請殺我。」道卿固引頸請刃，盜相顧曰：「汝孝門兄弟若此，吾何忍害？」兩釋之。道卿年八十，子廷煒爲建寧路平準行用庫使，辭歸侍養。道卿嘗病疝，危甚，廷煒憂瘁扶護，一夕髮盡白。有司言狀旌之。

蕭道壽，京兆興平人。家貧，鬻筬以自給。母年八十餘，道壽事養盡禮。每旦，候母起，夫婦親侍盥櫛。日三飯，必待母食，然後退就食。至夕，必待母寢，然後退就寢。出外必以告，有母命，乃敢出。母或怒，道壽自進杖，伏地以受。杖足，母命起乃起。起復再拜，謝違教，俟色喜乃退。母嘗有疾，醫累歲不能療，道壽刲股肉，啖之而愈。至元八年，賜羊酒表其門。

郭狗狗，平陽翼城人。父寧，爲欽察首領官，戍大良平。宋將史太尉來攻，夜陷大良平，寧全家被俘。史將殺寧，狗狗年五歲，告史曰：「勿殺我父，當殺我。」史驚問寧曰：「是兒幾歲耶？」寧曰：「五歲。」史曰：「五歲兒能爲是言，吾當全汝家。」即以騎送寧等往合州，道遇國兵，騎驚散，寧家俱得還。御史以事聞，命旌之。

張閏，延安延長人，隸軍籍。八世不異爨，家人百餘口，無間言。日使諸女、諸婦各聚一室，爲女紅。事畢，斂貯一庫，室無私藏。幼稚啼泣，諸母見者，即抱哺。一婦歸寧，留其子，衆婦共乳之，不問孰爲己兒，兒亦不知孰爲己母者。閏兄顯卒，即以家事付姪聚，聚辭曰：「叔，父行也，叔宜主之。」閏曰：「姪，宗子也，姪宜主之。」相讓既久，卒以付聚。縉紳之家自謂不如。至元二十八年，旌表其門。

又有蕪湖芮世通，十世同居。峽州向存義、汴梁丁煦，八世同居。州縣請於朝，並加旌美。

田改住，汶上人。父病不能愈，禱於天，去衣，卧冰上一月。同縣王住兒，母病，卧冰上半月。其父、母俱痊。

寧猪狗，山丹州人。母年七十餘，患風疾，藥餌不效。猪狗割股肉，進啖，遂愈。歲餘復作，不能行，猪狗手滌溷穢，護視甚周，造板輿載母，夫婦共舁行園田以娱之。後卒，居喪有禮，鄉里稱焉。

潭州萬户移剌瓊子李家奴，九歲母病，醫言不可治，李家奴刲股肉，煮糜以進，病乃痊。

撫州路總管管如林、渾州民朱天祥，並以母疾刲股，旌其家。

畢也速，答立迷裏氏，家秦州。父喪，廬墓次，晝夜悲號，有飛鳥翔集，墳土踴起。又有尹夢龍，中興人。母喪，負土爲墳，結廬居其側，手書《孝經》千餘卷，散鄉人讀之，有羣烏集其冢樹。

樊淵，建康句容人。幼失父，事母篤孝。至元十二年，奉母避兵茅山。兵至，欲殺其母，淵抱母號哭，以身代死，兵兩釋之。三十年，江東廉訪使辟爲吏，母卒，奔喪，哀感行路。服闋，臺省交薦，淵不忍去墳墓，終不起。

又延祐間，汀州寧化人賴禄孫，母病，值蔡五九作亂，負母避之。盜至，禄孫守母不去，盜將刃其母，禄孫以身翼蔽，曰：「勿傷吾母，寧殺我！」母渴，不得水，禄孫含唾濡之。盜相顧駭歎，不忍害，反與以水。有掠其妻去者，衆責之曰：「奈何辱孝子婦！」使歸之。事聞，並予旌表。

劉德泉，汴梁杞縣人。早喪母，父榮，再娶王氏，生二子居敬、居元，俱幼。王氏病卒，德泉益相友愛。至元末，歲饑，父欲使析居，德泉泣止，不能得，乃各受其業以去。久之父卒，兄弟相約同爨，和好如初。

又，真定人朱顯，自至元間，其祖、父已分財，至顯，念姪彦、昉等年幼無恃，謂弟耀曰：「父子兄弟本同一氣，可異處乎？」乃會拜祖墓下，取分券焚之，復與同居。

蔚州人吴思達，兄弟六人，嘗以父命析居。思達爲開平縣主簿，父卒，還家治葬畢，會宗族，泣告其母曰：「吾兄弟别處十餘年矣，今多破産。以一母所生，忍使兄弟苦樂不均耶？」即以家財代償其逋，更復共居。母卒，哀毁甚。宅後柳樹連理，人以爲友義所感。

又濮州人朱汝諧，父子明，嘗命與兄汝弼别産。子明卒，汝弼家盡廢，汝諧泣請共居。仲父子昭、子玉貧病，汝諧迎至家奉湯藥，甘旨甚謹。後卒，喪葬盡禮，鄉人賢之。州縣各以名聞，表其閭。

郭回，邵武人。素貧，年六十無妻，奉母寄宿神祠中，營養甚艱。母年九十八卒，回傭身得錢葬之，每旦詣墳哭祭，十四年不輟。州上狀，命給衣糧贍濟，仍表異之。

孔全，亳州鹿邑人。父成病，封股肉啖之，愈後卒。居喪盡哀，廬墓左，負土爲墳，日六十肩，三年起墳廣一畝，高三丈餘。

又張子夔，安西人。父喪，每夜半以背負土，肘膝行地，匍匐至葬所，篩細土爲墳。

又陳乞兒，歸德夏邑人。年九歲，母喪哀毁，親負土爲墳，高一丈，廣十六步。人憫其幼，欲助之，則泣拜而辭。

又有峨眉趙國安、解州張琛、南陽李庭瑞、息州移剌伯顔、南陽怯烈歹，皆居喪廬墓次，負土爲墳，並以有司請，表其閭。

楊一，懷州人。其叔父清，家貧，密以分契詣神祠焚之，與清同居者三十年，無間言。

又張本，東昌茌平人。篤孝，事伯父、叔父尤謹。伯父嘗病，本晝夜不去側，復載以巾車，步挽詣岱嶽禱之。

張慶，真定人。善事繼母。伯父泰異居河南，慶聞其貧，迎歸供養，過於所生。

元善，大名人。父有昆弟五人，因貧流散江淮，久之，俱客死。至大四年，善往尋骸骨，并迎弟姪等十五喪而歸。改葬祖父母，以諸喪序列祔於塋次。州縣以聞，旌其家。

郤祥，字天瑞，真定行唐人。曾祖廣，成宗時以文臣授元帥府監軍，守亳州。祖温，獲鹿縣尹。父仲璋，監副宣課。祥官博野縣助宣課提領，父病，衣不解帶，日夜籲天，乞以身代。父歿，廬墓側，以哀毀卒。教授馬利用爲立孝行碑記之。

趙毓，本唐州人，後遷鄭州管城。其先三世同爨。毓官福州司獄，滿歸，以母老，不復仕。一日，會諸弟泣申遺訓，願世世無異處，且祝天歃血以盟。自是大小百口無間言，同力合作，家以殷富。毓長兄瑞早世〔五〕，嫂劉氏守志，毓率家人事之甚恭。次兄選繼歿，嫂王氏，毓母以其少，許歸改嫁，王氏曰：「婦無再嫁之義，願終事姑。」毓妹贅王佑，佑亡，妹念佑母無子，乞歸王氏養之。人謂孝友節義，萃毓一家。元貞初旌之。

胡光遠，太平人。母喪，廬墓。一夕，夢母欲食魚，晨起，將求魚以祭，見生魚五尾列墓前，俱有囓痕，鄰里驚異，方聚觀，有獺出草中，浮水去，衆知是獺所獻。以狀聞於官，表其閭。

又至順間，永平龐遵，母病腫三年，不能起，忽思食魚。遵求於市，不得，歸途歎恨，有鯉躍入其舟。作羹以獻，母悦，病瘥。

陳韶孫，廣州番禺人。父瀏，以罪流肇州。韶孫年十歲，不忍父遠謫，朝夕號泣願從。父不能奪，遂與俱往。跋涉萬里，不憚勞苦。道過遼陽，平章塔出見而憫焉，語之曰：「天子寬仁，罰不及嗣。邊地苦寒，非汝所堪。吾返汝故鄉，汝願之乎？」韶孫曰：「既不能以身代父，當死生以之歸，非所願也。」塔出驚異，以錢賜之。大德六年，瀏死，韶孫哀慟，見者皆爲之泣下。肇州萬户府以聞，命韶孫還鄉里，仍旌之。

李忠，晉寧人。幼孤，事母至孝。大德七年，地大震，郇保山移，所過居民廬舍皆摧壓。將近忠家，分爲二行，半里復合，忠家獨完。

吴國寶，雷州人。性孝友，父喪，廬墓。大德八年，境内蝗害稼，惟國寶田無損，人皆以爲孝感所致云。

李茂，大名人，徙家揚州。父興壽，臨卒，語茂曰：「吾病且死，爾善事母。」茂泣受命，奉母孟氏益謹。母嘗病目失明，茂禱於泰山三年，復明。又願母壽，每夕祝天，乞損己年益母，孟氏年八十四而卒。大德九年，揚州再火，延燒千餘家，火及茂廬，皆風返而滅。事聞，旌之。

羊仁，廬州廬江人。至元初，阿朮兵南下，仁家爲所掠，父被殺，母及兄弟皆散去。仁年七歲，賣爲汴人李子安家奴，力作二十餘年。子安憐之，縱爲良。仁踪跡得母於潁州蒙古军塔海家，兄於睢州蒙古軍岳納家，弟於邯鄲連大家，皆爲役，尚無恙。乃徧懇親故，貸得鈔百錠，歷詣諸家求贖之。經營百計，更六年，乃得遂。大小二十餘口，復聚居爲良，孝友甚篤，鄉里美之。大德十二年，旌其家。

又有黃覺經，建昌人。五歲，因亂失母。稍長，誓天誦佛書，願求母所在。乃渡江涉淮，行乞而往，衝冒風雪，備歷艱苦，至汝州梁縣春店，得其母以歸。

章卿孫，蜀人。本劉氏，幼爲章提刑養子，與母富氏相失三十八年。遍訪於江西諸郡，迎歸養之。

俞全，杭州人。幼被掠賣爲劉餅家奴。後獲爲良，自汴步歸杭，尋其母及姊，得之，事母以孝聞。

李鵬飛，池州人。生母姚氏爲嫡母不容，改嫁爲朱氏妻，鵬飛幼不知也。年十九，思慕哀痛，誓學醫以濟人，願早見母。行求三歲，至蘄州羅田縣，得焉。時朱氏家方疫，鵬飛起之，遂迎還奉養。久之，復歸朱氏，時渡江省覲。既卒，攜子孫祭墓，終其身。

徹徹，揑古思氏。幼喪父，事母篤孝。稍壯，母歿，慟哭頓絶，水漿不入口者三日。既葬，居喪有禮。每節序，祭祀哭泣。年四十餘，思慕猶如孺子。每見人父母，則嗚咽流涕。人問其故，曰：「人皆有父母，我獨無，是以泣耳。」至大三年，旌表。

王初應，漳州長泰人。至大四年二月，從父義士，樵劉嶺山。有虎出，搏義士，傷右肩。初應赴救，抽鐮刀刺虎鼻，殺之，義士得生。

泰定二年，同縣施合德父真祐嘗出耘，爲虎扼於田。合德與從弟發仔持斧前，殺虎，父得生。並旌其門。

又紹興人石明三，虎噬其母，明三礪巨斧殺之，并殺三虎子及牡虎。明三亦死，立而不仆，面如生。

鄭文嗣，婺州浦江人。其家十世同居，凡二百四十餘年，一錢尺帛無敢私。至大間，表其門。從兄太和治家事卒，文嗣繼之，益嚴而有恩，家庭中凜如公府，子弟稍有過，頒白者猶鞭之。部使者余闕爲書「東浙第一家」以褒之。

太和，方正不奉浮屠、老子教，冠婚喪葬，必稽朱子《家禮》而行。執親喪三年，不御酒肉。子孫皆孝謹，諸婦唯事女工，不使預家政。家蓄兩馬，一出，則一爲之不食，人以爲孝義所感。

太和撫弟文原子欽爲後，丁太和憂，以毀卒。

王薦，福寧人。性至孝。父嘗疾甚，薦夜禱於天，願減己年益父壽。父絶而復甦，告其友曰：「適有神人，黄衣紅帕首，恍惚語我曰：『汝子孝，上帝命錫汝十二齡。』」疾遂愈。後果十二年而卒。母沈氏，病渴，語薦曰：「得瓜以啖我，渴可止。」時冬月，求於鄉不得，行至深奥嶺，值大雪，薦避雪樹下。思母病，仰天而哭，忽見巖石間青蔓離披，有二瓜，因摘歸奉母。母食之，渴頓止。兄孟齡早世，嫂林氏，更適劉仲山。仲山嘗以田鬻於薦，及死不能葬，且無子族。以其貧，莫肯爲之後。薦即以田還之，使置後，且治葬焉。州禁民死不葬者，時貧民未葬者衆，畏令，悉焚柩棄其骨。薦哀之，施地爲義阡，收瘞之。有死不能斂者，復爲買棺。至大四年，旱，民艱糴，薦盡出儲粟賑之。有施福等十一家，饑欲死，薦聞惻然，欲濟之，家粟已竭，即以己田易穀百石分給之。福等德其活己，每月朔，會佛祠爲祈福。宣慰司上狀旌之。

郭全，遼陽人。幼喪母，哀戚如成人。及壯，父庭玉又卒，居廬三載，啜粥面墨。事繼母唐古氏至孝。唐古氏生四子，皆幼，全躬耕以養。既長娶婦，各求分財異居，全不能止，凡田廬器物，悉自取朽弊者，奉唐古氏以居。唐古氏卒，全年六十餘，哀痛毁瘠，廬其墓終喪。

又有劉德，奉元人。事繼母何氏至孝。家貧，傭工，取直寸錢尺帛，皆上之。四弟並何出，德撫愛尤篤。年五十未娶，稱貸得錢，先爲弟求婦。諸弟亦化其德，一門藹然。鄉里稱爲「劉佛子」。

又，馬押忽，也里可温氏。素貧，事繼母張氏、庶母吕氏，以孝聞。

劉居敬，大都人。年十歲。繼母郝氏病，居敬憂之，懇天以求代。狀聞，並褒表之。

楊皞，扶風人。父清，母牛氏。牛常病劇，皞叩天求代，遂痊。如是者再。後牛氏失明，皞登太白山，取神泉洗之，復如故。牛氏殁，哀毁特甚。葬之日，大雨，獨皞墓前後數里密雲蔽之，雨不沾土。葬畢，令妻衛氏家居養清，皞獨廬墓上，負土爲墳，蔬食水飲，終其喪。清卒，亦如之。

丁文忠，許州偃城人。業冶。母和氏卒，文忠廬墓側，不與妻面者三年。父貴又疾，醫不能療，文忠造車一輛，與弟文孝共御之，載父禱於嵩山、五臺、泰安、河瀆諸祠，途遇異僧，遺藥而愈。延祐七年旌之。

邵敬祖，宛丘人。父喪廬墓，母繼殁。河決，不克葬，殯於城西。敬祖露宿，依其側，風雨不去。友人哀之，爲縛草舍庇之。前後居廬六年，兩髀俱成濕疾。至治三年，旌其家。

其後，又有永平李彦忠，父喪，廬墓八年不至家。

茶陵譚景星，幼失父，追念之，廬墓十年。

亳州郭成〔六〕，年七十一，母喪，食粥廬墓一年，朝夕哭臨，人哀其老而能孝。

扈鐸，汴梁蘭陽人。蚤孤，育於伯父。及壯，事伯父如所生。伯父老，無子，鐸爲買妾。歲餘，生一女。其妾熟寐，壓女死。久之，伯父卒，鐸哭之甚哀。遺腹生一男，鐸懲前事，告其母及妻、妹護視之。已復廬户外，中夜闚視，不敢安寢。弟能食，常自抱哺，與同卧起，十年不少怠。弟有疾，鐸夜稽顙星斗，哀禱曰：「天不貸余家，鐸父子間可去一人，勿喪吾弟，使伯父無後也。」明旦，弟愈。母卒，哀毁踰禮，廬於墓側，不理家事。宗族勸之歸，鐸曰：「今歲凶多盜，吾家雖貧，安知墓中無可欲乎？倘驚吾親之靈，雖生何爲？」卒守廬不去。

孫秀實，大寧人。性剛毅，喜周人急。里人王仲和嘗托秀實貸富人鈔二千錠，貧不能償，棄其父逃去。數年，其父思之疾，秀實日饋薪米存問，終不樂，秀實哀之，悉爲代償，取券還，復訪仲和，使歸，父子歡聚。聞者莫不嘆美。又李懷玉等，貸秀實鈔一千五百錠，度無以償，盡還其券不復徵。

又，賈進，大同人。大德九年地震，民居多傷，且乏食。進給酒藥炭米濟之。每歲冬，製木綿裘數百襲，衣寒者。買地爲義阡，使無墓者葬之。

李子敬，陝西三原人。嫁不能嫁者五十餘人，葬不能葬者五十餘喪，焚逋券四萬餘貫。有司以名聞，並旌之。

宗杞，大都人。年十九，父內宰卒，擗踴號泣，絶而復甦，水漿不入口者三日。哀氣傷心，遂成疾，伏臥床榻，猶哭不止，淚盡繼之以血。既葬，疾轉甚。杞有繼母，無他兄弟，度不能自起，作遺書囑其妻楊氏曰：「汝善守志，以事吾母。」遂卒。楊氏遺腹生一男，人以爲孝感，天不絶其嗣云。泰定三年，旌其門。

趙榮，扶風人。母强氏有疾，榮割股肉啖之者三。復負母登太白山，禱於神，得聖水飲之，乃痊。後年七十五卒，榮號痛不食，三日方飲水，七日乃食粥。葬之日，白雲庇其墓，前後十五里，葬畢而散。榮負土成墳，廬其側終喪。

吴好直，華州蒲城人。父殁，事繼母孝。兄弟嘗求分財，好直勸諭不能止，即以己所當得悉推與之。出從師學三十年，無少悔。

又有甄城人柴郁、陳舜咨，皆孝友，以己産分讓兄弟。縣令言狀，並表美之。

余丙，建德遂安人。幼喪母，泣血成疾。父亡，不忍葬，結廬山下，殯其中，日閉户守視。有牧童遺火，延殯廬，丙與子慈亟撲不止，欲投身火中，與柩俱焚。俄暴雨，火滅。

徐鈺，鎮江人。始冠，侍父鎮之婺源，過丹陽小谿，鎮乘舟失足，墮水中。同行者立岸上不能救，鈺投谿，擁鎮出。鎮獲登岸，鈺力憊，且水勢湍急，遂溺死。屍流四十五里，得於灘上。江浙行省言狀，表異之。

尹莘，開封洧川人。母卒，廬墓蔬食，哀毀骨立。父輔臣病疫，莘侍湯藥，衣不解帶。嘗其糞以驗，差劇。至順二年，以孝行旌門。

又高唐人孫希賢，母病，祈天求以身代，母果愈。

高郵卜勝榮，母痢，不能藥，日嘗痢以求愈。兄病，禮北斗，乞減己算延之。並愈。

劉廷讓，大寧武平人。至順初，北方兵起，廷讓挈家避山中。有幼弟方乳，母王氏置於懷。亂兵至，廷讓乃棄己子，一手抱幼弟，一手扶母，疾驅得免。事聞，旌之。

劉通，亳州譙縣人。家貧，業農。母卜氏，目失明，通誓斷酒肉，禱之三十年不懈。卜氏年八十五，忽復明。

又，鄱陽黄鎰、諸暨丁祥一，皆以親喪明，以舌舐之，復能視。並荷旌表。

張旺舅，安豐霍邱人。幼失父，母陳氏居貧守志。旺舅九歲，賣餳以養。及長，母病，伏枕數月，旺舅無貲延醫，惟日夜痛哭，禮天求代，未幾遂愈。又自以生業微，不能多給，竟不娶，以終母年。縣令言於朝，旌之。

張思孝，華州人。母喪，以孝聞。父疾，以父涕洟半器，垂泣盡飲之。復潔齋致禱，乞以身代，未幾遂痊。至順三年，表其門。

杜佑，邳州人。河南行省署爲三叉水馬站提領。父成，病於家，佑忽心驚，舉體沾汗，即棄職歸。父病，禱神求代，且嘗糞以驗疾。父卒，廬墓盡哀，有馴兔之瑞。

長壽。父帖住，官平章政事，生五子，長山壽早世，次即長壽，次永壽、福壽、忙古海牙。元統間，帖住殁，長壽哀毁盡禮。服闋，當蔭叙，與弟羅拜母前曰：「吾父廉貧，諸弟未有所立，願以職讓永壽。」永壽讓福壽，福壽曰：「二兄能讓，福壽獨不能耶？」以讓忙古海牙。母從之，忙古海牙遂蔭爲太禧宗禋院神御殿侍禮佐郎，階奉議大夫。

又河中人梁外僧，親喪廬墓。兄那海爲奥魯官，自以嘗遠仕，不得養其親，即棄職，舉外僧代之。人稱外僧能孝，那海能義。

又有畏吾氏秋秋，及濠州人高中、嘉定人武進，皆以侍親不願仕，以祖父蔭讓叔父、昆弟云。

孫瑾，鎮江丹徒人。父喪哀毁，冬常徒跣，停柩四載，衣不解帶，食粥，誦佛書。事繼母唐氏尤孝，嘗患癰，瑾親吮之，又喪目，瑾舐之復明。

又吴希曾，睢寧人。父卒，葬之日，大雨，希曾跪柩前，炷艾燃腕，火熾，雨止。既葬，廬於墓左。縣上狀，並旌之。

張恭，河南偃師人。以兵部符署鷹房府案牘。親老，辭歸侍養。父卒，侍母馮氏尤謹。歲凶，恭夫婦采野菜爲食，而營甘旨無乏。母有疾，恭手除溷穢，口哺飲食，且嘗糞以驗疾。天曆初，西兵至，河南居民悉竄，恭守母，項中一劍不去。母驚悸而殁，恭居喪盡禮。有詔旌其閭。

訾汝道，德州齊河人。父興卒，居喪以孝聞。母高氏，治家嚴，汝道承順甚恭。母嘗寢疾，晝夜不去側。一日，母屏人，授以金珠若干曰：「汝素孝，室無私蓄，此物可善藏之，毋令他兄弟知也。」汝道泣拜，辭不受。母卒，哀毁終喪，不御酒肉。尤友愛二弟，將析居，汝道悉以美田廬讓之。二弟早世，撫諸孤如子。鄉人劉顯等，貧無以爲生，汝道割己田畀之，使食其租終身。里中嘗大疫，有食瓜得汗而愈者，汝道即多市瓜及𦇧米，歷户饋之。或曰：「癘氣能染人，勿入也。」不聽。益周行，問所苦，然卒無恙。有死者，復贈以棺櫝，人咸感之。嘗出麥粟貸人，至秋，蝗食稼，人無以償，汝道聚其券焚之。縣令李讓爲請旌。

趙一德，龍興新建人。大兵南伐，被俘，爲鄭留守家奴。歷事三世，號忠幹。至大元年，拜請於鄭阿思蘭，歸省父母，阿思蘭許之，期一歲而返。一德至家，父已殁，惟母在，年八十餘。一德卜地葬父畢，如期歸。阿思蘭義之，即裂券縱爲良。一德將辭歸，會阿思蘭以冤被誅，詔簿録其家。羣奴各亡去，一德獨奮曰：「主家有禍，吾忍同路人耶？」留不去，與張錦童詣中書訴枉，得昭雪，還其所籍。阿思蘭母分田廬遺之，一德謝曰：「一德雖鄙人，非有利於是也。重哀吾主無罪而受戮，故留以報主。今老母八十餘，得歸侍養，主之賜已厚矣，何以田廬爲？」不受而去。皇慶元年，旌其門。

【校勘記】

〔一〕「劉居敬」，原脱，據正文補。

〔二〕「譚景星」，原脱，據正文補。

〔三〕「賈進」，原脱，據正文補。

〔四〕「吴好直」，原作「吴道直」，據正文及《元史》卷一九七列傳第八十四《孝友一》改。

〔五〕「早世」，《元史》卷一九七列傳第八十四《孝友一》同，王圻《續文獻通考》卷八二作「早卒」。

〔六〕「亳州」，原作「毫州」，據《元史》卷一九七列傳第八十四《孝友一》改。

新元史卷之二百四十　列傳第一百三十七

篤行下

姚仲實　夏永慶　黄一清　祝大昌　葉以清　秦玉　王庸　黄贇　劉琦　劉源　陸思孝　姜兼　胡伴侣　王士弘　何從義　哈都赤　高必達曾德　王思聰　黄道賢　史彦斌〔一〕　張紹祖　李明德　張緝　魏敬益　湯霖　孫抑　石永　王克己　劉思敬　吕祐　周樂　唐轂轅

姚仲實，河南人。官真州三務使。居半歲，慨然曰：「剥下以事上，非我志也。」棄官歸。以貿易貲巨萬。仲實曰：「積而不散，曷爲者？」買田十餘頃爲義塋，以葬貧民，其不能婚嫁者以貲助之，又贖没爲奴者數十家。歲饑，爲食於道，以食餓者。朝廷建辟雍，獻美材千章、米五千石、役夫羊裘九十襲。元貞初，詔賜綵繒百匹，復其家。初，貧民負仲實五千餘緡，仲實悉還其券，人尤德之。卒，年七十三。集賢大學士陳顥言於武宗，請表其墓，以風天下之爲善者，詔從之。

夏永慶，字章甫，定海人。大德中，從父文德轉粟京師，舟抵海津鎮〔二〕，盤載喧呼，文德僵仆溺水。永慶震駭，没入洪濤，載父出，柁工以戟鈎其衣，父賴不死。永慶力不支，竟沉於海。其後諸弟傷之，居同室，食同爨。至正十三年，表曰「孝義之門」。

黄一清，字清夫，徽州休寧人。父元珪，早卒。母吴氏，矢志不嫁。一清事母，以孝聞。母病，夢人告之曰：「有老嫗來，當得藥。」明日果有嫗來，授以啗蜜法。一清乞蜜於旁村，還遇虎，一清謂虎曰：「吾死不足惜，如吾母何？」虎熟視逡巡而去。集賢大學士陳顥言：「母爲節婦，子爲孝子，宜旌表以風天下。」有司署其家及里門皆曰「節孝」焉。

一清與平章政事李孟友善，欲用爲杭州教授，一清固辭。一清别字秋江，孟字秋谷，孟遺之詩曰：「君釣秋江月，我耕秋谷雲。逃名君笑我，伴食我慚君。」朝野傳誦，趙孟頫繪以爲圖。陳顥又薦一清爲儒學提舉，亦不就。至元三年卒，年七十五。

祝大昌，字公榮，處州麗水人。孝友出於天性。母卒，斂殯奠祔之禮，悉遵古制。竈突失火，大昌力不能救，乃伏棺上悲號，且曰：「天乎！吾母在，乞祐之。不然，我必與母俱焚，誓不獨存也。」其火忽自滅。鄉里稱之。事其兄公亮如嚴父，公亮出仕，大昌不敢中席而坐，如其兄之在室也。

其弟卒，大昌奔視，頓仆於地，良久乃蘇。撫弟遺孤逾於所出。或説以分居，大昌勃然變色曰：「此言入於吾耳，必吾不睦於家故爾。吾若計利而害義，犬彘當不食吾餘！」因撫膺長慟，言者慙而退。

大昌好施與，歲歉，下粟估糶之。青田盜阻，民不能鹽食，大昌出所儲鹽，給宗族親姻，以及於閭井，人皆德之。江浙行省署爲處州路儒學教授，不就，卒。

葉以清，字子澄，松江華亭人。貧而尚氣節。德清尉劉衪訴以三喪未舉，以清貸錢五千緡助之。黟縣達魯花赤伯顏禦賊於昱嶺關，瀕行，囑其妻、子曰：「吾死，汝輩奉吾母依華亭葉以清。」已而伯顏戰没，後一夕，以清夢伯顏來，以老幼相託。越數日，伯顏妻、子果奉其母至，以清賙給之如骨肉。

張士誠部將鄭焕知松江府，欲燔巨室之黨於苗帥者，以清與焕有舊，力諫之，獲免者數百家。焕欲辟以清爲華亭尹，辭不就。後焕以賕敗，株連六十餘人，獨以清無所染。時楊瑀、貢師泰皆依以清爲衣食。瑀卒，貧無以斂，以清爲出貲營葬。

明初，遣使者聘之，不應，卒於家。

秦玉，字德卿，崇明人。五歲，能暗誦《孝經》、《論語》。八歲喪父，哀毁如成人。及長，通《五經》，尤邃於《詩》。會貢舉法行，縣令欲舉玉應之，玉曰：「吾學豈爲科試計哉？」辭不就。母卒，終喪不沐浴，不食鹽酪。初居喪，隣舍火，家人咸走避，獨玉伏棺上慟哭。火及屋壁，遽自滅。縣令欲上其孝行，玉固辭。卒，年五十三。

王庸，字伯常，雄州歸信人。事母李氏，以孝聞。母有疾，庸夜禱北辰，至叩頭出血，母疾遂愈。及母卒，哀毁幾絶，露處墓前，旦夕悲號。一夕，雷雨暴至，鄰人持寢席往欲蔽之，見庸所坐卧之地獨不霑濕，咸嘆異而去。復有蜂數十房來止其家，歲得蜜蠟以供祭祀。

黄贇，字止敬，臨江人。父君道，延祐間求官京師，留贇江南，時贇年幼。及既長，聞其父娶後妻居永平，往省之，則父殁已三年矣。庶母聞贇來，盡挾其貲去更嫁，拒不見贇。贇號哭，語人曰：「吾之來，爲省吾父也。今不幸吾父已殁，思奉其柩歸而窆之，莫知其墓。苟得見庶母，示以葬所，死不恨矣〔三〕。尚忍利遺財邪！」久之，聞庶母居海濱，亟裹糧往，庶母拒之三日不納。庶母之弟憐之，與偕至永平屬縣樂亭，求父墓，又弗得。瓚哭禱於神，一夕，夢老父以杖指葬處曰：「見片磚即可得。」明日，就其地求之。庶母之弟曰：「真是，已斂時，有某物可驗。」啟朽棺，得父骨以歸。

劉琦，岳州臨湘人。生二歲，而母劉氏遭亂，陷於兵。琦獨事其父。稍長，思其母不置，常歎曰：「人皆有母，我獨無。」輒歔欷泣下。及冠，請於父，往求其母。偏歷河之南北、淮之東西，數歲不得。後求得於池州之貴池，迎以歸養。其後十五年，而父歿。又三年，而母歿。終喪，猶蔬食。有司上其事，旌表其門曰「孝義」。

劉源，歸德中牟人。母吳氏，年七十餘，病甚不能行。適兵火起，且延至其家，隣里俱逃。源力不能救，乃呼天號泣，趨入抱母，爲火所焚而死。

陸思孝，紹興山陰樵者。性至孝。母病痢，思孝醫禱，俱不效，方欲刲股肉爲糜以進，忽夢寐間若有神人者授以藥劑，思孝得而異之，即以奉其母，疾遂愈。

姜兼，嚴州淳安人。七歲而孤，與二兄養母至孝。母死，兼哀慟幾絶。既葬，獨居墓下，朝夕哭奠荒山中，躬自樵爨，蔬食飲水，一衰麻寒暑不易。同里陳氏、戴氏子，不能事其父母，聞兼之行，慙悔，皆迎養焉。

胡伴侶，鈞州密縣人。其父實，嘗患心疾數月，幾死，更數醫，俱莫能療。伴侶乃齋沐焚香，泣告於天，以所佩小刀於右脇傍刲其皮膚，割脂一片，煎藥以進，父疾遂瘳，其傷亦旋愈。朝廷旌表其門。

王士弘，延安中部人。父搏，有疾。士弘傾家貲求醫，見醫即拜。遍禱諸神，叩額成瘡。父歿，哀毁盡禮，廬墓三年，足未嘗至家。墓廬上有鵲來巢，飛鳥翔集，與士弘親近，若相狎然，衆咸異之。終喪，復建祠於塋前，朔望必往奠祭，雖風雨不廢。有司上其事于朝，旌表之。

何從義，延安洛川人。祖良、祖母李氏偕亡，從義廬於墓側，旦夕哀慕，不脱帶，不食菜果，惟啖蔬食而已。事父世榮、母王氏，孝養尤至。伯祖、叔祖三人及叔父珍皆無子，比卒，從義咸爲治葬，築高墳，祭奠以禮，時人義之。

哈都赤，大都固安州人。天性篤孝。幼孤，養母。母有疾，哈都赤礪其所佩小刀，拜天泣曰：「慈母生我劬勞，今當捐身報之。」乃割左脇，取肉一片，作羹進母。母曰：「此何肉也？其甘如是！」數日而病癒。

高必達，建昌人。五歲時，父明大，棄家遠遊，莫知所適。必達既長，晝夜哀慕。乃娶妻以養母，而歷往四方求其父。十餘年不得，忽相傳黄州全真道院中有虚明子者，學道三十年矣，本姓高氏，建昌人也，匿姓名爲道人云。必達詢問，知爲父，即往拜之。具言家世及己之所生歲月，大父母之喪葬始末，因哀號叩頭不已。虚明猶瞑坐不顧，久之，斥曰：「我非汝父，不去何爲？」必達留侍左右，不少懈，辭氣哀惻可矜。其徒謂虚明曰：「師有子如此，忍弗歸乎？」虚明不得已，乃還家。必達孝養篤至，鄉里稱之。

又，曾德，漁陽人，宗聖公五十七代孫。母早亡，父仲祥再娶左氏。仲祥遊襄陽，樂其土俗，因携左氏家焉。亂兵陷襄陽，遂失左氏。德遍往南土求之，五年，乃得於廣海間，奉迎以歸，孝養甚至。有司以聞，詔旌復其家。

王思聰，延安安塞人。素力田，農隙則教諸生，得束脩以養親。母喪，盡哀。父繼娶楊氏，事之如所生。以家多幼稚，侵父食，別築室曰「養老堂」奉之，朝夕定省不怠。父嘗病劇，思聰憂甚，拜祈於天，額、膝皆成瘡，得神泉，飲之愈。後復失明，思聰舐之，即能視。縣上狀，詔表其門閭。

黃道賢，泉州人。嫡母唐無子，道賢在襁褓，而生母蘇以疾去。及長，思念生母，屢請於父，得召之歸。道賢竭力養二母，得其歡心。父病篤，道賢晝夜奉湯藥，不離膝下。遍求良醫莫效，乃夜禱於天，願減己一紀之算，以益父壽，父病遂愈，至元統二年乃歿，果符一紀之數。道賢居喪盡禮，負土築墳廬，於廬側疏食終身。至元二年，有司上其事，旌其門曰「孝子黃氏之門」。

史彥斌，邳州人。嗜學，有孝行。至正十四年，河溢，金鄉、魚臺墳墓多壞。彥斌母卒，慮有後患，乃爲厚棺，刻銘曰：「邳州沙河店史彥斌母柩」，仍以四鐵環釘其上，然後葬。明年，墓果爲水所漂。彥斌縛草爲人，置水中，仰天呼曰：「母棺被水，不知其處。願天矜憐哀子之心，假此芻靈，指示母棺。」言訖，涕泣横流，乃乘舟，隨草人所之。經十餘日，行三百餘里，草人止桑林中，視之，母柩在焉。載歸，復葬之。

張紹祖，字子讓，潁州人。讀書力學，以孝行聞於朝，特授河南路儒學教授。至正十五年，奉父避兵山中。賊至，執其父，將殺之，紹祖泣曰：「吾父耆德善人，不當害，請殺我以代父死。且若等非父母所生乎？何忍害人父也！」賊怒，以戈擊之，戈應手挫鈍，因感而相謂曰：「此真孝子，不可犯。」乃釋之。

李明德，瑞州上高人。讀書有志操，孝行篤至。至正十四年，亂兵陷袁州，因抄掠上高。兵執其父，欲殺之，明德泣告曰：「子豈不能代父？願勿害吾父也！」兵遂殺明德而免其父，後以壽終。

張緝，字士明，益都膠州人。性孝友，能詩文。至正七年，與兄紳、弟經，同領鄉薦，由澤州儒學正，轉泰州幕職，棄之養親，居揚州十五年。揚州亂，緝母姬氏方卧病，賊突入卧内，舉槍欲刺姬。緝以身蔽姬，槍中緝脇，三日而死。

魏敬益，字士友，雄州容城人。性至孝。居母喪，哀毀骨立。素好施與，有男女失時者，出資財爲之嫁娶。歲凶，老弱之饑者，爲糜以食之。敬益有田僅十六頃，一日，語其子曰：「自吾買四莊村之田十頃，環其村之民皆不能自給，吾深憫焉。今將以田歸其人，汝謹守餘田，可無餒也。」乃呼四莊村民，諭之曰：「吾買若等業，使若等貧不聊生，有親無以養，吾之不仁甚矣，請以田歸若等。」衆聞，皆愕眙不敢受。强與之，乃受，而言諸有司。有司以聞，丞相賀太平歎曰：「世乃有斯人！」詔旌表之。

湯霖，字伯雨，龍興新建人。早喪父，事母至孝。母嘗病熱，更數醫，弗能效。母不肯飲藥，曰：「惟得冰，我疾可愈。」時天氣甚燠，霖求冰不得，累日號哭於池上。忽聞池中戛戛有聲，視之，乃冰澌也。亟取以奉母，其疾果愈。

孫抑，字希武，世居晉寧洪洞縣。抑登進士第，歷仕至刑部郎中。關保之變，挈父母妻子避兵平陽之柏村。有亂兵至村剽掠，拔白刃脅抑母，求財不得，舉刃欲斫之。抑亟以身蔽母，請代受刃，母乃得釋。而抑父被虜去，不知所之，或語之曰：「汝父被驅而東矣。

然東軍得所掠民，皆殺之，汝慎無往就死也。」抑曰：「吾可畏死而棄其父乎？」遂往，出入死地，屢瀕危殆，卒得父以歸。

石永，紹興新昌人。性淳厚，事親至孝。值亂兵掠鄉里，永父謙孫，年八十，老不能行。永負父匿山谷中，亂兵執其父，欲殺之。永亟前抱父，請以身代。兵遂殺永而釋其父。

王克己，延安中部人。父伯通歿，克己負土築墳，廬於墓側。貊高縱兵暴掠，縣民皆逃竄，克己獨守墓不去。家人呼之避兵，克己曰：「吾誓守墓三年以報。吾親雖死，不可棄也。」遂不去。俄而兵至，見其身衣衰絰，形容憔悴，曰：「此孝子也。」舍之去，竟終喪而歸。

劉思敬，延安宜君人。事其繼母沙氏、杜氏，孝養之至，無異親母。父年八十，兩目俱喪明。會亂兵剽掠其鄉，思敬負父避於巖穴中。有兵至，欲殺思敬，思敬泣言曰：「我父老矣，又無目。我死不足惜，使我父何依乎？」兵憐之，父子皆免於難。

呂祐，字伯通，晉安人。至正二十六年，郡城破，有卒入其室，拔白刃脅其母林氏，索財物不得，揮刃欲斫母。祐急以身蔽母，而奪其刃，手指盡裂傷。仆地良久而甦，開目視母曰：「母幸無恙，我死無憾矣！」遂瞑目死。

周樂，温州瑞安人，宋狀元坦之後。父日成，通經，能文。海賊竊據温州，拘日成置海舟上，樂隨往，事其父甚謹。一日，賊酋遣人沉日成於水，樂泣請曰：「我有祖母，幸留父侍養，請以己代父死。」不聽。樂抱父不忍捨，遂同死焉。

唐轂，明州人。父復禮，以事被陷，將逮赴京師。長子轅，詣吏乞代，不許，乃叩頭流血，欲自經。吏哀其誠，脱父桎梏之。抵越州，遇轂回，挽轅袂哭曰：「兄爲冢子，宗祀所托，不可死，弟請代兄行。」轅不從，轂曰：「兄訥於言，此行必不免，弟可脱父之難。」兄弟争乞代父，吏白其事，詔原之。

凡爲有司旌表，而無事實可見者，附著於下：其事親篤孝者，有臨江劉良臣、汴梁陳善、同官强安、瀋州高守質、安豐高澤、鞏昌王欽、脩武員思忠、榆縣王士寧、河南朱友諒、泉州葉森、寧陵呂德、汲縣劉淇、建昌鄭佛生、堂邑張復亨、保定邢政、寧夏趙那海、臨潼任居敬、隴西周慶、徐德興、汝寧李從善、華州要敬、色目氏沙的。其居喪廬墓者，有太原王構、萊州任梓、平灤王振、北京張洪範、登封王佐、下蔡許從政、張鐩、富平王賈僧、鄭州段好仁、趙璧、薛明善、張齊、汴梁韓榮、劉斌、張裕、何泰、史恪、高成、鄧孝祖、李文淵、杜天麟、張顯祖、涇陽張國祥、延安王旻、東昌張翚、永平梁訥、高唐鄭榮、劉居敬、同州趙良、南陽周郁、陳介、劉權、大同高著、江都毛翔、歸德葛祥、張德成、張遜、王珪、劉弼、汲縣徐昌祖、真定宋貞、王世賢、晉寧史貴、保定耿德温、張行一、賈秉實、張昴、河南王宗道、孫裔夾、谷天祐、趙州趙德隆、安豐王德新、石思讓、冀寧何溥、大都王麟、李簡、華陰李寧、屈秀懷、慶榮、丁用、郭天一、耀州王思、中牟閻讓、曹州鄧淵、吕政、徐州胡居仁、張允中、衛輝王慶、福建朱虞龍、隨州高可壽、濟寧魏鐸、武康王子中、淮安翟諟、汶上趙恒、須城許時中、衡山歐陽誠、復江陵穆堅、薊州王欽、定陶元顯祖、絳州姚好智、宿州孫克忠、集慶傅霖、濟南宋懷忠、牟克孝、汝寧張郁、谷城王福、解州靖與曾、般陽戴貞、兖州王治、沔陽徐勝祖、興中石抹昌齡、峽州秦桂華。蒙古色目氏：納魯丁、赤思馬、改住、阿合馬、拜住、木八剌、玉龍帖木兒、鎖住、唐兀歹、宴只哥、李朵羅歹、塔塔思歹。其累世同居者，有休寧朱震、雷池州方時發、河南李福、真定杜良、華州王顯政、建寧王貴甫、句容王榮、周成、鄢陵夏全、保定成珪、開平温義、大同王瑞之、平陽湯文英、鄜州員從政、江州范士奇、涇州李子才、宿州王珍。其散財周急者，有河南高顏和、台州程遠大、潭州湯居恭、李孔英、建康湯大有、吉州劉如翁、嚴用父、高唐孟恭、松江管仲德、章夢賢、夏椿、江陵陳一寧、中興傅文鼎、永州唐必榮、濟南李恭、寧夏何惠月。

【校勘記】

〔一〕「史彦斌」，原作「吏彦斌」，據正文及《元史》卷一九八列傳第八十五《孝友二》改。

〔二〕「海津鎮」，原作「海洋鎮」，王圻《續文獻通考》卷七二同。戴良《九靈山房集》卷二一《夏孝子詩序》、貝瓊《清江詩集》卷五《精衛憤并序》、嘉靖《定海縣志》、嘉靖《寧波府志》、成化《寧波郡志》作「海津鎮」，據改。海津鎮在直沽，見《元史》卷二五本紀第二十五《仁宗二》。

〔三〕「恨」，原作「根」，據《元史》卷一九八列傳第八十五《孝友二》改。

新元史卷之二百四十一　列傳第一百三十八

隱逸

《易·蠱》之上九曰："不事王侯，高尚其事。"後漢嚴子陵、魏管幼安其人也。孔子稱爲逸民者七人，能考論其世者，伯夷、叔齊、柳下惠而已。三子者，豈與山林遯世之士同其志事者哉？自斯以降，列於隱逸者，其人有二：惓惓故國，不仕新朝，自附於夷、齊者也；窮居伏處，修天爵而不受人爵，合於《蠱》上九之義者也。宋之亡也，士大夫多以節概相高。謝皋羽、鄭所南，其尤著者，所謂不降、不辱者與？張特立，金人，而受知於世祖，然不食元禄，亦其次也。杜瑛、杜本、張樞、王鑑，隱居不仕，庶幾高尚其志者。今類次諸人，爲《隱逸傳》，以備尚論者之採焉。

張特立　鄭思肖　謝翶吴思齊　方鳳　唐鈺　林景熙　王炎午張弘毅　龔開汪元量　孫潼發　趙友欽

陸釗　張慶之王義端　王昌世　杜瑛　杜本張樞（一）　王鑑

張特立，字文舉，東明人。初名永，避金衛紹王諱，易今名。以進士爲偃師主簿，拜監察御史。平章政事白撒犒軍陝西，特立劾其掾不法。白撒訴於朝，特立遂棄官歸。特立通程氏《易》，晚教授諸生。東平嚴實，每加禮焉。

世祖在潛邸，使右丞趙寶臣諭特立曰：「前監察御史張特立，養素丘園，易代如一。今年幾七十，研究聖經，宜錫嘉名，以光潛德，可特賜號曰中庸先生。」又諭曰：「先生年老目病，不能就道，故令趙寶臣諭意，且名其讀書之堂曰麗澤。」復降璽書諭特立曰：「白首窮經，誨人不倦，無過不及，學者宗之。昔已賜嘉名，今復諭意。」中統二年，詔曰：「中庸先生，學有淵源，行無瑕玷，雖經喪亂，不改故常。未遂丘園之賁，俄興窀穸之悲。可復賜前號，以彰寵數。」至元三年卒，年七十五。

鄭思肖，字憶翁，又字所南，福州連江人。祖咸，宋枝江縣主簿。父震，安定、和靖二院山長。思肖爲太學上舍生，應博學宏詞科。大兵南下，叩閽上書，辭意切直，忤當路，不報。宋亡，始改今名，寓思趙氏之意。不娶，歲時伏臘，輒野哭南向而拜。聞北語，則掩耳而走。人亦知其孤僻，不以爲異也。坐卧不北向，扁其室曰：「本穴世界，」以「本」字之「十」置下文，則「大宋」也。工畫墨蘭，宋亡後，畫蘭根不著土，或問之，曰：「地爲番人奪去矣。」趙孟頫才名冠世，思肖惡其仕元，與之絶。孟頫數往候之，終不得見，歎息而去。未幾，賣其田宅，惟留數畝爲衣食資，仍謂佃者曰：「我死，汝則主之。」病亟，屬其友唐東嶼曰：「思肖死矣，煩爲書木主曰：『大宋不忠不孝鄭思肖。』」語訖而絶，年七十八。

思肖自稱「三外野人」，著《大無工十空經》，寓爲「大宋經」。語奇澁，如廋語，莫能曉。自題云：「思肖嘔三斗血，方能書此，後當有具眼者識之。」

謝翺，字皋羽，福州長溪人，後徙浦城。父鑰，居母喪，廬墓，終身不仕，通《春秋》。翺世其家學，試進士不第，倜儻有大節。大兵入臨安，宋相文天祥至閩，開府延平，檄州郡爲勤王之師。翺素贏於財，散家貲，募鄉兵數百人赴難，遂參天祥軍事。未幾，辭歸。及宋亡，天祥被執以死，翺悲不自禁。適浙東，登嚴子陵釣臺，設天祥主，酹酒畢，號而慟者三。乃以竹如意擊石，作楚歌招之曰：「魂朝往兮，何極暮來歸兮。關塞黑，化爲朱鳥兮，有咮焉食。」歌闋，竹石俱碎，聞者悲之。後去依浦陽方鳳。時永康吴思齊亦依鳳，三人志趣相得，以朋友道喪，無如吴季札掛劍者，欲卜釣臺之南爲葬地，思合同志姓名作《許劍録》。卒，年四十七。鳳等葬翺於釣臺南，以文稿殉焉。

翺詩直溯盛唐，不作近代語，文尤嶄拔峭勁。每語人曰：「用志不分，神將避之。」其刻苦多類此。著有詩八卷，文二十卷。

思齊，字子善，永康人。陳亮外孫也，宋嘉興丞。數上書言事，論賈似道母喪，不應賜鹵簿，責文及翁顧忌不力争，又言宰相附貴戚，塞言路，聞者壯之。宋亡，自號全歸子。

鳳，字韶卿，婺州浦陽人。宋咸淳中，舉進士不第，丞相陳宜中奇其才，欲薦之而未果。後以恩授容州文學。宋亡，遂不仕。鳳善爲古今體詩，不緣雕琢，而體裁純密，自成一家。翺客死，鳳走數百里赴其喪。卒，年八十二。

與翺友善者，又有會稽唐珏。珏字玉潛，少孤，力學，以明經教授鄉里。西僧楊璉真珈發宋諸陵，珏痛憤，乃毁家，募鄉里少年，告以欲收思陵以下遺骸葬之。衆如珏言，瘞於蘭亭山後，種冬青樹爲識焉。翺感其事，作《冬青引》以紀之。

時又有太學生林景熙，字德暘。當發諸陵時，僞爲丐者，背竹籮，鑄銀牌百餘，以賄僧徒，得高、孝兩陵骨，納竹籮中，歸葬於東嘉。景熙仕宋爲禮部架閣，宋亡不復仕。著有《白石樵唱》六卷，文十卷。

王炎午，字鼎翁，廬陵人。宋太學士。文天祥被執赴大都，炎午作文生祭之曰：「采西山之薇，酌汨羅之水，以祭文山先生未死之靈。」

天祥死，張弘毅持其髮齒歸炎午，復作望祭文，著有《吾汶稿》。弘毅，亦廬陵人，别號千載心。天祥辟爲幕僚，不就。及天祥被執，弘毅曰：「丞相赴北，吾當偕往。」至大都，館於天祥囚所之側，日饋食，凡三年，終始如一。製一櫝以藏其首，付天祥家。炎午及弘毅均隱居不仕而卒。

龔開，字聖予，山陽人。博學，負才氣。著文天祥、陸秀夫二傳。開少與陸秀夫同居李庭芝幕府，宋亡，不肯求仕。家貧，坐無几席，每令其子浚，俛伏榻上，就其背按紙作書畫焉。

同時，汪元量，字大有，錢塘人。以善鼓琴，受知於宋理宗。國亡，奉宋三宫留燕，世祖欲官之，不肯，因賜爲黄冠師。南歸後，往來匡廬、彭蠡之間，人以爲神仙云。

孫潼發，字帝錫，睦州人。少好學，工文辭。嘗携所業贄見劉克莊，大奇之，由是名動一時。宋咸淳四年進士及第，調衢州軍事判官，有能名。州人留夢炎罷相，家居，愛潼發才，欲以女妻之，潼發不可，乃已。秩滿，辟御前軍械所幹辦工事。宋亡隱居不仕，程鉅夫奉敕求江南遺賢，以潼發應詔，固辭。夢炎入元爲吏部尚書，薦潼發，亦不起。與鄉人袁易、魏新之爲「三友」。易與新之卒，潼發孑然獨立。至大三年卒，年六十七。

趙友欽，鄱陽人。隱居自晦，不知其姓字。或曰名敬，字子公，莫能詳也。因其自號，稱爲緣督先生，乃宋之宗室也。習天官遁甲鈐式，著《革象新書》，發明《授時曆》之藴。乘青騾，從以小蒼頭，往來衢、婺間。後卒，葬於衢州龍游山。

弟子朱暉，龍游人，得其推步之學。

陸釗，字二思，福州人。宋丞相秀夫子。秀夫奉衛王昺至楓亭，其妾蔡氏生釗，留於楓亭。秀夫蹈海死，蔡氏招魂，葬於莆田縣之松山。元貞二年，勑宣撫李文虎訪秀夫子録用，釗以詩卻聘，文虎歎息而返。釗初遷莆田，後復徙楓亭，隱居不仕卒。

張慶之，字子善，平江人。少有志操，通《春秋》，爲舉子業。及長，乃棄之，出入經史百氏，擬楊雄《太玄》作《測雲》，又作《孔孟衍語》。絶意仕進，號海峰野逸。仿五柳先生，作《海峰逸民傳》，以伯夷、蔣詡、陶潛、司空圖自況。初，文天祥以工部尚書知平江府，慶之在弟子之列。宋亡，集杜詩，述天祥平生大節，人多義之。

同時王義端，字元剛，龍興豐城人。宋綏寧令。宋亡，棄官歸。文天祥起兵江西，知義端有智略，辟爲幕府參議，義端仰天歎曰：「天乎！事已至此，去將安歸？」涕泣謝之。自是終其身不出。或勸之仕，義端曰：「我不能死，可復仕乎？」卒，年八十七。有《經疑》十五篇，《史論》四十八篇，《經邦讜論》二十四卷。

王昌世，字昭甫，慶元鄞縣人。父應麟，宋禮部尚書。宋亡，應麟杜門不出，日取經史百家之書討論之。昌世甫十歲，能傳其家學。凡應麟著述，昌世皆爲之校訂。應麟有重名東南，學者以爲宋三百年文獻所存。昌世，名父之子，臺省薦之，力辭曰：「士之大節，嗣守爲難。敬身所以敬親，肥遯所以無不利，不願乎外也。」泰定四年卒，年六十一，子原孫、寧孫。昌世嘗戒二子曰：「務學以實，勿事虛文。持身以誠，勿循詭道。」晚自稱靜學居士，有《靜學稿》二十卷。

杜瑛，字文玉，其先霸州信安人。父時昇，《金史》有傳。金將亡，士猶以文辭規進取，瑛獨避地河南緱氏山中。時文物凋喪，瑛搜訪遺書，盡讀之。閒關轉徙，教授汾、晉間，中書粘合珪開府於相，瑛應其聘，遂家焉。與良田千畝，辭不受。術者言其所居下有藏金，家人欲發視，輒止之。後來居者，果得黄金百斤。其不苟取如此。

世祖南伐，召見問計。瑛從容對曰：「漢、唐以還，人君所恃以爲國者，法與兵、食三事而已。國無法不立，人無食不生，亂無兵不守。今宋皆蔑之，殆將亡矣。若控襄樊之師，順長江而下，以擣其背，大業可定也。」帝悦，曰：「儒者中乃有此人！」以瑛可大用，命從行，辭疾弗就。

中統初，詔徵瑛。時王文統方用事，瑛固辭。左丞張文謙宣撫河北，奏爲懷孟、彰德、大名等路提舉學校官，又辭。遺執政書，其略曰：「先王之道不明，異端邪説害之也。横流奔放，天理不絶如綫。今天子神聖，俊乂輻輳，言納計用，先王之禮樂教化興明脩復，維其時矣。若夫簿書期會，文法末節，漢、唐猶不屑也，執事者因陋就簡，此焉是務，良可惜哉！夫善始者未必善終，今不能遡流求源，明法正俗，育材興化，以拯數百千年之禍，僕恐後日之弊，將有不可勝言者矣。」人或勉之仕，則曰：「後世去古雖遠，而先王之所設施，本末先後，猶可考見，故爲政者莫先於復古。苟因習舊弊，以求合乎先王之意，不亦難乎！吾又不能隨時俯仰，以赴機會，將焉用仕？」於是杜門著書，優游道藝，以終其身。年七十，遺命其子處立、處愿曰：「吾即死，當表吾墓曰『緱山杜處士』。」天曆中，贈資德大夫、翰林學士、上護軍，追封魏郡公，謚文獻。

所著書曰《春秋地理源委》十卷、《語孟旁通》八卷、《皇極引用》八卷、《皇極疑事》四卷、《極學》十卷、《律吕律曆禮樂雜志》三十卷、文集十卷。

杜本，字伯原，其先居京兆，後徙天台，又徙臨江之清江。本博學，善屬文。江浙行省丞相忽刺木得其所上《捄荒策》，大奇之。及入爲御史大夫，力薦於朝。被召至京師，未幾，歸隱武夷山中。文宗在江南時，聞其名，及即位，以幣徵之，不起。

至正三年，右丞相脱脱以隱士薦，詔遣使賜以金織文幣、上尊酒，召爲翰林待制，兼國史院編修官。使者趣之行，至杭州，稱疾固辭，而致書於脱脱曰：「以萬事合爲一理，以萬民合爲一心，以千載合爲一日，以四海合爲一家，則可言制禮作樂，而躋五帝三王之盛矣。」脱脱得書歎息，稱爲高士。

本湛静寡欲，無疾言遽色。尤篤於故舊，有貧不能養父母及無貲求學者，皆濟之。平居手不釋書。天文、地理、律曆、度數，靡不通究。著有《四經表義》、《六書通編》、《十原》等書，學者稱爲清碧先生。至正十年卒，年七十有五。

時有張樞子長者，婺州金華人，亦屢徵不起。樞幼聰慧，外家潘氏蓄書數萬卷，樞盡取而讀之，過目輒不忘。既長，下筆成文，頃刻數千言。嘗改訂陳壽《三國志》，撰漢本紀、列傳，附以魏、吳載記，爲《續後漢書》。危素亟稱之，朝廷取其書寘宣文閣。至正三年，修遼、金、宋三史，右丞相脱脱以監修國史領都總裁，闢樞本府長史，力辭不拜。七年，申命史臣纂修本朝后妃、功臣傳，復以翰林修撰、同知制誥、兼國史院編修官召，樞復避不就。使者强之行，至杭州，稱病而歸。至正八年卒，年五十七。

王鑑，字明卿，真定安平人。性耿介。娶同郡李氏，資裝甚盛，鑑悉歸之。受學於虞集，善唐人近體詩。游京師，大臣薦其才行，授侍儀司舍人，鑑辭曰：「吾雖不敏，安能爲人所役？」即宵遁。後樂吴中風土，遂隱居焉，足跡不出户者二十年。家貧，無儋石之儲。然非其義，雖一毫不取。張士誠每過之，勸以忠義。士誠退謂人曰：「明卿，高尚士也。」卒，年七十二。

【校勘記】

〔一〕「張樞」，本書《儒林傳一》已有傳，退耕堂本傳文大體與《元史》卷一九九列傳第八十六《隱逸傳・張樞》同，庚午重訂本删之。

新元史卷之二百四十二　列傳第一百三十九

方技

劉秉忠事世祖於潛藩，其術數之學，尤爲帝所敬信。及即位，詔訪奇材異能之士，秉忠亦薦其所知，雖尋常藝術，皆得親承顧問，待以優禮。豈非雄才大略之主，其度量所包括者，無所不至乎？今博考其人，爲《方技傳》，以存梗概焉。

田忠良　靳德進　李俊民　張康　廖應淮傳立　周仲高　李國同　李杲羅天益　竇行冲　朱震亨王履　劉岳　阿尼哥尼劉元　朱玉　李時

田忠良，字正卿，中山人。父閏，精《易》理及六壬之數。世祖伐宋，召問宋亡期，對曰：「丙子。」已而果然。世祖欲官之，固辭，以忠良貴，至大二年，授閏光禄大夫、司徒，封趙國公，閏曰：「吾不及拜也。」命下而卒。

忠良好學，通儒家言。識太保劉秉忠於微時，秉忠薦於世祖，遣使召至，帝視其狀貌步趨，顧謂侍臣曰：「是雖以陰陽家進，必將爲國用。」俄指西序第二人，謂忠良曰：「彼手中握何物？」忠良對曰：「雞卵也。」果然。帝喜，又曰：「朕有事縈心，汝試占之。」對曰：「以臣術推之，當是一名僧病耳。」帝曰：「然，國師也。」遣左侍儀奉御也先捏兒送忠良司天臺，給筆札，令秉忠試星曆、遁甲諸書。秉忠奏：「所試皆通，司天諸生鮮有及者。」遂授司天官。帝曰：「朕用兵江南，困於襄樊，累年不決，奈何？」忠良對曰：「在酉年矣。」

至元十一年，阿里海涯奏請益十萬衆渡江，朝議難之。帝密問曰：「汝試筮之，濟否？」對曰：「濟。」帝獵於柳林，御幄殿，侍臣甚衆，顧忠良曰：「今拜一大將取江南，朕心已定，果何人耶？」忠良環視左右，目一人，對曰：「是偉丈夫，可屬大事。」帝笑曰：「此伯顏也。汝識朕心！」賜鈔五百貫、衣一襲。七月十五日夜，白氣貫三台，帝問：「何祥？」忠良對曰：「三公其死乎？」未幾，太保劉秉忠卒。八月，帝出獵，駐蹕召忠良曰：「朕有所遺，汝知何物？還可復得否？」對曰：「其數珠乎？明日二十里外，人當有得而來獻者。」已而果然。帝喜，賜以貂裘。十月，詔問忠良：「南征將士能渡江否？勞師費財，朕甚憂之！」忠良奏曰：「明年正月，當奏捷矣。」

十二年正月，大兵取鄂州，丞相伯顏遣使來獻宋寶，帝以玉香爐賜忠良，及金織文十匹。二月，帝不豫，召忠良謂曰：「或言朕今歲不嘉，汝術云何？」忠良對曰：「聖體行自安矣。」三月，帝疾愈，賜銀五百兩、幣三十匹。五月，車駕幸上都，遣使來召曰：「叛者寖入山陵，久而不去，汝與和禮和孫率衆往視之。」既至，山陵如故，俄而叛兵大至，圍之三匝，三日不解。忠良引衆夜歸，敵殊不覺，和禮和孫以爲神。白其事於帝，賜黄金十兩。八月，以海都爲邊患，遣皇子北平王、丞相安童征之，忠良奏曰：「不吉，將有叛者。」帝不悦。十二月，諸王昔里吉執皇子、丞相以附海都，帝召忠良曰：「朕幾信讒言罪汝，今如汝言。汝禱於神，雖黄金朕所不吝。」忠良對曰：「無事於神，皇子未年當還。」後果然。

十四年八月，車駕駐隆興北，忠良奏曰：「昔里吉之叛，以安童之食不彼及也。今宿衛之士，日食一瓜，豈能充饑？竊有怨言矣！」帝怒，笞主膳二人，俾均其食。

十五年三月，汴梁河清三百里，帝曰：「憲宗生，河清；朕生，河清；今河又清，何耶？」忠良對曰：「應在皇太子。」帝語符寶郎董文忠曰：「是不妄言，殆有徵也。」

十八年，特命爲太常丞。少府爲諸王昌童建宅於太廟南，忠良往仆其柱，少府奏之，帝問忠良，對曰：「太廟前豈諸王建宅所耶？」帝曰：「卿言是也。」又奏曰：「太廟前無馳道，非禮也。」即勅中書闢道。國制，十月上吉，有事於太廟。或請牲不用牛，忠良奏曰：「梁武帝用麵爲犧牲，後如何耶？」從之。遷太常少卿。

二十年，將征日本，召忠良擇日出師。忠良奏曰：「僻陋島夷，何足勞王師？」不聽。二十四年，兼引進使。二十九年，遷太常卿。

大德元年，遷昭文館大學士、中奉大夫，兼太常太卿。十一年，成宗崩，宰相將以皇后教，祔成宗於廟。忠良争曰：「嗣皇帝祔先帝於廟，禮也。皇后教，非制也。」竟不從。

武宗即位，進榮禄大夫、大司徒，賜銀印。仁宗即位，又進光禄大夫，領太常禮儀院事。延祐四年正月卒，年七十五。贈推忠守正佐運功臣、太師、開府儀同三司、上柱國、追封趙國公，謚忠獻。

子天澤，翰林侍講學士、嘉議大夫、知制誥兼修國史。

靳德進，其先潞州人，後徙大名。父祥，師事陵川郝經，兼善星曆。金末兵亂，與母相失，母悲泣而盲，祥得之，舐其目，百日復明，人稱其孝。劉敏行省於燕，辟祥寘幕下，佩以金符。時藩帥得擅生殺，無辜者多賴祥以免。贈集賢大學士，謚安靖。

德進幼讀書，能通大義，尤精星曆之學。世祖命太保劉秉忠選太史官屬，德進以選授天文、星曆、卜筮三科管句，凡交蝕躔次、六氣祲沴，所言休咎輒應，時因天象以進規諫，多所裨益。累遷秘書監，掌司天事。從征叛王乃顔，諸將欲勦絶其黨，德進獨陳天道好生，請緩師以待其降。又奏言：「叛王由惑於妖言，謀不軌。宜括天下術士，設陰陽教官，使訓學者，仍歲貢學成者一人。」帝從之，著爲令。

成宗以皇孫撫軍北邊，帝遣使授皇太子寶，德進從行。凡攻戰取勝，皆豫尅日期，無不驗者。亦間言事得失，多所裨益。成宗即位，歷陳世祖進賢納諫、咨詢治亂之原，帝嘉納之，授昭文館大學士，知太史院，領司天臺事，賜金帶宴服。都城以荻苫廩，或請以瓦易之，帝以問德進，對曰：「若是役驟興，物必踴貴，民力重困，臣愚未見其可。」議遂寢。勑中書自今凡集議政事，必使德進預焉。尋以病丐閒。

仁宗時在東宮，特令中書加官以留之，會車駕自上京還，召見白海行宮，授資德大夫、中書右丞，議通政院事。仁宗即位，命領太史院事，力辭，不允。以疾卒於位。贈推誠贊治功臣、榮禄大夫、大司徒、柱國、魏國公，謚文穆。子泰，工部侍郎。

李俊民，字用章，澤州人。金承安中，以經學舉進士第一，授應奉翰林文字。未幾，棄官歸，以所學教授鄉里。金南遷後，隱嵩山。再徙懷州，俄復歸嵩山。既而變起倉卒，人服其先知。

俊民在河南時，隱士荆先生授以皇極數學。時知數者無出劉秉忠右，亦自以爲弗及。

世祖在藩邸，以安車召至，延訪無虚日。遽乞還山，世祖重違其意，遣中貴護送之。又嘗令張易問以禎祥，及即位，其言皆驗。而俊民已卒，年八十餘。賜諡莊静先生。

張康，字汝安，號明遠，潭州湘潭人。早孤，力學，旁通術數。宋吕文德、江萬里，留夢炎皆推重之，辟置幕下。宋亡，隱衡山。

至元十四年，世祖遣中丞崔彧祀南嶽，就訪隱逸。彧兄湖南行省參政崔斌言康隱衡山，學通天文地理，彧還，具以聞，遣使召康，與斌偕至京師。十五年夏四月，至上都見帝，親試所學，大驗，授著作佐郎，仍以内嬪松夫人妻之，凡召對，禮遇殊厚，稱明遠而不名。嘗面諭，凡有所問，使極言之。

十八年，康上奏：「歲壬午，太一理艮宫，主大將客、參將囚，直符治事，正屬燕分。明年春，京城當有盜兵，事干將相。」十九年三月，盜果起京師，殺阿合馬等。帝欲征日本，命康以太一推之，康曰：「南國甫定，民力未蘇。且今年太一無算，舉兵不利。」從之。嘗賜太史院錢，分千貫以與康，不受，衆服其廉。久之，乞歸田里，優詔不許，遷奉直大夫、秘書監丞。年六十五卒。

子天祐，字吉甫，中書參知政事。

廖應淮，字學海，盱江人，號溟涬生。年三十，游臨安，抗疏劾丁大全誤國，大全怒，中以法，配漢陽軍。應淮荷校行歌出國門，時論壯之。抵漢陽，遇蜀道士杜可大，授以邵康節先天數，并言於官，爲脱其籍。應淮有神悟，可大自以爲不及也。久之，復至臨安，晝賣卜，夜飲，輒大醉。嘗醉中自語曰〔一〕：「天非宋天，地非宋地，奈何！」賈似道遣門客問之，應淮曰：「毋多言！浙西地髮白時，是其祥也。」似道復召至，問之，應淮曰：「明公宜自愛，不久宋鼎移矣！」似道惡其言直，應淮亦徑出不顧。及宋亡，應淮又曰：「殺氣將入閩、廣，吾不知死所矣。」其言無一不驗。至元十七年，卒。

門人彭復，能傳其學。復，宋進士也。

復又授鄱陽傅立。應淮臨卒，語其女曰：「吾死後一月中，朝命山姓鳥名者來徵吾，及傅立當過吾門，汝可出吾書示之。」既而果驗。所謂山姓鳥名，乃崔彧、程鵬飛也。立，鄱陽祝泌之甥。泌精於皇極數，立傳其學。又受學於吴復大，以占筮著名。時杭州内附，世祖命占異日如何，卦成，立對曰：「其地六七十年後，城市將生荆棘，不如今日多矣！」自至正壬辰以後，杭州果數燬於兵。

又，周仲高，不知何許人。精天文、地理之學。時方承平，自錢塘至崑山，嘗曰：「天下兵且起，吾卜地，莫如婁東善。」遂家焉。已而錢塘燬於兵，而崑山無恙。

李國同，登州人。能望氣占休咎，又善相人。宋末，見趙孟頫於客坐。孟頫風瘡滿面，即語人曰：「我過江，僅見此人。其瘡愈，即見至尊，異日官至一品，名滿天下。」先是，襄陽未下，世祖命國同至軍中望氣。行逾三兩舍，即還奏曰：「臣見卒伍中，往往有臺輔器。襄陽不破，江南不平，置此輩於何地乎？」其術之神如此。

李杲，字明之，真定人。世以貲雄鄉里。杲幼好醫藥，時易州人張元素以醫名，杲捐千金從之學，不數年，盡傳其業。其學於傷寒、癰疽、眼目病爲尤長。

北京王善甫，爲京兆酒官，病小便不利，目睛凸出，腹脹如鼓，膝以上堅硬欲裂，飲食不下，甘淡滲泄之藥皆不效。杲謂衆醫曰：「疾深矣！《內經》有之：膀胱者，津液之府，必氣化乃出焉。今用滲泄之劑而病益甚者，是氣不化也。啟元子云：『無陽者，陰無以生；無陰者，陽無以化。』甘淡滲泄，皆陽藥。獨陽無陰，其欲化，得乎？」明日，投以陰劑，不再服而愈。

西臺掾蕭君瑞，二月中病傷寒發熱，醫以白虎湯投之，病者面黑如墨，本證不復見，脉沉細，小便不禁。杲初不知用何藥，及診之，曰：「此立夏前誤用白虎湯之過。白虎湯大寒，非行經之藥，止能寒腑藏，不善用之，則傷寒本病隱曲於經絡之間。或更以大熱之藥救之，則他證必起，非所以救白虎也。有温藥之升陽行經者，吾用之。」有難者曰：「白虎大寒，非大熱何以救？君之治奈何？」杲曰：「病隱於經絡間，陽不升則經不行，經行而本證見矣。又何難焉？」果如其言而愈。

魏邦彦之妻，目翳暴生，從下而上，其色緑，腫痛不可忍。杲云：「翳從下而上，病從陽明來也。緑非五色之正，殆肺與腎合而爲病耳。」乃瀉肺、腎之邪，而以入陽明之藥爲之使。既效矣，而他日病復作者三，其所從來之經與腎色各異。乃曰：「諸脉皆屬於目，脉病則目從之。此必經絡不調，經不調則目病未已也。」問之，果然，因如所論而治之，疾遂不作。

馮叔獻之姪櫟，年十五六，病傷寒，目赤而頓渴，脉七八至。醫欲以承氣湯下之，已藥，而杲適從外來，馮告之故。杲切脉，大駭曰：「幾殺此兒！《内經》有言：『在脉，諸數爲熱，諸遲爲寒。』今脉八九至，是熱極也。而《會要大論》云：『病有脉從而病反者，何也？脉之而從，按之不鼓，諸陽皆然。』此傳而爲陰證矣。今持薑、附來，吾當以熱因寒用法處之。」藥未就而病者爪甲變，頓服者八兩，汗尋出而愈。

陝帥郭巨濟病偏枯，二指著足底不能伸，杲以長針刺骩中，深至骨而不知痛，出血一、二升，其色如墨，又且謬刺之，如此者六七，服藥三月，病良已。裴擇之妻病寒熱，月事不至者數年，已喘嗽矣。醫者率以蛤蚧、桂、附之藥投之，杲曰：「不然。夫病陰爲陽所搏，温劑太過，故無益而反害。投以寒凉，則經行矣。」已而果然。

杲之設施多類此。元初，杲有盛名，時人皆以神醫目之。

弟子羅天益，字謙甫，亦真定人，能傳其學。

同縣竇行冲，字和師。及見天益，得杲書讀之。世祖徵爲尚醫，亦有時名。

朱震亨，字彦修，婺州義烏人。天資爽朗，讀書即了大義。聞同郡許謙之學，摳衣至門師事之。謙爲開明聖賢大旨，震亨心解，抑其豪邁，歸於純粹，不以一毫苟且自恕，其清修苦節，絶類古篤行士，所至人多化之。

一日，母病延醫，因自悟曰：「人子不知醫，或委之庸人，寧無有失？」於是研究醫理，博求名師，得羅知悌之傳，治症多奇效。嘗著《格致餘論》、《局方發揮》、《傷寒辨疑》、《外科精要》、《本草衍義補》、《丹溪心法》諸書行世，學者稱丹溪先生。

太倉人王履，字安道。震亨門人，得其心傳。著有《溯洄集》、《百病鈎元》諸書。

劉岳，字公泰，南康星子人。祖聞，宋名醫。岳讀書於白鹿洞書院，能世其家學。世祖定江南，有司以岳應聘，召對便殿，命以奉議大夫，官太醫院使。稱爲「劉三點」，以指三下，即知受病之源也。未幾，改翰林學士、知制誥，同修國史。出爲建昌路推官，卒。

阿尼哥尼，波羅國人也。其國人稱之曰八魯布。幼敏悟，異凡兒。稍長，誦習佛書，期年能曉其義。同學有爲繪畫粧塑業者，讀《尺寸經》，阿尼哥尼一聞，即能記。長善畫塑，及範金爲像。

中統元年，命帝師八合斯合建黄金塔於吐蕃，尼波羅國選匠百人往成之，得八十人。未得阿尼哥尼。年十七，請行，衆以其幼，難之。對曰：「年幼，心不幼也。」乃遣之。帝師一見奇之，命監其役。明年，塔成，請歸，帝師勉以入朝，乃祝髪爲弟子，從帝師入見。帝視之久，問曰：「汝來大國，得無懼乎？」對曰：「聖人子育萬方，子至父前，何懼之有？」又問：「汝來何爲？」對曰：「臣家西域，奉命造塔吐蕃，二載而成。見彼土遭兵難，民不堪命，願陛下安輯之。不遠萬里，爲生靈而來耳。」又問：「汝何所能？」對曰：「臣以心爲師，頗知畫塑範金之藝。」帝命取明堂針灸銅像示之曰：「此安撫王檝使宋時所進，歲久闕壞，無能修補者，汝能仿製之乎？」對曰：「臣雖未嘗爲此，請試之。」至元二年，新像成，關鬲脈絡皆備，金工歎其天巧，莫不愧服。凡兩京寺觀之像，多出其手。爲七寶鑌鐵法輪，車駕行幸，用以前導。原廟列聖御容，織綿爲之，圖畫弗及也。

至元十年，始授人匠總管，銀章虎符。十五年，有詔返初服，授光禄大夫、大司徒，領將作院事，寵遇賞賜，無與爲比。卒，贈太師、開府儀同三司、凉國公、上柱國，謚敏慧。

子六人，知名者曰：阿僧哥，大司徒；阿述臈，諸色人匠總管府達魯花赤。

有劉元者，嘗從阿尼哥尼學西天梵相，亦稱絶藝。元，字秉元，薊州寶坻人。始爲道士，師事青州杞道録，傳其藝。至元中，凡兩都名刹，塑土、範金、摶換爲佛像，出元手者神思妙合，天下稱之。其上都三皇像尤古粹，識者以爲造意得三聖人之微者。

仁宗嘗勅元，非有旨不許爲人造神像。後大都南城作東岳廟，元爲造仁聖帝像，巍巍然有帝王之度，其侍臣像乃若憂深思遠者。始，元欲作侍臣像，久之未措手，適閱秘書圖畫，見唐魏徵像，矍然曰：「得之矣！非若此，莫稱爲相臣。」遽走廟中爲之，即日成。士大夫觀者，咸歎異焉。元官昭文館大學士、正奉大夫、秘書卿，以壽終。

朱玉，字君璧，崑山人。喜繪事，聞佳山水，即翛然獨往，雖數千里不以爲難。永嘉王振鵬，在仁宗時以界畫稱旨，躋顯仕。玉往受筆法，振鵬亟稱之。未幾，奉中宮命，圖《藏經》佛像，曲盡意態，人言振鵬之藝不能過之。至正中，清寧殿成。敕畫史圖其壁。趙雍以玉名聞，遣使召之，以道阻不果至。未幾，卒。

李時，字居中，大都人。伯父巨淵，工繪仙鬼，莫知其師傳之所自。嘗畫《魔母圖》，極獰悍之狀。仁宗見而悦之，使待詔禁中。累官朝列大夫、諸道人匠府總管。時總角即知向學。年十六，從巨淵至上都，視俗工所畫，輒羞赧棄去。聞饒陽劉仲謙，早從秘書少卿何澄畫。澄年九十餘，世祖詔見，賜以卮酒。既拜，因伏不能起。問之，對曰：「臣耄矣，弟子劉仲謙可以奉詔。」許之，由是仲謙名動京師。時受學於仲謙，藝日進。又有劉道權者，廬陵人，善畫山水，然恃才慢罵當世，如劉伯熙等，皆譏呵不少假借。獨於時，特奬譽之。嘗謂仲謙曰：「是子咄咄逼人，宜少避之。」後巨淵見時所作，亦憫然自以爲不及也。

至正二年，惠宗詔時畫東内清寧宫殿壁。時畫樊姬、馮婕妤及唐長孫皇后進諫圖，賞賚甚厚。或言時家貧母老，帝憐之，懷白金一錠，使左右密付時曰：「知卿貧，故相賚，慎毋令他人知。」後授爲利用監照磨，擢經歷，時叩頭固辭。退語人曰：「時事如此，吾免溝壑幸矣，其敢干天職乎！」竟不就。

先是，京師繁盛，帝欲畫圖以誇後世，詔時等具稿本以進。計日程工，如是將近三年，自南而東而西，裁及其半。忽屏置不問，衆莫知其故。及帝出奔，明兵入京師，以舊城太廣，乃撤其北之半而中築焉，其界適當畫稿之半，識者始歎異之。

孛羅帖木兒擅國，奏立梓潼帝君祠，命時圖其九十九化事於壁。時更畫四力士獻俘事，孛羅帖木兒見之，問曰：「此縶而擁以前者，何人也？」衆錯愕，不知所對。時從容跽言曰：「是不臣於國而遺害於民者。」孛羅帖木兒大笑而去。後旬日，孛羅帖木兒竟伏誅。

【校勘記】

〔一〕「嘗」，原作「當」。按宋濂《宋文憲公全集》卷三九《溟涬生贊》云「醉中嘗大叫曰」，據改。

新元史卷之二百四十三　列傳第一百四十

釋老

蒙古崇尚釋教，及得吐番之地，思因其俗而柔之，乃設官分職，而領之於帝師。又立宣政院，其院使位居第二者，必以僧爲之。帥臣以下，亦僧俗並用。於是帝師授玉印，國師授金印，宣命同於詔勑。凡即位之始，降詔褒護，必勑章佩監絡珠爲字以賜。及其卒而歸葬舍利，又命百官出郊祭餞。大德九年，專遣平章政事帖木兒乘傳護送，賻金五百兩、銀千兩、幣帛萬匹、鈔三千錠。皇慶二年，加至賻金五千兩、銀一萬五千兩、錦綺雜綵共一萬七千匹。其弟子之號司空、司徒、封國公者，前後相望，怙勢恣睢，氣燄熏灼，爲害不可勝言。有楊璉真珈者，世祖用爲江南釋教總統，發掘趙氏諸陵及其大臣冢墓凡百一所，戕殺平民四人，受人獻美女、寶貨無算。其攘奪盜取者，計金一千七百兩、銀六千八百兩、玉帶九、玉器大小百一十有一、雜寶貝百五十有二、大珠五十兩、鈔一十一萬六千二百錠、田二萬三千畝，私庇平民不輸公賦者二萬三千户，他所藏匿未露者不論也。南臺御史中丞亦力撒合請急誅之以謝天下，帝不允，仍録其子暗普爲江浙行省右丞，後以民怨沸騰，始罷去。又至大元年，上都開元寺西僧强市民薪，民訴諸留守李璧，方詢問其由，僧已率其徒持白挺突入公府，隔案引璧髮，捽諸地，捶朴交下，拽之以歸，閉諸空室，久乃得脱，奔訴於朝，遇赦以免。二年，復有僧龔柯等十八人，與諸王合兒八剌妃争道，拉妃墮車毆之，事聞，釋不問。而宣政院臣方奏請：「凡民毆西僧者，截其手；詈之者，斷其舌。」時仁宗居東宫，聞之，亟奏寢其令。泰定二年，西臺御史李昌言奏：「嘗經平涼府，静、會，定西等州，見西番僧佩金字圓符，絡繹道途。馳騎累百，傳舍至不能容，則假館民舍，奸污婦女。奉元一路，自正月至七月，往返者百八十五次，用馬至八百四十餘匹，較之諸王、行省之使，十多六七。驛户無所控訴，臺察莫敢誰何。且國家之製圜符，本爲邊防警報，僧人何事而輒佩之？乞更正僧人給驛法，且令臺憲得以糾察。」不報。必蘭納識里之誅也，有司籍之，得其人畜、土田、金銀、貨貝錢幣、邸舍、書畫器玩，及婦人七寶裝具，價值鉅萬萬云。番僧歲時祝釐禱祠，號稱好事者，其目尤不一。大者如：中統三年，作佛頂金輪會於聖安、昊天二寺七晝夜，賜銀一萬五千兩。至元二年，詔各路設三學，講三禪會。七年，大修佛事於瓊華島。九年，集都城僧誦《大藏經》，九會。十三年，設資戒大會於順德府開元寺。十六年，敕諸國師、教師、禪師百有八人，即聖壽萬安寺設齋圓戒，賜衣。二十二年，集諸路僧四萬於西京普恩寺，作資戒會七日夜。二十三年，命西僧作佛事於萬壽山，三十會。明年，又作佛事於大殿寢殿及五臺山，三十三會。二十五年，命亦思麻等七百餘人，坐静於大護國仁王寺，凡五十四會。二十七年，命帝師坐静於厚載門及桓州雙泉寺，凡七十二會。成宗初，以國忌，飯僧七萬。武宗至大元年，啟水陸大會於昊天寺。英宗即位，大興佛事於文德殿四十日。已而修秘密法會於延春閣，鎮雷法會於京城四門。至治三年，詔天下諸司，集僧誦經十萬部，又於京師萬安、慶壽、聖安、普慶四寺，揚子江金山寺，五臺山萬聖祐國寺，建水陸大會。泰定帝元年，命西僧修佛事於壽安山，曰星吉思乞剌，曰闊兒魯串卜，曰水朵爾麻，曰颯間卜里南家經，三年乃罷。又修黑牙蠻答哥佛事於水晶殿，燒壇佛事於延華閣。文宗至順元年四月，作佛事於仁智殿，歲終乃罷。惠宗後至元二年，創大覺海寺，塑千佛於其内。至正七年，興聖宫作佛事，賜鈔二千錠。十四年，命加喇麻選僧百有八人，修朵思哥兒好事，嘗以泥作小浮屠，或十萬至二三十萬，名曰擦擦。其大者，實以七寶珠玉，或一所，以至七所，名曰答兒剛。先是，至元中内廷佛事之目，僅百有二。至大德七年，再立功德使司，其目增至五百有餘。延祐四年，宣徽院會計歲供，其費以斤計者，用麪四十三萬九千五百、油七萬九千、酥二萬一千八百七十、蜜二萬七千三百，他物稱是。至累朝賜予，尤爲無度。其大者如：中統初，賜慶壽、海雲二寺陸地五百頃。大德五年，賜興教寺地一百頃，上都乾元寺地九十頃，萬安寺地六百頃，南寺地百二十頃。皇慶初，賜大普慶寺腴田八萬畝，邸舍四百間。又賜崇福寺河南地百頃，上都開元寺江浙田二百頃，普慶寺益都田七十頃。至治初，大永福寺成，賜金五百兩、銀二千五百兩、鈔五十萬貫、雜綵萬匹；又賜西番撒思加地僧金千兩、袈裟二萬匹。至正十二年，建清河大壽元忠國寺，以浙江廢寺田歸之，率多强佔民業。僧徒貪利無已，營結近侍，欺昧奏請布施，歲費千萬。又每歲必因好事奏釋輕重囚徒，以爲福利，雖大臣有罪，皆假是以逭其誅。宣政院參議李良弼，受賕鬻官，竟以帝師之言縱之。其餘夤緣幸免者，尤不可勝紀。至於道教，太祖敬禮邱處機，號爲神仙。世祖封張留孫爲上卿，恩寵尤渥。然其人皆有得於黃老之學，不汨没於權利者，黨徒雖盛，非如釋氏之病民蠹國也。故備書其事，以垂鑒戒云。

八思巴 膽巴 必蘭納識里　邱處機 馬鈺 譚處端 劉處元 王處一 郝大通 孫不二 康泰真 祁志誠　張宗演 張留孫 吴全節　酈希誠 張清志　蕭輔道 李居壽　莫起炎

帝師八思巴者，土番薩斯迦人，族穎氏。生七歲，誦經數十萬言，能約通大義，國人號聖童。稍長，學富五明，故又稱班彌怛。年十有五，謁世祖於潛邸，與語大悅，日見親禮。

中統元年，世祖即位，尊爲國師，授玉印。命製蒙古新字。其字僅千餘，其母凡四十有一。其相關紐而成字者，則有語韻之法。其以二合、三合、四合而成字者，則有語韻之法。大要以諧聲爲宗。其四十一之字母曰：

ꡀ葛，ꡁ渴，ꡂ，ꡃ誐，ꡄ者，ꡅ闍，ꡆ遮，ꡇ倪，ꡈ怛，ꡉ撻，ꡊ達，ꡋ闕，ꡌ鉢，ꡍ婆，ꡎ术，ꡏ麻，ꡐ椮，ꡑ闕，ꡒ惹，ꡓ嚩，ꡔ若，ꡕ薩，ꡖ阿，ꡗ耶，ꡘ囉，ꡙ羅，ꡚ設，ꡛ沙，ꡜ訶，ꡝ啞，ꡞ伊，ꡟ鄔，ꡠ醫，ꡡ污，ꡢ遐輕呼，ꡣ霞，ꡤ法，ꡥ惡，ꡦ也，ꡧ咼，ꡨ耶輕呼。

凡借漢字釋音並開口呼之漢字，母內則去[illegible]三字，而增入[illegible]四字。初韵多本梵法，或一母獨成一字，或二三母合成一字。如[illegible]天、[illegible]地、[illegible]人、[illegible]東、[illegible]西、[illegible]南、[illegible]北之類是也。但只一字具平上去三聲，而無入聲，輕呼則同平聲矣。凡詔誥、宣敕、表箋並用之。其書右行，其字方古嚴重。

至元六年，詔頒行於天下，詔曰：「朕惟字以書言，言以紀事，此古今之通制。我國家肇基朔方，俗尚簡古，未遑制作，凡施用文字，因用漢文及畏兀兒字，以達本朝之言。考諸遼、金及遐方諸國，例各有字。今文治寖興，而字書有闕，於制爲未備。故特命國師八思巴創爲蒙古新字，譯寫一切文字，期於順言達事而已。今後凡有璽書頒降者，皆用蒙古新字，仍各以其國字副之。」遂升號八思巴大寶法王，更賜玉印。

十一年，請告西還。留之不可，乃以其弟亦憐真嗣焉。十六年，八思巴卒，賜號「皇天之下、一人之上、宣文輔治、大聖至德、普覺真智、佑國如意、大寶法王、西天佛子、大元帝師」。至治間，特詔郡縣建廟通祀。泰定元年，又繪像十一，頒各行省爲塑像云。

亦憐真嗣帝師，凡六歲，至元十六年卒。答兒麻八剌乞列嗣，二十三年卒。亦攝思連真嗣，三十一年卒。乞剌斯八斡節兒嗣，成宗特造寶玉五方佛冠賜之。元貞元年，更賜雙龍盤紐白玉印，文曰「大元帝師統領諸國僧尼中興釋教之印」。大德七年，卒。明年，以輦真監藏嗣，又明年卒。都家班嗣，皇慶二年卒。相兒加思嗣，延祐元年卒。二年，公哥羅古羅思監藏班藏卜嗣，至治三年卒。旺出兒監藏嗣，泰定二年卒。公哥列思八冲納思監藏班藏卜嗣，賜玉印，降璽書諭天下，其年卒。天曆二年，亦輦真吃剌失思嗣。

時又有國師膽巴者，一名功嘉葛剌思，西番突甘斯旦麻人。幼從西天竺古達麻失利傳習梵秘，得其法要。中統間，帝師八思巴薦之。時懷孟大旱，世祖命禱之，立雨。又呪食投龍湫，頃之，奇花異果上尊湧出波面，取以上進，世祖大悦。至元末，以不容於時相桑哥，力請西歸，既復召還，謫之潮州。時樞密副使月的迷失鎮潮州，妻得奇疾，膽巴以所持數珠加其身，即愈。又嘗爲月的迷失言異夢及已還朝期，後皆驗。元貞間，海都犯西番界，成宗命禱於摩訶葛剌神，已而捷書果至。又爲成宗禱疾，遄愈，賜與甚厚，且詔分御前校尉十人爲之導從。成宗北巡，命膽巴以象輿前導。過雲州，語諸弟子曰：「此地有靈怪，恐驚乘輿，當密持神呪以厭之。」未幾，風雨大至，衆咸震懼，惟幄殿無虞，復賜碧鈿盃一。德壽太子之薨也，不魯罕皇后遣使問于師曰：「我夫婦以師事汝，至矣，止有一子，何不能保護耶？」對曰：「佛法如燈籠，風雨至，可蔽之。若爾燭盡，燈籠亦無如之何也。」大德七年夏卒。皇慶間，追號「大覺普惠廣照無上膽巴帝師」。

後又有必蘭納識里者，初名只剌瓦彌的理，北庭感木魯國人。幼熟畏兀兒及西天書，長能貫通三藏暨諸國語。大德六年，奉旨從帝師受戒於廣寒殿，代帝出家，更賜今名。皇慶中，命繙譯諸梵經典。延祐間，特賜銀印，授光禄大夫。時諸番朝貢，表牋文字無能識者，皆令必蘭納識里譯之。嘗有以金刻字爲表進者，帝遣視之。必蘭納識里取案上墨汁塗金葉，審其字，命左右執筆，口授表中語及使人名氏與貢物之數，書而上之。明日，有司閱其物色，與所賫重譯之書無少差者，衆無不服其博識，而竟莫測其何所從授，或者以爲神悟云。授開府儀同三司，仍賜三臺銀印，兼領功德使司事，厚其廪餼，俾得以養母焉。至治三年，改賜金印，特授沙津愛護持，且命爲諸國引進使。至順二年，又賜玉印，加號普覺圓明廣照弘辯三藏國師。是年，與安西王子月魯帖木兒等謀爲不軌，坐誅。其所譯經，漢字則有《楞嚴經》，西天字則有《大乘莊嚴寶度經》、《乾陀般若經》、《大涅槃經》、《稱讚大乘功德經》，西番字則有《不思議禪觀經》，皆行於世。

邱處機，字通密，登州棲霞人，自號長春子。幼有人相之曰：「神仙宗伯也。」年十九，學全真道於寧海之崑崙山，與馬鈺、譚處端、劉處元、王處一、郝大通、孫不二，同師重陽王真人。

馬鈺，寧海人，弱冠舉進士。妻孫氏，名不二，亦寧海人。劉處元，掖縣人，著有《道德經解》、《陰符經解》。譚處端，寧海人，著有《雲水前後集》。王處一，寧海人。郝大通，寧海人。時謂之「七真人」，獨處機名最著。金、宋之季，俱遣使召之，不赴。

太祖征西域，命近臣徹伯爾、劉仲禄齎璽書，請處機至軍中。處機一日忽語其徒曰：「天使來召我，我當往。」翼日，二人至，處機乃與弟子十有八人同行。明年，留山北，先馳表謝，拳拳以止殺爲戒。又明年，趣使再至，乃發撫州，經涉萬有餘里，歷四載而始達於雪山。常馬行積雪中，馬上舉策試之，未及積雪之半。既見，太祖大悦，賜食，設廬帳甚飭。

太祖方西征，日事攻戰，處機每言欲一天下者，必在不嗜殺人。及問爲治之方，則對以敬天愛民。問長生久視之道，則告以清心寡欲。太祖深契其言，曰：「天錫仙翁，以寤朕志。」命左右書之，且以訓諸子焉。賜虎符，副以璽書，不斥其名，惟曰「神仙」。一日雷震，太祖以問，處機對曰：「雷，天威也。人罪莫大於不孝，不孝則不順乎天，故天威震動以警之。似聞境内不孝者多，陛下宜畏天威，明孝道以治天下。」太祖從之。

十七年，太祖大獵於東山，馬踣，處機請曰：「天道好生，陛下春秋高，數畋獵，非宜。」太祖爲罷獵者久之。時大兵踐蹂中原，河南北尤甚，民罹俘戮，無所逃命。處機還燕，使其徒持牒購之，由是爲人奴者得復爲良，與瀕死而得更生者，毋慮二三萬人。

十九年，熒惑犯尾，其占在燕，處機禱之，果退舍。二十一年，又爲旱禱，期三日雨，當名瑞應，已而亦驗。改賜宫名曰「長春」，且遣使勞問，制曰：「朕常念神仙，神仙毋忘朕也。」六月，浴于東溪。越二日，天大雷雨，太液池水入東湖，聲聞數里，魚鱉盡去，池遂涸，而北口高岸亦崩。處機歎曰：「山其摧乎！池其涸乎！吾將與之俱乎！」遂卒，年八十。其徒尹志平等，世奉璽書，襲掌其教。

至大二年，加賜金印，處機贈爲「長春全德神化明應真君」，馬鈺爲「丹陽抱一無爲普化真君」，譚處端爲「長真凝神元静藴德真君」，劉處元爲「長生輔化宗元明德真君」，王處一爲「玉陽體元廣慈普度真君」，郝大通爲「廣寧通元妙極太古真君」，孫不二爲「清净淵真慮元順化元君」，勅並付道士苗道一收執。

處機弟子十八人，知名者尹志平、李志常、宋德芳、綦志遠，並封真人。

時又有康泰真者，利州人。母娠二十四月而生。學道於王重陽，與邱處機、馬鈺諸人游。四方之士踵門受業者，恒數百人。夏大旱，使者請祈雨，泰真端坐久之，曰：「明日雨。」既而果然。冬常裸裎十餘日，無寒色。卒，年九十餘。

處機第四傳曰祁志誠，居雲州金閣山，譽聞甚著〔一〕。丞相安童嘗過而問之，志誠告以修身治世之要。安童感其言，故相世祖以清静爲本。及罷相，退然若無與於世者，人謂有得於志誠之言。

正一天師者，始自漢張道陵，其後四世孫來居信州之龍虎山。相傳至三十六世宗演，當至元十三年，世祖已平江南，遣使召之。至則命廷臣郊勞，待以客禮。及見，語之曰：「昔歲己未，朕次鄂渚，嘗令王一清往訪卿父，卿父使報朕曰：『後二十年天下當混一。』神仙之言驗於今矣！」因命坐，賜宴，特賜玉芙蓉冠、組金無縫服，賜號「演道靈應冲和真人」，命主領江南道教，仍賜銀印。

十八年、二十五年再入覲。世祖嘗命取其祖天師所傳玉印、寶劍觀之，語侍臣曰：「朝代更易已不知其幾，而天師劍、印傳子若孫尚至今日，其果有神明相之乎？」嗟嘆久之。其實天師玉印文曰「陽平治都君所」，乃宋徽宗所賜，非漢印也。

九月，都功德使司脱因小演赤奏：「曩者所燬道家僞經板本化圖，多隱匿未燬，其書皆詆毁釋教之言，宜甄别。」於是命前中書右丞張文謙等詣長春宫無極殿，偕宗演等證辨真僞，究其本末，惟《道德》二篇爲老子所著，餘悉漢張道陵、後魏寇謙之等僞作。文謙等奏：「自《道德經》外，宜悉焚燬。」帝曰：「道家經文，傳訛踵謬，非一日矣。若焚之，其徒未必心服。彼言水火不能焚溺，可以是端試之。候不驗，焚之未晚也。」遂諭宗演等，俾推擇人入火試其術。宗演等奏：「此皆誕妄之説，臣等入火，必皆爲灰燼，實不敢試。但乞焚去《道藏》僞書，庶幾澡雪臣等。」帝可其奏。遂詔天下道家諸經，可留《道德》二篇，其餘一切焚燬，匿藏者罪之。十月，集百官於憫忠寺，焚燬《老子化胡經》、《猶龍傳》等書。

二十九年，宗演卒，子與棣嗣，爲三十七世，襲掌江南道教。三十一年入覲，卒於京師。元貞元年，弟與材嗣授太素凝神廣道真人，爲三十八世，襲掌道教。

時潮嚙鹽官、海鹽兩州，爲患特甚，與材以術治之。一夕大雷電以震，明日見有物魚首龜形者磔於水裔，潮患遂息。大德五年，召見於上都幄殿。八年，授正一教主，主領三山符籙。武宗即位，來覲，特授金紫光禄大夫，封留國公，賜金印。仁宗即位，特賜寶冠、組織文金之服。延祐三年，加「太虚輔化體仁應道大真人」，卒。四年，子嗣成嗣，爲三十九世，襲領江南道教，主領三山符籙如故。

其徒張留孫者，字師漢，信州貴溪人。少入龍虎山爲道士，有人相之曰：「神仙宰相也。」至元十三年，從天師張宗演入朝，世祖與語，稱旨，遂留侍闕下。世祖嘗親祠幄殿，皇太子侍。忽暴風雨至，衆駭懼，留孫禱之，立止。又嘗次日月山，昭睿順聖皇后得疾，危甚，亟召留孫請禱。既而后夢有朱衣長鬚、從甲士、導朱輦白獸行草間者。覺而異之，以問留孫，對曰：「甲士導輦獸者，臣所佩法籙中將吏也。朱衣長鬚者，漢祖天師也。行草間者，春時也。殿下之疾，其及春而瘳乎？」后命畫像以進，視之，果夢中所見者。帝大悅，即命留孫爲天師，固辭不敢當，乃號爲上卿，勑尚方鑄寶劍以賜，建崇真宮於兩京，俾留孫居之，專掌祠事。

十五年，授玄教宗師，賜銀印。又特任其父信州路治中，尋復升江東道同知宣慰司事。是時天下大定，世祖思與民休息，留孫待詔尚方，因諭黄老治道貴清浄、聖人在宥天下之旨，深契上衷。及將以完澤爲相，命留孫筮之，得《同人》之《豫》，留孫曰：「《同人》，柔得位而進乎乾，君臣之合也。《豫》，利建侯，命相事也。何吉如之！願陛下勿疑。」及拜，天下果稱得賢相。

大德中，加號玄教大宗師，同知集賢院道教事。武宗即位，召見，賜坐，升大真人，知集賢院，位大學士上。尋又加特進。進講老子推明謙讓之道。及仁宗即位，猶恒誦其言，且諭近臣曰：「累朝舊德，僅餘張上卿爾。」進開府儀同三司、特進，加號「輔成贊化保運玄教大宗道師」，又封「闡道弘教冲玄仁靖大真人」，刻玉爲「玄教大宗師」印以賜之。至治元年卒，年七十四。天曆元年，追贈「道祖神應真君」。其徒吴全節嗣。

全節，字成季，饒州安仁人。年十三，學道於龍虎山。至元二十四年，至京師，從留孫見世祖。三十一年，成宗至自朔方，召見，賜古璃玉蟠螭環一，敕每歲侍從行幸，所司給廬帳、車馬、衣服、廩餼，著爲令。大德十一年，授玄教嗣師，賜銀印，視二品。至大元年，賜七寶金冠、織金文之服。三年，贈其祖昭文館大學士，封其父司徒、饒國公，母饒國太夫人，名其所居之鄉曰榮禄，里曰具慶。至治元年，留孫卒。二年，制授特進、上卿、玄教大宗師、崇文弘道玄德真人、總攝江淮荆襄等處道教、知集賢道教事，玉印一、銀印二，并授之。

全節嘗代祀嶽瀆，還，成宗問曰：「卿所過郡縣，有善治民者乎？」對曰：「臣過河南，總管盧贄平易無爲，而民以安靖。」成宗曰：「吾憶其人。」即日召拜集賢學士。成宗崩，仁宗至自懷孟，有狂士以危言許翰林學士閻復，事叵測。全節力言於李孟，孟以聞，仁宗意解，復告老而去。當時以爲朝廷得敬大臣體，而不以口語傷賢者，全節蓋有力焉。

全節雅好結士大夫，推轂善類，唯恐不盡其力。至於振窮周急，未嘗以恩怨異其心，時論稱之。卒，年八十有二，其徒夏文泳嗣。

真大道教者，金季道士劉德仁之所立也。其教以苦節危行爲要，而不妄取於人，不苟侈於己。五傳至酈希誠，居燕京天寶宫，見知憲宗，始名其教曰真大道，授希誠太玄真人，領教事，内出冠服以賜，仍給紫衣三十襲賜其從者。

至元五年，世祖命其徒孫德福統轄諸路真大道，錫銅章。二十年，改賜銀印二。又三傳而至張清志。年十六，從天寶李道士游，其後徒衆益盛。清志事母孝，母常病疽，口吮其膿，遂愈。又患膈氣，清志禱於神，進藥，母吐涎塊如瓜，病若失。授演教大宗師、凝神冲妙玄應真人。東海大珠山、牢山舊多虎，清志往居之，虎皆避徙，然頗爲人害。清志曰：「是吾奪其所也。」遂去之。後居臨汾，地大震，城郭摧壓，死者不可勝計，獨清志所居裂爲二，無少損焉。乃徧巡木石間，聽呻吟聲，救活者甚衆。朝廷重其名，給驛致之，俾掌教事。清志徒步至京師，深居簡出，人或不識其面。貴人達官來見，率告病，伏卧内不肯起。後卒於京師。

太一教者，始金天眷中道士蕭抱珍，傳太一三元法籙之術，因名其教曰太一。四傳而至蕭輔道。世祖在潛邸，聞其名，命史天澤召至和林，賜對稱旨，留居宫邸。以老，請授弟子李居壽，掌其教事。

至元十一年，建太一宮於兩京，命居壽居之，領祠事，且禋祀六丁，以繼太保劉秉忠之職。十三年，賜太一掌教宗師印。十六年十月辛丑，月直元辰〔二〕，敕居壽祠醮，奏赤章於天，凡五晝夜。事畢，居壽請間曰：「皇太子春秋鼎盛，宜參預國政。」且又因典瑞董文忠以爲言，世祖喜曰：「行將及之。」其後詔太子參決朝政，庶事先啓後聞，皆自居壽發之。

莫起炎，字南仲，湖州人，後更名洞乙，自號爲月鼎。入青成山，見徐無極，受五雷之法。又聞南豐鄒鐵壁得王侍辰《雷書》，秘不傳，亟往求之，託爲僮隸。鄒病革，洞乙具以實告，鄒驚歎，即以書授之。於是洞乙召雷雨，制鬼魅，動若有神物從之者。

宋寶祐中，浙東大旱，馬廷鸞守紹興，延致之。洞乙建壇壜，瞑目按劍，召雷神役之，俄大雨傾注。宋理宗聞之，賜詩一首，稱爲神仙。

至元五年，世祖遣御史中丞崔彧求異人江南，物色得之。召見上都，帝賜以果殽。時天氣晴霽，帝曰：「可聞雷否？」洞乙曰：「可。」即取胡桃擲地，雷應聲而發，震撼殿廷，帝爲之改容。復使請雨，雨立至。帝大悦，賜以金繒。洞乙碎截之，爲濟寒乞。帝疑其物微，盛有所賚，亦不受。勅掌道教事，洞乙以年耄辭。遂南歸，益自放於酒。嘗與客飲西湖舟中，赤日當天，客請假片雲覆之。洞乙持果漂杯中，頃之雲自湖畔起，翳於日下。洞乙寓道觀，中秋，觀中道士會飲，不及洞乙。俄有片雲蔽月，道士知洞乙所爲，急延之上座，且謝罪。洞乙以手指之，雲即散去。山民爲魅所憑，往求洞乙，遇之酒肆中。洞乙含酒饌之，及歸而病已愈。賣餅者爲物竊其餅，訴於洞乙，召雷擊之，雲中有胡孫首下投於市。

洞乙佯狂避世，不妄與人交，然頗問疾病。有來告，或以蟹中黄篆符與之，或摘草木葉噓氣授之，無不立愈，咸以真官稱之。一日，謂其徒王繼莘等曰：「明年正月十有三日，我將化於沙家渡。」及期，瞑目坐，夜半雷雨大作，洞乙書偈而卒，年六十有九。

洞乙之書不輕授人，惟繼莘及潘民得其傳。繼莘授張善湘，善湘授步宗浩，宗浩授周元真，元真尤奇特，若設醮，能使羣鶴回翔壇上焉。

【校勘記】

〔一〕「譽聞」，原作「譽問」，據文意改。按《元史》卷二〇二列傳第八十九《釋老》云「道譽甚著」。

〔二〕「月直」，原作「日直」，據《元史》卷一〇本紀第十、卷二〇二列傳第八十九《釋老》《世祖七》及王圻《續文獻通考》卷二四〇改。

新元史卷之二百四十四　列傳第一百四十一

列女上

《春秋》之義，用夏變夷，必自夫婦之倫始。世祖奄宅中夏，有意於先王之禮教，獨於蒙古夫死婦再醮，或嫁夫之兄弟，則仍其舊俗而不改。然旌烈女之門，復節婦之家，有司奉行，史不絶書。殆謂禮義可以治中國，而不可以施之夷狄歟？今爲《列女傳》，則蒙古、色目之族，固有以節義顯者。而祥哥不剌公主，以皇姑之貴，早寡，不從諸弟繼尚，爲文宗所敬禮。嗚乎！民彝物則之性，豈分於夷夏哉？惜不以《春秋》之法進之也！

周朮忽妻崔氏　李伯通妻周氏　郭三妻楊氏　劉平妻胡氏王氏女　楊居寬繼室馬氏　程鵬飛妻某氏　沈氏　戴復古妻　賈瓊妻韓氏　徐君寶妻某氏　臨海民婦王氏　武用妻蘇氏　江文鑄妻范氏柳氏　譚節婦　劉仝祖妻林氏　霍氏二婦尹氏楊氏　袁天裕妻焦氏任氏　田氏　梁氏王妙璘　周氏　謝天與妻鄧氏　陳存信妻程氏等　只魯花真宋仲榮妻梁氏等　王德政妻郭氏　郎氏東平鄭

氏 大寧杜氏 安西楊氏 秦氏二女 孫氏女 許氏女 張氏女 張興祖妻周氏 趙孝婦 霍榮妻段氏 吳氏等 朱虎妻茅氏 俞新之妻聞氏 李五妻劉氏 馬英 趙氏女 馮氏 李君進妻王氏 趙氏等 朱淑信 葛妙真 畏吾氏三女 王氏 王義妻盧氏等 張義婦 鄭伯文妻丁氏 葛孝女 趙美妻王氏 李冬兒 李氏 脱脱尼 李世安妻王氏 趙彬妻朱氏 安哥 貴哥 臺叔齡妻劉氏 李智貞 蔡三玉 黄伯英妻雍氏 唐斗輔妻文氏 王氏 金孝女 陳道安妻徐氏 韓良可妻等〔一〕 馬氏 焦三妻易氏 張氏 季富妻黄氏 崑山孝節婦

周朮忽妻崔氏，佚其籍。太祖二十一年，從朮忽官平陽。金將來攻城，克之，下令官屬妻子敢匿者死。時朮忽以使事在上黨，崔氏急，即抱幼子禎以詭計自言於將，將信之，使軍吏書其臂出之。崔氏曰：「婦人臂使人執而書，非禮也。」以金賂吏，使書之紙。吏曰：「吾知汝誠賢婦，於令不敢違。」使崔自揎袖，吏懸筆而書焉。既出，有言其詐者，將怒，命追之。崔與禎伏土窖三日，得免，與朮忽會。未幾，朮忽以病亡，崔年二十九，即大慟，誓不更嫁，放散婢僕，躬自紡績，悉以資產遺親舊。有權貴欲娶之，崔自毀其面不欲生。四十年未嘗妄言笑，人比之古烈婦云。

李伯通妻周氏，灤平石城人。生一子，名易。金末，伯通監豐潤縣，大兵攻之，城破，不知所終。周氏與易被虜，謂偕行者曰：「人苟愛其生，萬一受辱，不如死也。」即自投於塹。主者怒，拔佩刀三刃其體而去。得不死，遂携易而逃，間關至汴，績紝以自給，教易讀書，卒爲名儒。

郭三妻楊氏，東平須城人。三從軍襄陽，楊氏留事舅姑，以孝聞。至元六年，夫死戍所，母欲嫁之，楊氏號痛自誓，乃已。久之，夫骨還，舅曰：「新婦年少，終必他適，可令吾子鰥居地下耶？」將求里人亡女合瘞之。楊氏聞，益悲，不食五日，自經死，遂與夫合葬焉。

劉平妻胡氏，渤海人。至元七年，平當戍棗陽，車載其家以行。夜宿沙河傍，有虎至，銜平去。胡起追及之，持虎尾，呼車中兒取刀殺虎。兒甫七歲，持刀授母，亦無怖意。虎死，平亦以傷卒。縣官言狀，命恤其母子，仍旌之。

至大間，建德王氏女，父出耘舍傍，遇豹，爲所噬。父大呼，女識父聲，趨救，以父所棄鋤擊豹，奪父而還。

參知政事楊居寬繼室馬氏，杭州錢塘人。至元十四年，桑哥誣居寬死，没入其孥，以馬氏賜衛士。氏託狂疾叫呼，遺糞溺不可近，竟免於辱。楊氏陰贖之歸，遂削髮廬墓，以死自誓。後桑哥敗事，得昭雪。氏無子，日紡績給食，凡十餘年。大德七年，乳生瘍，或勸醫之。氏曰：「吾寡婦也，豈可令男子見！」竟死。

程鵬飛妻某氏，宋季，鵬飛被俘於興元張萬户家爲奴，張以所獲宦家女妻之。既婚三日，竊謂曰：「觀君才貌，非在人後者，何不爲去計？」夫疑其試己，訴於張，張箠之。越三日，復告曰：「君若去，必可成名，否則終爲人奴耳。」夫又訴於張，張命出之。妻臨行，以繡履一，易程一履，泣曰：「期執此相見。」程感悟，逸去。至元初，官至陝西參政，自與妻别已三十餘年，遣使携履往興元求之，知已爲尼。使者至菴中，故遺履於地，尼見之，詢所從來，曰：「吾主程參政，使尋其婦耳。」尼出履示之，合，亟拜曰：「主母也。」告以參政未嘗娶，終不出。程檄興元路官，具輿馬送至陝西，重爲夫婦焉。

沈氏，吴興人。夫爲軍士所害，沈乘間投水。適張掾舟過，見婦人衣浮水上，引救之，易衣置後艦内。其下諷之曰：「吾張君貴人，汝能侍之，且得寵。」沈謝曰：「幸諸君見憐，然彼時見吾夫被創甚，吾已許之死，恨不及生時使之見也。且貴人安用失節婦哉？」夜以竹箸刺喉以死。

戴復古妻，江西富家女。復古流寓武寧，富家愛其才，以女妻之。居二年，欲歸，妻問故，告以曾娶。白之父，父怒，妻宛轉解釋，盡以奩具贈之，并送以詞曰：「惜才憐薄命，無計可留汝。揉碎花箋，忍寫斷腸句。道旁楊柳依依，千絲萬縷，抵不住一分愁緒。捉月盟言，不是夢中語。後回君若重來，不相忘處，把杯酒，澆墳土。」夫既別，遂赴水死。

賈瓊妻韓氏，字希孟，韓琦五世孫女。岳州破，韓爲游卒所掠，獻主將。韓年甫十八，自知不免，乃作五言詩曰：「皇宋締造初，堅正臣禮秉。開國百戰功，師旅惟雄整。及侍周幼主，臣心常炯炯。帝曰卿北伐，山戎今有警。死狗莫擊尾，此行當繫頸。即日辭陛下，盡敵心欲逞。陳橋忽兵變，不得守箕潁。禪讓法堯舜，民物普安靜。有國三百年，仁義過馳騁。未改祖宗法，天何肆大眚。細思天地理，中有幸不幸。失人焉得人，垂戒常耿耿。江南無謝安，塞北有王猛。所以戒馬來，飛渡以臨境。大江限南北，今此一舴艋。本期固封疆，誰謂如畫餅。烈火燎崑岡，不辨金玉礦。妾本良家子，性僻守孤梗。嫁與尚書兒，銜署紫蘭省。直以德才合，不棄宿瘤癭。初結合歡帶，誓比日月炳。鴛鴦會雙飛，比目願常並。豈期金石堅，化作桑榆景。旄頭勢正然，蚩尤氣先屏。不意風馬牛，復及此燕郢。一方遭刼難，六族死俄頃。退鷁落迅風，孤鸞弔空影。簪摧折白玉，瓶沉斷素綆。意堅志不移，改邑不改井。我本瑚璉器，安肯作溺皿。志節匪轉石，氣懔如吞鯁。不作爝火光，願爲死灰冷。貪生念麴蛾，乞憐羞虎穽。借此清江水，葬我全首領。皇天如有知，定作血面請。願魂化精衛，填海使成嶺。」遂乘間投水死。越三日，其尸上浮，得詩於練裙中。

徐君寶妻某氏，岳州人。被掠至杭州，相從數千里，其主者數欲犯之，終以計脱。一日，主者怒甚，將强焉。氏告曰：「候妾祭先夫，然後爲君婦。」主者諾。即嚴粧焚香再拜，南向飲泣，題《滿庭芳》詞於壁曰：「漢上繁華，江南人物，猶遺宣政風流。緑窗朱户，十里爛銀鉤。一旦刀兵齊舉，旌旗擁，百萬貔貅長驅入。歌樓舞榭，風卷落花愁。清平三百載，典章文物，掃地俱休。幸此身未北，猶客南州。破鏡徐郎何在，空惆悵，相見無由。從今後，斷魂千里，夜夜岳陽樓。」即投池中死。

臨海民婦王氏，美姿容。王師狥台州，被掠。千夫長殺其舅姑與夫，而欲私之。婦陽曰：「能俾我爲舅姑與夫服朞月，乃可從汝。」師還，挈行至嵊縣，過清風嶺，婦仰天嘆曰：

「吾知所以死矣。」即嚙指出血，寫詩崖石上，投崖下死。石上血漬起，不爲風雨所剥蝕。浙東元帥泰不華爲立貞婦廟。

武用妻蘇氏，真定人，徙家京師。用疾，蘇氏刲股爲粥以進，疾即愈。生子德政，四歲而寡。夫之兄利其資，逼之嫁，不聽。未幾，夫兄舉家死，惟餘三弱孫，蘇氏育之以至成立。德政長，事蘇氏至孝。蘇氏死時，天大旱。德政方掘地求水，忽二蛇躍出，一東一北，隨其地掘之，果得泉。有司上其事，旌復其家。

江文鑄妻范氏，名妙元，奉化人。年二十一，歸於江。及門，未合巹，夫以痼疾死。范遂居江氏家，撫諸姪如己子。卒，年九十有五。

又柳氏者，薊州人，爲户部主事趙野妻。未成婚，而野卒。柳哭之盡哀，誓不再嫁。寢疾，不肯服藥，曰：「我年二十而寡，今已逾半百，得死幸矣。」遂卒。

譚節婦趙氏，吉安永新人，嫁同里譚氏。年二十有七，至元十三年，江南内附。明年，宋丞相文天祥志恢復，以書約婦妹壻永新彭震龍起兵，期七月十九日内外合發，而震龍先一日起，與元軍戰，敗。元軍入城，婦抱所乳子倉卒走縣學禮殿。元兵搜得，欲犯之。婦痛駡，母子俱死於禮殿之南。時有同逃者，匿殿梁上，視婦死事甚悉，遂傳於世。婦與子血影模糊，留殿階不滅，磨去復存。其後永新知縣烏斯道爲建祠於縣學。

劉仝祖妻林氏，福清人。父公遇，知名士。仝祖爲福建招撫使，宋亡，與妻兄林空齋同舉義，共敗潰。仝祖亡命，自經死，有司執林氏，命具反狀，林氏叱曰：「吾家世爲宋臣，欲以忠義報國，何反也？汝知以指血書壁而死者乎？是吾兄也。吾與兄忠義之心一也，肯爲汝等辱？」遂遇害。

霍氏二婦尹氏、楊氏，許州人。至元中，尹氏夫卒，姑命更嫁。尹氏曰：「再嫁失節，妾不忍爲也。」楊氏夫繼卒，慮姑逼之嫁，即白舅姑，與尹同守節，共居數十年。世號「雙節霍家」。

袁天裕妻焦氏，涇陽人。天裕祖母楊氏、母焦氏，俱早寡，守志不嫁。天裕從軍死於甘州，焦氏矢志不嫁。三世並以節義稱。

又至元中，邠州任氏、乾州田氏，皆一家三婦，少寡，不再適。事聞，並旌之。

梁氏，臨川人，夫家王氏。大兵至，爲一千户所掠，詈之，爲所殺。及事平，夫謀再娶，夜夢王氏告以已生某地，當復爲君婦。明日，遣人聘之，一言而成。詢其生，與婦死日相同。

又王妙璘，海康人，王谷榮女。至元間，蠻寇雷州，執妙璘，將犯之。妙璘不受辱，投水死，有司旌之。

又雷州人朱先彬妻周氏。先彬死，周氏殉之，詔旌其門。

謝天與妻鄧氏，武進人。大兵至武進，鄧氏抱姑避牛闌中，投水死。

又陳存信妻程氏，丹陽人。大兵攻常州，存信死之，程氏守節不嫁。子壽，爲百户，亦死於賊。詔旌其門。

徐順妻彭氏，東平人；鄭臘兒妻康氏，曹州人。夫卒，俱以身殉，有司旌之。

又陳若英，高安人。年十三，同縣舒璉聘爲室。璉卒，若英自經死，有司旌其門曰貞節。

又上猶人徐仁妻謝氏，夫卒，矢志不嫁。夫家陰賣爲富室妾，謝氏訴於縣，不爲理，自經死。大德間，廉訪司表其墓曰貞節。

只魯花真，蒙古氏。年二十六，夫忽都病卒，誓不再醮，孝養舅姑。逾十五年，舅姑殁，塵衣垢面，廬墓終身。至元間旌之。

其後又有翼城宋仲榮妻梁氏，舅殁，負土爲墳；懷孟何氏、大名趙氏，並以夫殁守志，養舅姑以壽終，負土爲墳。

王德政妻郭氏，大名人。少孤，事母張氏孝謹，以女儀聞於鄉。及笄，富貴家慕之，争求聘，張氏不許。時德政教授里中，年四十餘，貌古陋。張氏以貧不能教二子，欲納德政爲壻，使教之。宗族皆不謂然，郭氏順母志，竟嫁之，與德政相敬如賓，教二弟有成。未幾，德政卒，郭氏年甫二十，勵節自守。大德間表其家。

郎氏，湖州安吉人〔二〕，宋進士朱甲妻也。朱嘗仕浙東，以郎氏從。至元間，朱殁，郎氏護喪還至玉山里，留居避盜。勢家柳氏欲强聘之，郎誓不從，夜奉柩遁歸。柳邀之中道，復死拒，得免。家居養姑甚謹。姑嘗病，郎禱天，刲股肉進啖而愈。大德十一年旌之。

又有東平鄭氏、大寧杜氏、安西楊氏，並少寡守志，刲肉療姑病。

秦氏二女，河南宜陽人，逸其名。父嘗有危疾，醫云不可治。姊閉户默禱，鑿腦和藥飲之，遂愈。父後復病欲絶，妹刲股肉置粥中，父小啜即甦。

又孫氏女，河間人，父病癩十年，女禱於天，求以身代〔三〕，且吮其膿血，旬月而愈。

許氏女，安豐人。父疾，割股啖之痊。

張氏女，盧州人，嫁爲高垕妻。母病目喪明，張氏歸省，抱母泣，以舌舐之，目忽能視。州縣各以狀聞，旌之。

張興祖妻周氏，澤州人。年二十四，興祖歿，舅姑欲使再適，周氏不從，曰：「妾家祖母、妾母並以貞操聞，妾或中道易節，是忘故夫而辱先人也。忘故夫不義，辱先人不孝。不義不孝，妾不爲也。」遂嫠居三十年，奉舅姑，生事死葬無違禮。其父與外祖皆無後，葬祭之禮亦周氏主之。有司以聞，並賜旌異。

趙孝婦，德安應城人。早寡，事姑孝。家貧，傭織於人，得美食必持歸奉姑，自啖麄糲。嘗念姑老，一旦卒，無由得棺，乃以次子鬻富家，得錢百緡，買杉木治之。棺成，置於家，南隣失火，風烈甚，火勢及孝婦家，孝婦亟扶姑出避，而棺重不可移，乃撫膺大哭曰：「吾爲姑賣兒得棺，無能爲我救之者！」言畢，風轉而北，孝婦家得不焚，人以爲孝感所致。

霍榮妻段氏，隆興人。榮無子，嘗乞人爲養子。榮卒，段氏年二十六，養舅姑以孝稱。舅姑歿，榮諸父仲汶貪其産，謂段曰：「汝子，假子也，可令歸宗。汝無子，宜改適。霍氏業，汝無預焉。」段曰：「家資不計，但再醮非義，容妾思之。」即退入寢室，引針刺面，墨漬之，誓死不貳。大德二年，府上狀中書，給羊酒幣帛，仍命旌門，復役。

又有興和吴氏，自刺其面；成紀謝思明妻趙氏，自髠其髪；冀寧田濟川妻武氏、溧水曹子英妻尤氏，嚙指滴血。並誓不更嫁，有司各旌之。

朱虎妻茅氏，崇明人。大德間，虎官都水監，坐罪籍其家，吏録送茅氏及二子赴京師。太醫提點師甲乞歸家，欲妻茅氏，誓死不從。母子三人以裙相結連，晝夜倚抱號哭，形貌銷毁。師知不可奪，釋之。茅氏託居永明尼寺，憂憤不食卒。

聞氏，紹興俞新之妻也。大德四年，新之殁，聞氏年少，父母慮其不能守，欲更嫁之。聞氏哭曰：「一身二夫，烈婦所恥。妾可無恥乎？且姑老子幼，妾去，當令誰視之？」即斷髮自誓。父不忍强奪其志。姑病風，且失明，聞氏手滌溷穢不怠。時嗽口上堂舐其目，目爲復明。及姑卒，家貧，無資傭工，與子負土葬之。朝夕悲號，聞者慘惻。鄉里嘉其孝，爲之語曰：「欲學孝婦，當問俞母。」

又有劉氏，渤海李五妻也。少寡，父母使再醮，不從。舅患疽，劉禱於天，數日潰，吮其血，乃愈。

馬英，河内人，性孝友。父喪哀毁，二兄繼殁，英獨事母甚謹，又與二嫂居，使得保全釐節〔四〕。及喪母，卜地葬父母、二兄，負土爲四墳，手植松柏，廬墓側終身。

又趙氏女，名玉兒，冠州人。嘗許爲李氏婦，未婚夫死，遂誓不嫁，以養父母。父母殁，負土爲墳，鄉里稱之。

馮氏，名叔安，字静君，大名宦家女，山陰縣尹山東李如忠繼室也。如忠初娶蒙古氏，生子任，數歲而卒。大德五年，如忠病篤，引刀斷髮，自誓不他適。如忠殁兩月，遺腹生一子，名伏。

李氏及蒙古之族在北，聞如忠殁於官，家多遺財，相率來山陰，盡取其貲及子任以去。馮不與較，一室蕭然，唯餘如忠及蒙古氏之柩而已。朝夕哭泣，隣里不忍聞。久之，鬻衣曆二柩葢山下，携其子廬墓側，時年二十二。羸形苦節，爲女師以自給。父母來視之，憐其孤苦，欲使更事人，馮爪面流血，不肯從。居二十年，始護喪歸葬汶上。齊魯之人聞之，莫不歎息。

李君進妻王氏，遼陽人。大德八年，君進病卒，卜葬，將發引，親隣咸會。王氏謂衆曰：「夫婦死同穴，義也。吾得從良人逝，不亦可乎？」因撫棺大慟，嘔血升許，即仆於地死。衆爲斂之，連柩出葬，送者數百人，莫不洒泣。

又移剌氏，同知湖州路事耶律忽都不花妻也。夫殁，割耳自誓。既葬，廬墓側，悲號不食死。

趙氏，名哇兒，大寧人。年二十，夫蕭病劇，謂哇兒曰：「我死，汝年少，若之何？」哇兒曰：「君幸自寬，脱有不諱，妾不獨生，必從君地下。」遂命匠制巨棺。夫殁，即自經死，家人同棺葬焉。

大都費巖妻王氏、買哥妻耶律氏、陝州陳某妻別氏、大同宋堅童妻班氏、李安童妻胡氏、晉州劉恕妻趙氏、冀寧王思忠妻張氏、饒州劉楫妻趙氏、大寧趙朧兒妻安氏、陳恭妻張氏、武壽妻劉氏、宋敬先妻謝氏、撒里妻蕭氏、古城魏貴妻周氏、任城郭灰兒妻趙氏、棗陽朱某妻丁氏、葉縣王保子妻趙氏、興州某氏妻魏氏、灤州裴某妻董貴哥、成都張保董妻郝氏、利州高塔必也妻白氏、河南楊某妻盧氏、蒙古氏太朮妻阿不察、相兀孫妻脱脱真，並以死從夫。事聞，悉命旌之，或賜錢贈謚云。

朱淑信，山陰人。少寡，誓不再嫁。一女妙净幼，哭父，雙目並失明。及長，擇偶者不至，家貧歲凶，母子相依，苦節自厲。士人王士貴重其孝，乃求娶焉。

葛妙真，宣城民家女。九歲，聞日者言，母年五十當死，妙真即悲憂祝天，誓不嫁，終身茹素，以延母年。母後年八十一卒。

又畏吾氏三女，家錢塘。諸兄遠仕不歸，母思之成疾，三女欲慰母意，乃共斷髮誓天，終身不嫁，以養母四十餘年，母竟以壽終。事上，並賜旌異。

王氏，大都人張買奴妻也。年十六，買奴官錢塘，病歿，葬城西十里外。王氏每旦被髮步往奠之，伏墓大慟欲絶，久而致疾。舅姑力止其行，乃已。服闋，舅姑謂之曰：「吾子已歿，新婦年尚少，宜自圖終身計。」王氏泣曰：「父母命妾奉箕箒於張氏，今夫不幸早逝，天也。此足豈可復履他人門乎？」固不從。煢居三十年而卒。

又有馮翊王義妻盧氏、睢陽劉澤妻解氏、東平楊三妻張氏，並守志有節行，有司各旌其門。

張義婦，濟南鄒平人。年十八，歸里人李伍。伍與從子零戍福寧，未幾，死戍所。張獨家居，養舅姑甚至。父母、舅姑病，凡四刲股肉救之。及死，喪葬無遺禮。既而嘆曰：「妾夫死數千里外，妾不能歸骨以葬者，以舅姑、父母在，無所仰故也。今不幸父母、舅姑已死，而夫骨終暴棄遠土。使無妾即已，妾在，敢愛死乎？」乃卧積冰上，誓曰：「天若許妾收夫骨，雖寒甚，當得不死。」踰月，竟不死。鄉人異之，乃相率贈以錢，大書其事於衣以行。行四十日，至福寧，見零，問夫葬地，則榛莽四塞，不可識。張哀慟欲絶，夫忽降於童，言動無異生時，告張死時事甚悲，且示骨所在處。張如其言發得之，持骨祝曰：「爾信妾夫耶？入口當冷如冰雪、黏如膠。」已而果然。官義之，上於大府，使零護喪還，給貲以葬，仍旌門，復其役。

丁氏，新建鄭伯文妻也。大德間，伯文病將殁，丁氏與訣曰：「君脱有不諱，妾當從。但君父母已老，無他子婦侍養，妾復死，使君父母食不甘味，則君亦不瞑目矣。妾且忍死，以奉其餘年，必不改事他人以負君也。」伯文卒，丁氏年二十七，居喪哀毁。服既除，父母屢議嫁之。丁氏每聞，必慟哭曰：「妾所以不死者，非有他志也，與良人約，將以事舅姑耳。今舅姑在堂固無恙，妾可棄去而不信於良人乎？」舅姑病，丁氏夙夜護視，衣不解帶。及死，喪葬盡禮。事上，表其門。

葛孝女，金溪人。元末，江南官吏有鑿山淘河取金以充貢者，不足，則市於他所，必取盈而後已，民多鬻産償官。孝女因有司强其父徵求銀冶，不忍榜掠之苦，投冶中死。官遂奏止其貢，至今邑人祠之。危素、蘇天爵皆書其事，以警獻利者。

趙美妻王氏，内黄人。至治元年，美溺水死，王氏誓守志。舅姑念其年少無子，欲使更適，王氏曰：「婦義無再醮，且舅姑在，妾可棄去耶？」舅姑又欲以族姪繼婚，王氏拒不從。舅姑迫之，王氏知不免，即引繩自經死。

又，李冬兒，甄城人丁從信妻也。年二十三，從信殁，服闋，父母呼婦問之曰：「汝年少居孀，又無子，何以自立？吾爲汝再擇婿何如？」冬兒不從，詣從信冢哭，欲縊墓樹上，家人防之，不果。日暮還從信家，夜二鼓，入室更新衣自經死。

李氏，濱州惠高兒妻也。年二十六，高兒殁，父欲奪歸嫁之，李氏不從，自縊死。

脱脱尼，雍古剌氏，有色，善女工。年二十，夫哈剌不花卒。前妻有二子，皆無婦，欲以本俗收繼之，脱脱尼以死自誓。二子復百計求遂，脱脱尼恚且駡曰：「汝禽獸行，欲妻母耶？若死，何面目見汝父地下！」二子慙懼謝罪，乃析業而居三十年，以貞操聞。

又王氏，成都李世安妻。年十九，世安卒，夫弟世顯欲收繼之。王氏不從，引刀斷髮，復自割其耳，創甚。親戚驚嘆，爲醫療百日乃愈。事上，並旌之。

趙彬妻朱氏，名錦哥，洛陽人。天曆初，西兵掠河南，朱氏遇兵五人，被執，逼與亂。朱氏拒曰：「我良家婦，豈從汝賊耶！」兵怒，提曳箠楚之。朱氏度不能脱，即紿之曰：「汝幸釋我，舍後井傍有瘞金，當發以遺汝。」兵信之，乃隨其行。朱氏得近井，即抱三歲女赴井死。

是歲又有優師王氏女，名安哥，從父避兵邙山丁家洞。兵入，搜得之，見安哥色美，驅使出，欲污之。安哥不從，投澗死。有司言狀，並表其廬。

貴哥，蒙古氏，同知宣政院事羅五十三妻也。天曆初，五十三得罪，貶海南，籍其家，詔以貴哥賜近侍卯罕。卯罕親率車騎至其家迎之，貴哥度不能免，令婢僕以飲食延卯罕於廳事，如廁自經死。

臺叔齡妻劉氏，順寧人。一日地震屋壞，壓叔齡不能起，家復失火，叔齡母欲就焚，叔齡望見，呼曰：「吾已不得出，當亟救吾母！」劉謂夫妹曰：「汝救汝母。汝兄必死，吾不用復生矣。」即自投火中死。火滅，家人得二屍燼中，猶手相握不開。官嘉其義烈，上於朝，命録付史臣。

李智貞，建寧浦城人。父子明，無子。智貞七歲能讀書。九歲母病，調護甚謹。及卒，哀慟欲絶，不茹葷三年，治女工供祭祀，及奉父甘旨不乏，鄉里稱爲孝女。父嘗許爲鄭全妻，未嫁，從父客邵武。邵武豪陳良悦其慧，强納采求聘，智貞斷髮拒之，數自求死，良不能奪，卒歸全。事舅姑、父母皆以孝稱。泰定間，全病殁，智貞悲泣不食，數日而死。

蔡三玉，龍溪陳端才妻也。賊起漳州，端才走避，三玉與夫妹匿於鄰祠。賊搜得之，掠至舟中，三玉投江死。越三日，屍流至其父廣瑞舟側，廣瑞認其屍，哭曰：「吾女也！」事聞，旌門復役，仍給錢以葬。

黄伯英妻雍氏，長泰人。早寡，織紝以養舅姑。嘗負豆覓水磑磨之，遇鄉人奪其磑。雍氏號天曰：「吾磨豆以食舅姑者！」其磑竟不轉，鄉人懼而還之。

唐斗輔妻文氏，静江人。大德中，斗輔爲賓州幕官，卒。文氏年二十餘，執義自誓，孝養舅姑。其子明文早卒，婦蔣氏慕姑節行，亦不改適。至治中，詔旌其門曰貞節。

又馬英妻王氏，夏津人。英卒，王氏二十餘，誓不再嫁，凍餓而死。詔旌其門。

又金孝女，名汝安，鄞縣人。以父母老，不嫁，終身茹素。夜則籲天祈親壽，父母俱八十卒。孝女終不適人，卒於家。

陳道安妻徐氏，文昌人。至正間，寇亂，道安禦賊，爲所殺。徐氏瘞其夫，哭盡哀，啖土塞口而死。

同縣韓良可妻，寇至，姊妹俱赴水死。

瓊山唐伯壽女丑兒，至正中，寇至乾寧，丑兒被獲，時年十八。乃紿賊釋其縛，請相從。賊釋之，即赴水死。

柳氏女，嘉興人。爲賊所獲，投水死。

錢子順二女，亦嘉興人。至正末，寇至，二女連結衣袂，投水死。

子順妻俞氏，亦守節。旌門。

韓軌妻邢氏，安陽人。軌守黄華砦，賊攻之急，勢將陷。邢氏謂其女曰：「事不濟，我與汝必受辱。」遂俱投岩下死。

又蕭氏，亦安陽人，杜原妻。兵亂，原挈家之官真定，道遇賊。蕭氏謂原曰：「汝當避，我自爲計。」乃投河而死。

馬氏，湯陰人，名瑞香。幼讀《孝經》、《列女傳》，通大義。父母重愛之，擇婿得薛𣪘，贅之，生一女。𣪘拙於家事，婦翁怒責，遂離去。踰三年，父母欲令再適，馬氏言：「禮無再醮之義。」以告父母，不從，乃投井死。留紙其女懷中，書謝別父母之辭。御史王構爲作傳焉。

又焦三妻易氏，安陽人。三歿，易氏哭之哀，水漿不入口。及治棺，氏紿匠曰：「吾夫遺衣甚多，欲悉置之棺，可大其制。」匠信之。比斂，易乃入室自縊，遂合葬之。

張氏，崑山太倉人。年十七，始贅周姓爲夫。夫之父爲百夫長，嘗與其伍謀刺帥，事泄，罪連其子及婦，將斬。帥之子惜張姿容，曰：「從我即活。」張怒罵，帥子拔刀磨其頸曰：「汝不從，則殺之。」張復厲聲大罵，遂死。

又季富妻黄氏，崇明人。初，海寇入境，掠婦女登舟者二十餘人。黄氏義不受辱，投海而死，時年二十有七。

崑山孝節婦，佚其夫姓名。年二十，夫死，誓不嫁。後同籍坐事繫獄，婦當連坐。或勸改嫁可免，婦曰：「吾不忍以危難棄禮義。」有司以聞，詔旌之。

【校勘記】

〔一〕「韓良可妻」下，原有「寇氏」二字，按正文云「同縣韓良可妻，寇至，姊妹俱赴水死」，知「寇氏」二字涉下而衍，今删。

〔二〕「湖州」，原作「胡州」，據《元史》卷二〇〇列傳第八十七《列女一》改。

〔三〕「代」，原作「伐」，據《元史》卷二〇〇列傳第八十七《列女一》改。

〔四〕「保全」，原作「保金」，據《元史》卷二〇〇列傳第八十七《列女一》改。

新元史卷之二百四十五　列傳第一百四十二

列女中

白氏　胡孝女任仲文妻林氏　寧居斌妻獨吉氏韓筠妻劉氏　傅賀妻陳氏劉似之妻徐氏　張氏女高氏　李景文妻徐氏　秦閏夫妻柴氏　鄭琪妻羅氏　陳淑真　左幼白妻龍氏〔一〕　焦士廉妻王氏杜氏　蕭氏　柯節婦　月娥丁氏　鍾節婦　劉冀之　義烈女朵那　韓氏女　胡妙端　梁王女阿特公主女僧奴　脱脱懷氏　辛瑜妻傅氏史五妻徐氏　張春兒　秦筆妻　吴妙寧　孔胥妻周氏　張貞　吴良正賈善妻宋藪　何婦賀氏　費元琇　楊節婦吴氏　陸纛婦趙氏　徐謝氏　李氏趙氏〔二〕　黄元珪妻俞氏〔三〕　謝氏　林克成妻陳氏　劉公翼妻蕭氏

白氏，太原人。夫慕釋氏，棄家爲僧。白氏年二十，留養姑不去，績紝以供日膳。夫一日還，迫使他適，白斷髮誓不從，夫不能奪，乃去。姑年九十卒，竭力營葬，晝姑像祀之終身。

胡孝女泰，海鹽人，匠氏女也。母沈氏，患手足攣，積年不愈。家人侍疾者咸厭倦，泰旦夕奉盥櫛，溲矢起卧，必抱扶之。兄娶妻，與母析居，泰遂及其壻留母家以養母。至順間，歲薦饑，泰夜傭作織紝以養母，至翦髮鬻之以贍不足。聞郡人戴甲母有疾，封胸肉療之得差，一日俟家人出，即引刃封胸肉，雜他肉以進，因病創。沈氏年且七十，病如故，泰侍疾三十餘年，益加謹。初，泰許嫁宋氏子，疾弗良。或謂泰宜離婚，泰不從，卒嫁之，執婦道甚謹。夫亦化其義，視外姑如母。

又任仲文妻林氏，寧海人。家貧，年二十八而寡。姑患風疾，不良於行，林氏旦暮扶侍惟謹。撫育三子，皆有成。年百又三歲卒。

甯居斌妻獨吉氏，楊州總管獨吉禮之女。居斌，河内人，爲樞密院斷事官，卒於京師。獨吉氏扶其喪歸河内，廬墓下三年。禮部旌其門曰「貞節獨吉氏之門」，表其坊曰「貞節坊」。

又韓筠妻劉氏，絳州正平人。筠父病，碾藥石墮傷足，竟中風死。劉氏撫一子一女，皆成立。筠死時，劉氏年二十七，嫠居六十年乃卒。禮部旌之。

傅賀妻陳氏，東陽人。賀卒，陳氏年二十四，家貧，以紡績養其姑三年。姑又卒，陳氏哀毁逾常，内外因憐其無子而貧，勸之改適。陳氏矢於衆曰：「吾寧餓死，不肯幸生！」逾五年，奉舅姑與賀之柩而葬之，以從子爲賀嗣，鄉黨賢之。

又劉似之妻徐氏，蘭谿人。歸似之逾年，有孕，而似之卒。俄舉一男，名潛。徐氏泣而誓曰：「劉氏之家幸而不墜，吾敢有二心乎？」潛生二子一女，亦早卒。姑婦俱以節行爲鄉人所重。

張氏女，高郵人。賊陷高郵，知女有姿，叩其家索之。女方匿複壁間，賊將害其父母，女不得已，乃出拜賊。賊即以女行，女欣然從之，過橋投水死。

有高氏婦者，同郡人也。攜其女從夫出避亂道旁空舍，脱金纏臂與女，且語夫令疾行。夫挈女稍遠，乃自經。賊至，焚其舍。夫抵儀真，夜夢婦來告曰：「我已死，彼焚其舍矣。」其精爽如此。

李景文妻徐氏，名彩鸞，浦城徐嗣源之女。略通經史，每誦文天祥六歌，必爲之感泣。至正十五年，青田賊寇浦城，徐氏從嗣源匿山谷。賊至，持刀欲害嗣源，徐前曰：「此吾父也，寧殺我。」賊舍父而止徐氏，徐氏語父曰：「兒義不受辱，今必死，父可速去。」賊拘徐氏，至桂林橋，拾炭題詩壁間，有「惟有桂林橋下水，千年照見影形清」之句。乃厲聲罵賊，投於水。賊競出之，既而乘間復投水死。

秦閏夫妻柴氏，晉寧人。閏夫前妻遺一子，尚幼，柴氏撫養如己出。未幾，柴氏有一子。閏夫死，家事日微。柴氏辛勤紡績，遣二子就學。至正十八年，賊犯晉寧，其長子爲賊所掠，既而得脫。初，在賊時，有惡少與縣人張福爲仇，往滅其家。及官軍至，福訴其事，事連柴氏長子，法當誅。柴氏引次子詣官，泣訴曰：「往從惡者，吾次子，非長子也。」次子曰：「我之罪，可加於兄乎？」鞫之，至死不易其言。官反疑次子非柴氏所出，訊之他囚，始得其情。官義柴氏，爲言曰：「婦執義不忘其夫之命，子趨死而能成母之志，此天理人情之至也。」遂免其長子，次子亦得不死。二十四年，有司旌其門，並復其家。

鄭琪妻羅氏，名妙安，信州弋陽人〔四〕。幼聰慧，能暗誦《列女傳》。年二十，歸琪。琪大家，同居百餘口。羅氏執婦道，無間言。琪以軍功擢鉛山州判官，羅氏封宜人。至正二十年，信州陷，羅氏度弋陽去州不遠，必不免於難，輒取所佩刀，淬礪令銛甚。琪問何爲，對曰：「時事如此，萬一遇難，爲自全計耳。」已而兵至，羅氏自刎死，時年二十九。

陳淑真，富州陳璧女。璧故儒者，避亂移家龍興。淑真七歲能誦詩鼓琴〔五〕。至正十八年，陳友諒寇龍興，淑真見鄰媪倉皇來告，乃取琴坐牖下彈之，曲終，泫然泣曰：「吾絕絃於斯矣。」父母怪問之，淑真曰：「城陷必遭辱，不如早死。」明日賊至，乃自投東湖。水淺不死，賊抽矢脅之上岸，淑真不從，賊射殺之。衣帶有刺繡字，詞曰：「海水羣飛，不二其行。湖水澮澮，之子澄清。視刃視飴，見衣見清〔六〕。」

左幼白妻龍氏，永新人。幼白少負才名〔七〕，以父蔭爲江西廣濟庫使，後至元丁丑卒於軍。龍氏年二十九，即翦髮，勺水不入口。柩至，迎於十里外，徒跣號痛，親挽舟以前，哭奠五年，不離几席。嘗折海榴一枝，插瓶供几上，旬日視之，根柎勃然。鄰婦感慕，皆效節不嫁。翰林承旨歐陽玄爲書「榴萱」二字以表之。子二人，善詠，皆力學世其家。

焦士廉妻王氏，博興人，養姑至孝。至正十七年，毛貴作亂，官軍競出虜掠。王氏被執，紿曰：「我家墓田有藏金，可取也。」信之，隨王氏至墓所。王氏哭曰：「此我死所，非藏金所也。」乃與妾杜氏皆遇害。

又劉公翼妻蕭氏，濟南人。至正十八年，毛貴陷濟南，蕭氏自縊死。

柯節婦陳氏，長樂石梁人。至正二十一年，海賊劫石梁，其夫適在縣城，陳氏爲賊所執，且行且罵。賊亂捶之，挾以登舟，罵不已，自投江中。其父方卧病，見女至，呼之不應，駭曰：「吾豈夢邪？」既而有自賊中歸者，言陳氏死狀，乃知其鬼也。明日，屍逆流而上，止石梁岸旁。時盛暑，屍已變，其夫驗其背有黑子，乃慟哭曰：「是吾妻也！」舁斂之。

月娥丁氏，西域人，孝子丁鶴年之姊。少聰慧，通經史。及長，歸葛通甫。冢婦盧，見月娥德踰於己，一日，率諸婦、諸女請曰：「願以諸婦、諸女屬之娣，幸蚤莫教之。」月娥告以婦道，及援引古烈女，示以爲則。既而豫章羣盜起，城陷，月娥歎曰：「吾生簪組世家，其忍出犬彘下邪！」遂抱所生女赴水死。諸婦、諸女咸曰：「彼之死，必安於義，吾可幸生乎？」亦相與死水中，凡九人。時夏暑，屍七日不沈，顔色如生。郡人駭異，議曰：「十節同志，死不可異壙。」乃於故居之南黄池里作巨穴，同葬焉，題其石曰「十節墓」。

鍾節婦，宜陽黄氏女。年十六，爲鍾秉敬妻。秉敬父義昭，雄勇。當紅巾賊起，鄉民賴保全者數萬户。既而賊大至，父子戰死。賊聞婦美，將强室之，以兵躪其里。婦隨里民匿石洞中，曰：「汝等同禍，以我故。然義不可令鄉里同死，吾當自爲計。」遂出臨小石潭，即自投潭中。衆遽救，幸不死，乃誑賊曰：「投潭中死矣。」賊大怒曰：「死以其首至。」衆懼，無計，或曰：「婢雪兒有貌，可令之代。」衆然之，乃飾婢使出拜，曰：「此鍾相公女也，願獻之將軍。」賊喜，擁之去，號曰娘子。婦得免，然竟以悸卒。

劉冀之，衡水曹泰才之妻也。年十二，通古文《孝經》。見小學書，固請讀之，母不許。一日，聞諸兄誦《内則》，至「姆教婉，娩聽從」，復請於母曰：「此亦女子事。」遂通經義。及笄，適泰才。紅巾陷河朔，曹故大家，避兵縣西聊城邨。賊掩至，見劉美，驅之去。劉曰：「婦人從一而終，二夫且不可，況賊乎！」賊乃出金珠置前，被以文綺，劉手裂之。賊擁上馬，墜地者數四。賊怒，繩其項，繫馬後曳之。劉以爪據地，頭觸石流血，罵賊死。

義烈女朶那者，杭州畏兀家女奴也。至正中，寇陷杭，至其家，無所得，乃反接主婦柱下，拔刀礪頸上。諸婢皆散走，女獨身覆主婦，請代死，且謂賊曰：「汝利吾財，豈利殺人哉？凡家之貨寶，皆我所掌，主母固弗知。若免主母死，我當悉與汝不吝。」寇解主婦縛，女乃出金玉等置堂上，寇争相攫取。已而又欲汙之，女持刀自刎曰：「我主二千石，我誓不奴他姓〔八〕，況汝賊乎？」賊舍之去，女泣拜主婦曰：「妾受命主管鑰，今全身，而失主人之財物，非義也。」遂自殺，人莫不難其義烈。

韓氏女，保寧人。年十七，遭明玉珍兵亂，韓爲所掠。乃僞爲男子服，既而果被獲，隸軍中。七年後，從玉珍兵攻雲南，遇其叔父，贖歸成都。適尹氏，猶處子也。人皆稱爲「韓貞女」。

胡妙端，嵊縣人，適剡溪祝氏。至正二十年春，爲苗軍掠至金華，義不受辱。乘間嚙指血，題詩壁上，赴水死。苗帥服其節，爲立廟祀之，邑人顔曰「烈女廟」。

梁王女阿襤公主，大理段功妻也。功初襲爲蒙化知府，明玉珍自蜀分兵攻雲南，梁王及行省官皆走，功獨進兵敗之。梁王深德功，以公主妻之，授雲南行省平章政事，功自是不肯歸。或譖之梁王曰：「段平章心叵測，盍早圖之？」梁王密召公主，謂曰：「功志不滅我不已，今付汝孔雀膽，乘便可毒之。」主潸然，私語功曰：「我父忌阿奴，願與阿奴西歸。」因出毒示之，功不聽。明日，邀功東寺演梵，陰令番將格殺之。公主聞變，大哭，欲自盡，王防衛甚密。因悲憤作詩曰：「吾家住在鴈門深，一片閒雲到滇海。心懸明月照青天，青天不語今三載。欲隨明月到蒼山，悮我一生路裏彩。吐嚕吐嚕段阿奴，施宗施秀同奴歹。雲片波潾不見人，押不蘆花顏色改。肉屏獨坐細思量，西山鐵立霜瀟灑。」竟死。

功女僧奴，將適建昌阿黎氏，出手刺繡文旗，屬功子寶曰：「我自束髮，聞母稱父冤，恨非男子，不能報，此旗所以識也。」人皆敬其志節。

脱脱懷氏，樞密副使燕帖木兒妻。明兵入雲南，燕帖木兒敗，馳歸。氏閉門不納，曰：「爾受梁王厚恩，兵敗不死，何以見爲？」乃鴆其二子一女，命侍者曰：「我死，爾舉火焚屋，毋令辱我。」遂飲鴆卒。

辛瑜妻傅氏，諸暨人。瑜以軍興期會，迫死道上。傅蒲伏抱屍歸，號泣三日夜。屍有腐氣，猶依屍呵舐，冀復甦。已入棺，至嚙其棺成穴。及葬，投身壙中。母强挽之出，囑侍婢謹視之。閱數日，紿婢具湯沐，既而失所在。明日，婢汲井，見二足倒植井中，乃傅也。

又史五妻徐氏，定遠人。五爲義兵百夫長，兵至，五戰死。氏求夫積屍中，莫能識。以口吮血，辨驗得實，載之歸。治大棺，將殮，乃沐浴自經其側。

張春兒，葉縣軍士李青妻也。青臨陣負傷歸，曰：「吾殆矣！汝可善事後人。」春兒截髮示信曰：「妾生寒門，頗曉大義，君勿憂。」比青卒，哭之，垢面流血。旋諭匠者造大棺，盡納夫之衣服，匠如其言。將斂，春兒自經庭下，家人共殯之。

秦筆妻，江陰人，失其姓氏。筆遭亂，挈妻依同郡朱判官璚，居吳中。筆病卒，貧無以斂，璚爲具棺衾，且思所以卹養其妻。其妻泣謝曰：「良人以藝游搢紳間，《詩》《書》禮義之教，妾亦嘗與聞矣。妾以未亡故，累鄉長者，其如義何？」璚加慰之。夜哭益哀，自經死。璚爲合葬而表其墓。

吳妙寧，上海人。年二十一，贅同里張氏子。邑大姓以叛黨連坐其父，妙寧泣曰：「吾父苟無地爲解，族其赤矣。吾不遄死，禍延良人，悔孰甚？」即投繯死。俄徵繫吏至，聞已没，唶異而去。時人爲之謡曰：「紅羊年，黑鼠月，張婦吳，儼遺烈。九山風酸泖波血，一氣舛錯愁雲結。一樹梅花驚飄雪〔九〕。」

孔胥妻周芙，江陰人。孔素無鄉曲譽，衆以通賊愬於官。胥度不免，密書與妻早爲計，庶免軍配。周神色不亂，言笑平常。乃具酒饌祭舅姑，延親戚劇飲。是夕素服自縊死。

張貞，建康張叙女，嫁海縣周曹，坐法下獄瘐死。先是，貞在徒籍中，懼配軍，投秦淮河而死。及周屍過秦淮河，貞湧浮水上，面如生。人皆曰：「此張訓導女也。」聞者哀之。

吳良正，義烏儒家女。姑嗜酒，家固貧，必力致之，姑醉乃已。姑卒未殯，賊至，家人悉竄，吳獨侍側。人呼曰：「汝不愛頭？」吳曰：「姑未殯，妾就刃下，死不悔。」撫棺長慟。兵義之，釋去。

又有烏傷里賈善妻宋娶，性沈默。家饒於貲，平日事賈甚謹。明兵駐蘭溪，賈攜娶避浦陽城竇山鄉。無賴乘時肆掠，俄突至，娶懼侵己，擲袖銀於地，投絶澗死。

何婦賀氏，永新州人。蘄兵陷吉安，殺其夫，將汙之。賀曰：「妾聞師令嚴，淫虐者斬以狗，汝獨不懼死乎？」兵以言諸帥，帥議聘焉。屆期，帥且至，賀閉户不納，齧指血，題詩曰：「涇渭難分清與濁，妾身不死死紅巾。孤兒尚忍更他姓，烈女何曾事二人。白刃自揮心似鐵，黄泉欲到骨如銀。荒村日落猿啼處，過客聞之亦愴神。」遂引刃自斷其喉，猶端坐不仆。帥排户入，見之驚去。

費元琇，上海人，江陰知事楊州朱道存妻。先是，江陰亂，元琇依父居松江。苗軍掠郡城内，苗軍手刃，將入犯之，元琇叱曰：「我夫見勤王事，汝輩奚敢犯我！」投釵珥於地，苗攫之去。既而苗沓至，欲驅迫就道。元琇度不免，乃攀堂楹厲聲曰：「苗狗，毋辱我！」遂遇害。爪入楹木，血沁於指。

楊節婦吴氏，湖州人。年二十五，有殊色。至正丙午秋，明兵傴湖州〔一〇〕，吴自度必不免，乃攜二子投苕水中。逾月，城破，父媪見其母子並浮水上，咸嗟異焉。

陸燾妻趙氏，印縣人。燾與趙隱居瓢湖，兵猝至，燾夫婦舍舟登岸。兵傴之，傷刃者三，遂仆淖中。趙躍投淖同死。

徐謝氏，名鐲，松江宦家女。素凝重，不妄言笑。苗兵燬掠，謝從夫逃，適與苗遇，驅之行。時里閈少艾被縶者相屬，謝阻板橋，遽厲聲曰：「橋有柱，我儂趨救可乎！」苗怒，斫其肩以號於衆，既而悔曰：「彼烏涇之清濟也。」相與喈喈而去。

李氏，行軍鎮撫彭九萬妻，吉水人。至正戊申，五溪苗突入城，李及其子友諒皆被執。驅之行，不從；脅以刃，不動。問所求，李曰：「我命婦也，有死而已。」因語友諒曰：「刎無刃，經無索，奈何？」諒曰：「當激賊怒以就死。」李乃極口大駡，苗怒，殺之。

有趙氏婦者，抱嬰兒匿縣學中。苗强汙之，不可，死於禮殿南。血模糊，影留殿階不滅，剗去復存。後人立石以志其處。

又黄元珪妻俞氏，山陰人。賊火其廬，將擁氏去，氏躍入火中死。

同時謝氏，爲張彌遠妻。亦遭兵執，不屈而死。

林克成妻陳氏，福寧人。至正末，兵亂，陳氏奉姑匿山洞中。後潛依母家，收克成一家遺骸葬之。時年二十四，母欲其改適，陳氏泣曰：「棄幼稚而改嫁，吾必不爲也！」於是養姑撫子，卒存林氏之後。有司旌之。

劉公翼妻蕭氏，濟南人。至正十八年，毛貴兵至，蕭氏曰：「妾誓先死，若城陷被執，悔將何追？」亡何城陷，蕭縊死。

【校勘記】

〔一〕「左幼白妻龍氏」，「幼」原作「友」，據正文及李祁《雲陽集》卷八《左氏節婦傳》改。

〔二〕「趙氏」，原倒在「謝氏」下，據正文乙正。

〔三〕「黄元珪妻俞氏」，「妻」字原脱，據正文補。

〔四〕「弋陽」，原作「戈陽」，下同，據《元史》卷二〇一列傳第八十八《列女二》改。

〔五〕「歲」，原脱，據《元史》卷二〇一列傳第八十八《列女二》補。

〔六〕「清」，疑誤。按陳淑真刺繡詩，魏源《元史新編》卷五二作「士二其行」、「見衣見情」，乾隆《漢陽縣志》卷二九作「士貳其行」、「見衣見心」。

〔七〕「幼白」，原作「幼曰」，據李祁《雲陽集》卷八《左氏節婦傳》改。上文作「幼白」

不誤。

〔八〕「奴」，陶宗儀《南村輟耕録》卷一一、田汝成《西湖遊覽志餘》卷九、萬曆《杭州府志》卷八九同，嘉靖《浙江通志》卷四八、康熙《浙江通志》卷四〇、康熙《錢塘縣志》卷二八作「從」。

〔九〕「一樹梅花驚飄雪」上，王逢《梧溪集》卷四《張節婦吴氏辭有引》有「百里泥塗昏塾中」，當補。

〔一〇〕「湖州」，原作「胡州」，據上文改。

新元史卷之二百四十六　列傳第一百四十三

列女下

姚氏，餘杭人。夫出刈麥，姚居家執爨。母何氏，往汲澗水，久而不至。俄聞覆水聲，亟出視，則虎啣其母以走。姚倉卒逐之，以手掣其尾。鄰人競從之，虎乃置何氏去。姚負母以歸，求藥療之，奉養二十餘年而卒。

又方寧妻管勝娘者，建寧人。寧耕田，勝娘饁之，見一虎方攫其夫，勝娘即棄饁奮挺連擊之，虎舍去。勝娘負夫，至中途而死，有司旌復其家。

孟志剛妻衣氏，汴梁人。志剛卒，貧而無子，有司給以棺木。衣氏紿匠者曰：「可寬大其棺，吾夫有遺衣服，欲盡置其中。」匠者然之。是夕，衣氏祭其夫，畢家之所有，悉散之鄰里及同居王媪，曰：「吾聞一馬不被兩鞍。吾夫既死，與之同棺共穴可也。」遂自剄死。

又有侯氏者，鈞州曹德妻。德病死，侯氏語人曰：「年少夫亡，婦人之不幸也。欲守吾志，而亂離如此，其能免乎？」遂縊死於墓。

又周經妻吴氏、郭惟辛妻郝氏、陳輝妻白氏、張頑住妻杜氏、程二妻成氏、李貞妻武氏、暗都剌妻張氏，並殉夫死，有司旌之。

王琰妻潘氏，徽州婺源人。年二十八而琰卒，潘誓不他適。以其夫從兄之子元圭爲後。元圭時始三歲，鞠之不啻己出。潘氏卒，年六十二。元圭之子良亹，有子燕山。燕山卒時，妻李氏年二十四，無子，乃守志自誓。父母欲奪而嫁之，不聽。燕山兄子惟德妻俞氏，惟德早死，二子甚幼，俞氏守節，不墜家業。人稱爲曰「三節之門」〔二〕。

同郡歙縣吴子恭之妻蔣氏，年廿八而夫亡，孀居五十年，年七十八卒。有司旌表其門。

又劉仲亨妻田氏，大同人。至正中，仲亨爲渾源州知州，卒，田氏年未三十，自經喪側。事聞，旌表其門。

又李思齊妾鄭氏，思齊卒，鄭氏自縊死。時人謚以貞烈。

湯輝妻張氏〔三〕，處州龍泉人。兵亂，其家財移入山砦，夫與姑共守之。舅以疾未行，張歸侍舅疾，且以輿自隨。既而賊至，即命以輿載其舅，而己遇賊。賊以刃脅之曰：「從我則生，否則死。」張掠髮整衣請受刃，賊不忍殺。張懼汙，即奪其刃自剄死，年二十七。

又湯婍者，亦龍泉人。有姿容。賊殺其父母，以刃脅之。婍不勝悲咽，乞早死，因以頭觸刃。賊怒，斫殺之。其妹亦不受辱而死。

俞士淵妻童氏，嚴州人。姑性嚴，待之寡恩，童氏事之無少拂其意者。至正十三年，賊陷威平，官軍復之，已乃縱兵剽掠。至士淵家，童氏以身蔽姑，衆欲汙之，童氏大罵不屈。一卒以刀擊其左臂，愈不屈。又一卒斷其右臂，駡猶不絶。衆乃剥其面而去，明日乃死。

惠士玄妻王氏，大都人。至正十四年，士玄病革，王氏曰：「吾聞病者糞苦則愈。」乃嘗其糞，頗甘，王氏色愈憂。士玄囑王氏曰：「我病必不起，前妾所生子，汝善保護之。待此子稍長，即從汝自嫁矣。」王氏泣曰：「君何爲出此言耶？設有不諱，妾義當死。君幸有兄嫂，此兒必不失所居。」數日，士玄卒。比葬，王氏遂居墓側，蓬首垢面，哀毁逾禮。常以妾子置左右，飲食寒暖，惟恐不至。歲餘，妾子亦死，乃哭曰：「無復望矣！」屢引刀自殺，家人驚救得免。至終喪，親舊皆攜酒祭士玄墓。祭畢，衆欲行酒，王氏已經死於樹矣。

又有王氏者，良鄉費隱妻也。隱有疾，王氏數嘗其糞。及疾篤，囑王氏曰：「我一子一女，雖妾所生，無異汝所出也。我死，汝其善撫育之。」遂没。王氏居喪，撫其子女。既而子又死。服除，謂其親屬曰：「妾聞夫乃婦之天，今夫已死，妾生何爲？」乃執女手語之曰：「汝今已長，稍知人事。管鑰在此，汝自司之。」遂相抱慟哭。是夜，縊死園中。

周婦毛氏，松陽人。美姿色。至正十五年，隨其夫避亂麻鷺山中，爲賊所得，脅之曰：「從我多與汝金，否則殺汝。」毛氏曰：「寧剖我心，不願汝金。」賊以刀磨其身，毛氏因大詈曰：「碎剮賊！汝碎則臭，我碎則香。」賊怒，刳其腸而去，年二十九。

丁尚賢妻李氏，汴梁人。年二十餘，有姿容。至正十五年，賊至，欲虜之。李氏怒曰：「吾家六世義門，豈能從賊以辱身乎？」於是闔門三百餘口俱被害。

李順兒，許州儒士李讓女。性聰慧〔四〕，頗涉經傳。年十八，未嫁。至正十五年，賊逼許州，父謂其母曰：「吾家以詩禮相傳，此女必累我。」女聞之，泣曰：「父母可自逃難，勿以我爲憂。」須臾，於後園内自經而死。

吴守正妻禹氏，名淑靖，字素清，紹興人。至元十六年，從家崇德之石門。淑靖嘗從容謂守正曰：「方今羣盜蜂起，萬一不測，妾惟有死而已，不使人汙此身也。」是年夏，盜陷崇德，淑靖倉皇攜八歲女登舟以避。盜趨奔其舟，將犯之，淑靖乃抱女投河死。

黄仲起妻朱氏，杭州人。賊寇杭州，其女臨安奴倉皇言曰：「賊至矣，我別母求一死也。」俄而賊驅諸婦至其家，且指朱氏母子曰：「爲我看守，日暮我當至也。」朱氏聞之，懼受辱，遂與女俱縊死。妾馮氏，見其母子已死，嘆曰：「我生何爲？徒受辱耳！」亦自縊死。繼而仲起弟妻蔡氏，抱幼子元童，與乳母湯氏皆自縊。

也先忽都，蒙古欽察氏，大寧路達魯花赤鐵木兒不花之妻，封雲中郡君。夫坐事免官，居大寧。紅巾賊至，也先忽都與妾玉蓮走尼寺中，爲賊所得，令與衆婦縫衣，拒不肯爲。賊嚇以刃，也先忽都罵曰：「我，達魯花赤妻也；汝曹，賊也。我不能爲針工以從賊。」賊怒，殺之。玉蓮自縊者三，賊併殺之。先是，其子完者帖木兒年十四，與父出城，見執于賊。完者帖木兒拜哭，請以身代父死。賊愛完者帖木兒姿秀，遂挈以從。久之，乃獲脱歸，訪母屍，并玉蓮葬焉。

呂彦能妻劉氏，陵州人。賊犯陵州，彦能與家人謀所往。其姊久嫠，寓彦能家，先曰：「我喪夫二十年，又無後，不死何爲？苟辱身，則辱吾弟矣。」赴井死。其妻劉氏語彦能曰：「吾爲君家婦二十八年，兹不幸逢亂，必不負君。君可自往，妾入井矣。」彦能二女及子婦王氏、二孫女，皆隨劉氏溺井，一門死者七人。

袁氏孤女，建康路溧水州人，年十五。其母嚴氏孀居，極貧，病癱瘓卧于牀者數年，女事母至孝。至正十八年，賊至，燔其里，隣婦强擕女出避火，女泣曰：「我何忍舍母去乎？同死而已。」遂入室抱母，共焚而死。

徐允讓妻潘氏，名妙圓，山陰人。至正十九年，與其夫從舅避兵山谷間。舅被執，夫泣以救父，爲兵所殺，欲强辱潘氏。潘氏因紿之曰：「我夫既死，我從汝必矣。若能焚吾夫，可無憾也。」兵信之，聚薪以焚其夫。火既熾，潘氏且泣且語，遂投火以死。

又諸暨蔡氏者，王琪妻也。至正二十二年，張士誠陷諸暨，蔡氏避之長寧鄉山中。兵猝至，有造紙鑊方沸，遂投其中而死。

趙洙妻許氏，集賢大學士有壬姪女也。至正十九年，紅巾賊陷遼陽，洙時爲儒學提舉，夫婦避亂匿資善寺。洙以叱賊見害，許氏不知也。賊甘言誘許氏，令指示金銀之處，許氏大言曰：「吾詩書冠冕故家，不幸遇難，但知守節而死，他皆不知也。」賊以刃脅之，許氏色不變。已而知其夫死，因慟哭仆地，駡不絶口，且曰：「吾母居武昌，死于賊，吾女兄弟亦死賊，今吾夫又死焉。使我得報汝，當醢汝矣！」遂遇害。寺僧見許氏死狀，哀其貞烈，賊退，與洙合葬之。

張正蒙妻韓氏，紹興人。正蒙嘗爲湖州德清稅務提領，至正十九年，紹興兵變，正蒙謂韓氏曰：「吾爲元朝臣子，於義當死。」韓氏曰：「爾果能死於忠，吾必能死於節。」遂俱縊死。其女池奴，年十七，泣曰：「父母既亡，吾何以獨生？」亦投崖而死。

又何氏者，龍泉縣季鋭妻。因避兵于邑之繩門巖，賊至，何氏被執，欲汙之，與子榮兒、女回娘投崖而死。

劉氏二女，長曰貞，年十九，次曰孫，年十七。龍興人，皆未許嫁。陳友諒寇龍興，其母泣謂二女曰：「城或破，置汝何所？」二女曰：「寧死，不辱父母也。」城陷，二女登樓，相繼自縊。婢鄭奴亦自殺。

于同祖妻曹氏，茶陵人。父德夫，教授湖湘間，同祖在諸生中，因以女妻焉。至正二十年，茶陵陷，曹氏謂其夫及子曰：「我義不辱身，以累汝也。顧舅年老，汝等善事之。」遂自刭死。妾李氏驚，抱持之不得，亦引刀自刭，絶而復蘇，曰：「得從小君地下，足矣。」未幾死。

李仲義妻劉氏，名翠哥，房山人。至正二十年，縣大饑，平章劉哈剌不花兵乏食，執仲義。弟馬兒走報劉氏，劉氏遽往救之，涕泣伏地，告於兵曰：「所執者是吾夫也，乞矜憐之，貸其生。吾家有醬一甕、米一斗五升，窖於地中，可掘取之，以代吾夫。」兵不從，劉氏曰：「吾夫瘦，不可食。吾聞婦人肥黑者味美，吾肥且黑，願就烹以代夫死。」兵遂釋其夫而烹劉氏。衆莫不哀之。

李弘益妻申氏，冀寧人。至正二十年，賊陷冀寧，申氏語弘益曰：「君當速去，勿以我婦人相累。若賊入吾室，必以妾故害及君矣。」言訖，投井死。

弘益既免於難，再娶安氏。居二歲而弘益以疾卒，安氏時年三十，泣謂諸親曰：「女子一適人，終身不改。不幸夫死，雖生亦何益哉！」乃竊入寢室，膏沐薰衣，自縊于柩側。

周如砥女，年十九，未適人。至正二十年，鄉民作亂，如砥與女避于新昌西之客僧嶺，女爲賊所執。賊曰：「吾未娶，當以汝爲妻。」女曰：「我周典史女也，死即死，豈能從汝耶？」賊遂殺之。如砥時爲紹興新昌典史。

狄恒妻徐氏，天台人。恒早没，徐氏守節不再醮。至正二十年，鄉民爲亂，避難於牛囤山，爲賊所執，驅迫以前。徐紿之曰：「吾渴甚，欲求水一杯。」賊令自汲，即投井而死，時年十八。

李馬兒妻袁氏，瑞州人。至正二十二年，李病没，袁氏年十九，誓不再嫁，以養舅姑。有王成者，聞袁氏有姿色，挾勢欲娶之，袁氏曰：「吾聞烈女不更二夫，寧死不失身也。」遂往夫墓痛哭，縊死樹下。

王士明妻李氏，名賽兒，房山人。至正二十五年，竹貞軍至，李氏及其女李家奴皆被執。士明隨至軍，軍怒逐之。李氏謂其女曰：「汝父既爲軍所逐，吾與汝必不得脱。與其受辱，不若死。」女曰：「母先殺我。」李氏即以軍所遺鐶刀殺其女，遂自殺。竹貞聞之，爲之葬祭，仍書其門曰「王士明妻李氏貞節之門」。有司上其事，爲立碑。

同時，邵洪妻華氏，無錫人。兵至，謂其夫曰：「我義不可辱。」赴水死。

陶宗媛，台州人，儒士杜思綗妻也。歸杜四載而亡，矢志守節。台州被兵，宗媛方居姑喪，忍死護柩，爲游軍所執，迫脅之，媛曰：「我若畏死，豈留此耶？任汝殺我，以從姑於地下爾。」遂遇害。其妹宗婉，弟妻王淑，亦皆赴水死。

高麗氏，宣慰副使孛羅帖木兒妻。至正二十七年十二月，其夫死於兵，謂人曰：「夫既死矣，吾安能復事人？」乃積薪塞户，以火自焚而死。

張訥妻劉氏，藍田人。訥爲監察御史，早卒，劉守志不二。河東受兵，劉氏二子衡、衎俱以事出外，度不能自脱，遂與二婦孫氏、姚氏決死，盡發貲囊分給家人，婦姑同縊焉。

又有華氏者，大同張思孝妻，爲貊高兵所執，以不受辱見殺。其婦劉氏，僵壓姑屍，大駡不已，兵併殺之。後家人殮其屍，婦姑之手猶相持不捨。

觀音奴妻卜顔的斤〔五〕，蒙古氏，宗王黑閭之女。大都被兵，卜顔的斤謂其夫曰：「我乃國族，且年少，必不容於人，豈惜一死以辱國乎？」遂自縊而死。

時張棟妻王氏，語家人曰：「吾爲狀元妻，義不可辱。」赴井死。其姑哭之慟，亦赴井死。

安志道妻劉氏，順州人。志道及劉氏之弟明理，並登進士第。劉氏避兵匿巖穴中，軍至，欲汙之。劉氏曰：「我弟與夫皆進士也，豈受汝辱乎！」軍士以兵磨其體，劉大罵不輟，軍士怒，乃鉤斷其舌而死。

宋謙妻趙氏〔六〕，大都人。兵破大都，趙氏子婦温氏、高氏，孫婦高氏、徐氏，皆有姿色，合謀曰：「兵且至矣，我等豈可辱身以苟全哉？」趙即自經死，諸婦四人，諸孫男女六人，衆妾三人，皆赴井而死。

齊關妻劉氏，河南人。關應募爲千夫長，戰死澤、潞間，劉氏貧無所依，守志不奪。有來强議婚者，劉氏紿曰：「吾三月三日有心願，償畢，當從汝所言。」是日，徑往彰德天寧寺，登浮圖絶頂，祝天曰：「妾本河南名家劉氏女，遭世亂，適湖南齊關爲妻。今夫已死，不敢失節也。」遂投地而死。

王宗仁妻宋氏，進士宋聚之女也。宗仁家永平，永平受兵，宋氏從夫避於鏵子山，夫婦爲軍所虜。行至玉田縣，有窺宋氏色美，欲害宗仁者，宋氏顧謂夫曰：「我不幸至此，必不以身累君。」言訖，遂攜一女投井死，時年二十九。

王履謙妻齊氏，太原人。治家嚴肅，守婦道。賊陷太原，齊氏與二婦蕭氏、呂氏及二女避難於趙莊石巖。賊且至，度不能免，顧謂二女曰：「汝家五世同居，號爲清白，豈可虧節辱身以苟生哉！」長女曰：「吾夫已死，今爲未亡人，得死爲幸。」呂氏曰：「吾爲中書左丞之孫，義不受辱。」齊氏大哭，乃與二婦、二女及二孫女，俱投巖下以死。

王時妻安氏，名正同，磁州人，平章政事祐孫女也。至正十九年，時以參知政事分省太原，安氏從之。及賊兵寇太原，城陷，衆皆逃，安氏與其妾李氏同赴井死。事聞，贈梁國夫人，謚莊潔。

徐猱頭妻岳氏，大都人。兵入都城，岳氏告其夫曰：「我等恐被驅逐，將奈何？」其夫曰：「事急惟有死耳，何避也？」遂火其所居，夫婦赴火以死。其母王氏、二女一子皆抱持赴火死。

金氏，詳定使四明程徐妻也。京城既破，謂其女曰：「汝父出捍城，我三品命婦，汝儒家女，又進士妻，不可受辱。」抱二歲子及女赴井死。

孛朮遠妻雷氏，南陽人，孛朮魯翀子婦也。遠爲襄陽尹，拒賊被害。雷爲賊所執，欲妻之，乃罵賊曰：「我魯參政家婦，肯從汝狗彘生乎！」遂見殺。

武管嬰，太原人。年十七，未嫁。至正末，避兵山洞，其父被執。女走至父所，謂兵：「勿殺我父，請以身代。」父脱去。又言：「我有金，早瘞井邊。」兵往掘之，女投井死。

王子温妻諸氏，華亭人。子温家貧，諸氏以女工資給。賊入松江，子温欲挈之逃，諸氏泣曰：「豈可以我一婦人致累汝等耶？我自爲計。」乃與鄰嫗避賊。賊至，不屈而死。

蒲氏，行唐人，嫁樊氏。山賊至，逼爲妻，蒲氏投塘而死。鄉人號曰「義姜」，稱其地爲「玉女塘」。

又趙氏，平陽人。年二十，未嫁。賊至，投於厠而死。詔旌之。

李宗頤妻夏氏，富州人；季鉅妻何氏，龍泉人。至正中，賊至，俱不屈死。

李哥，霸州倡家女。年十三，母教之歌舞，不肯從。母告以倡業不可廢，哥曰：「若此聽母，母亦當從我好。」自是不粉澤茹葷，所歌多道情仙曲。有召者，必詢主客姓名乃往，人亦預戒毋戲狎。孟津監縣賂母，夜抵舍，哥懷利刃閉卧内曰：「汝職風化首，而狗彘行，恐血污吾刃也。」監慚去。明日，知州聞之，曰：「此間有貞女不知，吾過矣！吾子明經，舉秀才，真若配。」以禮娶之。未幾，紅巾入寇，夫婦皆見執。覘哥美，將殺其夫。哥前抱夫頸，大呼曰：「吾斷不斯須求活。」寇并殺之。

【校勘記】

〔一〕「妻」，原脱，據正文補。

〔二〕「爲」，疑衍。《元史》卷二〇一列傳第八十八《列女二》云：「故人賢汪氏之門，而稱曰『三節』。」

〔三〕「湯輝」，原作「楊輝」，據《元史》卷二〇一列傳第八十八《列女二》改。目録不誤。

〔四〕「聰慧」，原作「聰彗」，據《元史》卷二〇一列傳第八十八《列女二》改。

〔五〕「卜顔的斤」，原作「卜顔的近」，據《元史》卷二〇一列傳第八十八《列女二》改。目録不誤。

〔六〕「趙氏」下，原衍「人」字，據《元史》卷二〇一列傳第八十八《列女二》删。

新元史卷之二百四十七　列傳第一百四十四

宦　者

蒙古以功臣子弟給事内廷，雖間用宦者，不爲上所親信，故弄權病國者無聞焉。至惠宗之世，朴不花始以孽后鄉里，夤緣柄用，遂與奸臣同惡相濟，譬之鴆酒，稍濡口吻，而毒已潰裂矣。李邦寧請武宗親祀太室，可謂昌言。野先帖木兒、趙伯顔不花諫惠宗，尤無愧於吕强、張承業。備著其人，以爲彰癉焉。

李邦寧張仲壽　野先帖木兒趙伯顔不花　朴不花

李邦寧，字叔固，錢塘人。初名保寧，宋之小黄門也。宋亡，從瀛國公入見世祖，命給事内庭，警敏稱上意。令學國書及諸番語，即通解，遂見親任。授御帶庫提點，遷章佩少監、禮部尚書、提點太醫院使。成宗即位，進昭文館大學士、太醫院使。帝嘗寢疾，邦寧不離左右者十餘日。

武宗立，命爲江浙省平章政事，邦寧辭曰：「臣以奄腐餘命，無望更生，先朝幸赦而用之，使得承乏中涓，高爵厚祿，榮寵過甚。陛下復欲置臣宰輔，臣何敢當？宰輔者，佐天子共治天下者也，奈何辱以寺人？陛下縱不臣惜，如天下後世何？誠不敢奉詔。」帝大悅，使大臣白於太后及皇太子以褒之。

帝嘗奉皇太后燕大安閣，中有故篋，問邦寧曰：「此何篋也？」對曰：「此世祖貯裘帶者。臣聞聖訓曰：『藏此以遺子孫，使見吾朴儉，可爲華侈之戒。』」帝命發篋視之，歎曰：「非卿言，朕安得知之？」時有宗王在側，進曰：「世祖雖神聖，嗇於財。」邦寧曰：「不然。世祖一言，無不爲後世法；一予奪，無不當功罪。且天下所入雖富，苟用不節，必致匱乏。先朝以來，歲賦已不足用，又數會宗藩，耗費無算。旦暮不給，必將橫斂於民，豈美事耶？」太后及帝深然其言。俄加大司徒、尚服院使，遥授丞相，行大司農，領太醫院事，階金紫光祿大夫。

太廟祭祀，皆遣官行禮，至是復如故事，邦寧諫曰：「先朝非不欲躬親饗祀，誠以疾廢禮耳。今陛下繼成之初，正宜開彰孝道，以率先天下，親祀太室，以成一代之典。循習故弊，非臣所知也。」帝稱善。即日備法駕，宿齋宫，且命邦寧爲大禮使。禮成，加恩三代，皆贈官謚。

仁宗即位，以邦寧舊臣，賜鈔千錠，辭弗受。國學釋奠，敕遣邦寧致祭於文宣王。點視畢，至位立，殿户方闔，忽大風起，殿上及兩廡燭盡滅，燭臺底鐵鐏入地尺，無不拔者，邦寧悚息伏地，諸執事者皆伏。良久風定，乃成禮，邦寧慚悔累日。

初，仁宗爲皇太子，丞相三寶奴等用事，條畫新政以亂舊章，畏仁宗英明。邦寧揣知其意，言於武宗曰：「陛下富於春秋，皇子漸長。父作子述，古之道也，未聞有子而立弟者。」武宗不悅，曰：「朕志已定，汝自往東宫言之。」邦寧懼而退。仁宗即位，左右請誅之，仁宗曰：「帝王歷數，自有天命，其言何足介懷？」加邦寧開府儀同三司，爲集賢院大學士。以疾卒。

又宦者張仲壽，亦錢塘人。累官翰林學士承旨，工行、草書。

野先帖木兒，佚其氏族，事惠宗爲宦者。帝製龍舟，自後宫至瓊華島，往來游戲，水淺不能行舟，命野先帖木兒濬之。辭曰：「頻年水旱，盜賊紛起，不宜從事游嬉，妄興工作。」帝大怒，放之高麗，改命宦者答失蠻濬之。

又有趙伯顏不花，亦惠宗宦者。至正二十八年，帝御清寧殿，集三宫皇后、皇太子、大臣，同議北巡。趙伯顔不花與知樞密院事黑的等諫，帝不聽。趙伯顔不花慟哭曰：「天下者，世祖之天下也。陛下當以死守，奈何棄之？臣願率軍民及怯薛官，背城一戰。」帝又不聽。後從帝北巡，卒於和林。

朴不花，高麗人。皇后奇氏微時，與不花同鄉里，及選爲宫人，有寵，遂爲第二皇后，居興聖宫，生皇太子。於是不花以閹人入事皇后，皇后愛幸之，累遷至榮禄大夫、資正院使。

至正十八年，京師大饑，時河南北、山東郡縣皆被兵，流民避亂聚於京師，死者相枕籍。不花欲要譽一時，請於帝，市地收瘞之。帝賜鈔七千錠，中宫及興聖、隆福兩宫，皇太子、皇太子妃，賜金銀及他物有差。不花出玉帶一、金帶一、銀二錠、米三十四斛、麥六斛、青貂銀鼠裘各一襲以爲費。擇地自南北兩城抵盧溝橋，掘深及泉，男女異壙。既覆土，就萬安壽慶寺建無遮大會。至二十年四月，前後瘞者二十萬，用鈔二萬七千九十餘錠、米五百六十餘石。又以大悲寺修水陸大會三晝夜，凡居民病者予之藥，不能喪者給棺木。翰林學士承旨張翥爲文頌其事，曰《善惠之碑》。

帝在位久，軍國之事皆取決於皇太子。皇后乃謀内禪，使不花喻意於丞相太平，太平不答。及太平罷去，搠思監爲丞相。時帝益厭政，不花乘間用事，與搠思監相爲表裏，四方警報，皆抑而不聞，内外解體，然根株盤固，氣焰薰灼，内外百官趣附者十九。又宣政院使脱歡，與之同惡相濟。

二十三年，監察御史也先帖木兒、孟也先不花、傅公讓等乃劾奏朴不花、脱歡奸邪，當屏黜。皇太子執不下，皇后尤庇之，御史皆坐左遷。治書侍御史陳祖仁，連上皇太子書切諫之，臺臣大小皆辭職，皇太子乃爲言於帝，令二人辭職。祖仁言猶不已，又上惠宗書言：「二人亂階禍本，今不芟除，後必不利。漢、唐季世，其禍皆起此輩，而權臣、藩鎮乘之。故千尋之木，吞舟之魚，其腐敗必由於内，陛下誠思之，可爲寒心。臣願俯從臺諫之言，將二人特加擯斥，不令以辭職爲名，成其姦計。」語具《陳祖仁傳》。

會侍御史李國鳳亦上書皇太子，言：「不花驕恣無上，招權納賂，奔競之徒，皆出其門，駸駸有趙高、張讓、田令孜之風，漸不可長。衆人所共知之，獨主上與殿下未之知耳。自古宦者，近君親上，使少得志，未有不爲國家禍者。望殿下思履霜堅冰之戒，早賜奏聞，投之四夷，以快衆心，則紀綱可振。紀綱振，則天下之公論爲可畏，法度爲不可犯，政治修而百廢舉矣。」帝大怒，國鳳、祖仁等亦皆左遷。

時御史大夫老的沙執其事頗力，皇太子因惡之，而皇后又譖之於内，帝乃封老的沙雍王，遣歸國。已而復以不花爲集賢大學士、崇正院使。老的沙至大同，遂留孛羅帖木兒軍中。是時，搠思監、朴不花方倚擴廓帖木兒爲外援，怨孛羅帖木兒匿老的沙不遣，遂誣孛羅帖木兒與老的沙謀不軌。二十四年，詔削其官，使解兵柄歸四川。孛羅帖木兒知不出帝意，皆搠思監、朴不花所爲，怒不奉詔。宗王伯顏帖木兒等復言之，朝廷亦畏其强不可制，下詔數搠思監、朴不花互相壅蔽、簧惑主聽之罪，屏搠思監於嶺北，竄朴不花於甘肅，以快衆憤。復孛羅帖木兒官爵。然搠思監、朴不花皆留京城，實未嘗行。未幾，孛羅帖木兒遣秃堅帖木兒以兵向闕，聲言清君側之惡，駐於清河。帝遣國師問故，往復數四，言必得搠思監、朴不花乃退兵。帝度其勢不可解，不得已，執兩人畀之。朴不花遂爲孛羅帖木兒所殺。

新元史卷之二百四十八　列傳第一百四十五

雲南湖廣四川等處蠻夷

雲南溪洞諸蠻　大理金齒蠻　羅羅斯　車里　烏撒烏蒙東川芒部　禄余　八番順元諸蠻
田萬頃　宋隆濟　廣西上下江諸蠻　黄聖許　岑毅　海北海南諸蠻　四川溪洞諸蠻

雲南溪洞諸蠻。至元十三年，羅氰甸官禾者阿禾必降。是年十月，雲南行省調蒙古、爨、僰諸軍征白衣和泥一百九砦，得户四萬。又攻金齒落落廣甸、瑶甸及斜烏蒙禿老蠻，高州、筠連等州。烏蒙阿謀歸舊侵藤串縣地。是月，與安南鄰境七十城門部酋答公，遣其人名摩耳者來乞降。又提吕、提邦兩部來降，饑，行省發禀賑之。未幾，提吕子達量，爲提索所禽，行省給榜招提索，使釋達量，提索聽命。

二十三年，蒙乃土官長子殆昔，鄰境土官弗里皮之婿也，蒙乃不以位與長子，而與次子，弗里皮與殆昔同攻之。朝廷諭弗里皮，如得蒙乃地，許令其婿統之。是歲，又征驃甸大部馬。

二十四年，木龍蠻奴他謀告阿勒沙村阿加之子殺凹村頭目剌些，行省下麗江路軍民宣撫司，命出見雲南王，免其罪。是年，雲南右丞愛魯以蒙古軍一千，師宗孫勒寸白軍一千，農士富民丁三千，征維摩蠻者我滅鐵赤必匝，尋出降。

三十年，行省征習普蠻阿浪普龍華扎山些賊土官生，皆破之。逃者，命普安路總管步木普丁府嵧峨頭目矣豆等，賫榜招出。是年，七十城門蠻密察挾讐殺大甸土官阿鄰，繼遣其弟牟平林侵其境。阿鄰逃入臨安路納樓建水城，避之，行省不能救。又參政阿叔，招捕花角蠻。蠻恃險率衆拒敵，殺令史一人、裨將十五人。

元貞元年，習普、馬兒等寇邊，行省招出習普、肥昌等呰蠻，及馬兒部不舊斛、舊能二呰蠻。的井、的探等有必乖豆來者，不肯降，殺的井從者二人，的井等懼不敢出。

二年，蒙光路軍民總管答麵乞藍的頭目答剌吉瓦農開陽兩寨自來不奉命，行省差道奴攻破之。十一月，車里蠻軍弁興兵，據奪甸呰十三所，結八百媳婦蠻欲攻倒龍等，行省遣兵招捕。

大德元年，行省參政忽速剌攻破花角蠻等寨，其酋長韋郎遁走。初，廣南西道宣慰使兼知特磨道事農士富上言：「安寧州沈法昔，招引唐興州黃夢祥、深碎縣林言，與花角蠻，圍土富所居，奪虎符，執其子信以去，又攻其峩州隘。」既而又言：「夢祥結睢𠷎州岑聰，引歸仁州、歸洛州、上降州、利州軍四千人，焚掠羅佐州官農郎生所轄那悶村及那寡州南村、魯谷村，付州那羅村，復奪其那環、射隘、剥笋、羅波、射布、那哈那等十村。」行省覘知花角蠻去特磨四日程，安寧州十日程，唐興州、睢𠷎州皆八日程。十月，忽速剌進討之。十二月，過昔陽江，經杜箐。九日，至花角蠻木葦砦，破之。攻其正砦第一門，賊敗，奪門而遁。其砦十有二重。十四日，分九道進攻，破其砦，賊衆散走。蠻酋韋郎達不知所在。韋郎達素不奉命，至元二十七年，阿叔招之不服，討之復失利，以此狂縱，僭稱大號，以其婿郎滿爲平章，其餘有萬户等官。至是始敗。尋又破其卒羅磨誐，獲架歌雅木算等砦，招出韋郎達婦翁，繼村火頭普及，把事希古竹幹，哥雅砦火頭郎滿及其弟郎狀。郎滿稱韋郎達中傷敗走，不知存亡。又攻撒都砦，其火頭圖希古郎甚出降，及羅其砦火頭統幹希古都雞，韋郎達弟韋郎動，子韋郎應，把事希古通幹知幹，不弄砦火頭郎勤，皆出降。移軍攻安寧州，沈法昔降，移攻夢祥，敗之，棄砦走。

七年春，永寧路阿永蠻雄挫反。初，雲南、四川、陝西、湖廣四省會兵討順元、羅鬼、烏撒、烏蒙，東川芒部叛蠻雄挫，匿順元蛇節賊黨阿氊，及其妻折射折利，并芒部蠻納郎弟卧踏。事覺，遂結把事阿都、阿牟等，於赤水河作亂，殺永寧府判官常珪、行省宣使南家台、千户卜速魯，拒暮暉關。官軍至，蠻拒戰，阿都死，獲其金裹甲、鑊子槍。賊退走。自暮暉至普市關，九戰，殺蠻三百餘，破海落、越寨二洞，阿牟亦死。行省以天暑班師，扼其魚槽、長寧軍、梅嶺等關，聞于朝，以爲雄挫東接羅鬼，西鄰芒部，南近烏撒，姻親相結，滋蔓力强，合以十月初，雲南省軍入暮暉，湖廣軍自播州打鼓寨入蠻地藺州，四川省軍自魚槽、長寧進討，會於赤水河雄挫巢穴。從之。

閏五月，軍中遣永寧同知蔡閏、行省左右司員外郎撒班赤等，招雄挫。雄挫遣阿加、阿抱出降，稱病不出。又令其屬委界入朝。宰相奏雄挫不至，乞再伐之。雄挫乞以十二月八日狗日出見，八年五月赴闕，原其罪，仍充土官，遣還。

九月，羅雄州軍火主阿邦龍少、麻納布昌結廣西路豆温阿匡、普安路營主普勒下軍火頭阿只阿爲及亦左鄉阿甫等叛，燒他羅迷驛，降旨招諭，仍督兵進討。阿邦龍少拒遠雄山，官軍進攻，敗之。虜阿那勇答等，阿非、阿樓、阿邦龍少子龍豆皆降，豆温阿匡與弟阿思、火頭者哇亦降，未幾，獲阿邦龍少，追麻納布昌，不獲。

十一年，阿迷土官日苴、火頭抽、首領落落軍劫僰人，奪官馬以叛。又納樓茶甸土官師禾希古、阿夷落圭、阿立甸必信，怪齒村火頭阿則、判村火頭阿提、納填村火頭身和、苴善村火頭阿次虧、抽俸村火頭雙、茶嵩村火頭咱休、菁笠鄉火頭阿豆加、矣傑村火頭阿主、矣北村火頭抽、皆床村火頭遮奴、元江路日納村火頭个忙、茫部火頭虧抽、維摩州土官者歐茅者文大布婆等並起應之，官軍尋皆討定。

至大元年，教合二部步少、來龍砦火頭漸恐等叛，遣本部達魯花赤阿里招諭，不服。賊黨答掛殺阿里，官軍破其巢，斬漸恐、答掛，梟其首。

延祐七年七月，花角蠻韋郎達糾合五十三村山獠衆萬餘，刼阿用村，呼其人曰：「爾急來降，我即退兵。爾之皇帝甚遠，我亦作皇帝，甚近，若不降我，必破爾砦。」火頭農郎勝等降賊，行省遣官招諭。九月，永寧路曲村頭目和俄等殺渠津州吏目李榮貴，奪良渠州同知敕牒，行省遣官招諭。

至治元年十月八日，良渠州知州剌俄殺其兄剌秋。初，剌秋祖剌都降附，行省立州縣，令剌秋父剌陶作土官，充良渠州知州。後剌秋伯父剌落襲職，尋爲火頭木落所殺，剌落子剌定幼，依其舅子合住於綿綿村，因持剌陶、剌落宣命及州印以去。剌俄謂己當襲職，二次訴于行省，捕剌定不獲。剌俄以計誘剌秋赴破寺村，潛於道射之，中左目墜馬，又以刀斫其左額。剌秋死，剌俄集衆，依摩些俗，殺馬、牛各一，焚剌秋屍。明日，逼其嫂梳蠻塔爲妻，及占奪剌秋所部百姓。梳蠻塔父剌資來取其女，剌俄欲殺之，剌資懼，遁至柏興府。

二年，剌定自綿綿村與子合起兵，奪剌俄地和山砦。剌俄糾合頭目子首居砦等合兵，射死剌定，復奪和山砦。本州官往招之，剌俄拒砦，遥謂曰：「父祖宣命俱在子合處，又藏印不與我。兄弟自相仇殺，争奪山砦，不關爾番漢官事。梳鑾塔係我嫂，我殺兄剌定、剌秋，故以嫂爲妻。我出官，爾欲何説？」再三招諭，不肯出。行省乞以千人討之，樞密院不聽，咨本省招諭。

二十年四月，馬龍鄉蠻普萬作亂。初，普萬父哥袪，馬龍他郎甸人也，任普日思摩甸長官，致仕。長男普奴承廕，父子皆居木用村。普萬乃次子，憤不得立，與哥袪婿抽丑、孫婿阿連，結蒙古逃軍白夷顧顧等人，攻燒木用甸。哥袪出奔，普萬殺哥袪弟阿笠、弟子阿占、婿可當等，劫掠百姓，求哥袪欲殺之。行省委官招諭。

是年，蒙化州蘭神場落落磨察、火頭過生琮結慶甸蒲火頭阿你通，起蒲軍三千五百、磨察軍五百劫鎮南州定遠縣當布户計羅黑加等，殺九十九人，虜男女百餘人。

泰定二年，開南州阿都剌火頭大阿哀，引車里陶剌孟等萬餘人，圍剌砦，攻破十四處。木邦路土官八廟等領白衣軍，攻破倒入潢砦。朝廷遣斡爾端等賫詔，招大、小車里。車里寒賽子尼㕒、構木子刀零出降。

大理金齒蠻。至元七年，征金齒、驃國五部未降者，破其二部，酋長阿匿福勤丁、阿匿爪降，獻馬、象。

二十四年，金齒孟定甸官俺嫂、孟纏甸官阿受、夫魯砦官木拜，共率民二萬五千來降。又林場蒲人阿禮、阿憐叔阿郎，及阿蒙子雄黑，降於行省。阿禮歲承差發鐵鋤六百，雄黑布三百疋。

二十九年，木忽甸土官忽都馬遣其子阿魯，進金索、鱗膽、氈衣、虎豹皮，詣闕朝覲。

三十年，遣使賫詔，諭漆頭金齒。

延祐五年，永昌南窩蒲賊阿都衆阿艮等作亂，殺鎮將，奪驛馬。行省遣參政汪申，會右丞朵爾只討之。自八月至明年五月，破其寨，賊走入箐中。阿樓艮降，餘不可得，以天暑班師。其枯柯甸等皆降，願歲納貝千索。

至治元年，怒謀甸主管故侵芒施路魯來等砦，燒百四十一村，殺提控按牘一人。有司奉詔書開讀，招諭管故，不跪聽，亦不出降。

二年，鎮西路大甸火頭阿吾與三陣作亂，奪不嶺、雷弄二砦。初，三陣父阿蘭爲鎮西總管，叛，要斬。其弟你谷南赴闕貢獻，得襲職。你谷南死，子觧朵襲位。三陣使少頭倒緬、招思二人求觧朵〔一〕，少分土地人民，不予，遂投阿吾訴之，共作亂。詔使往諭，迎至一樓，樓上下周圍懸人首，聽詔畢，阿吾怒曰：「三陣，吾孫也。吾破不嶺寨，殺傷甚衆，虜五十人，破雷弄甸，燒四百餘户，管別呰懼而降我。我還其民二百五十家，於我弟拜法呰中。不嶺所虜人，其族各以銀三兩贖一人，盡贖去訖。今官招諭，我終不出，亦不受榜，所奪地亦不回付，須與之相殺。」詔使無如之何。

是年，南甸路木甸火頭解院，先奪羅左甸火頭阿賽妻阿衣爲妻，取之，不肯與。又奪阿賽弟莽古妻納衣，妻其子阿你。阿賽怒，使莽古領兵三百，奪其妻不得，燒解院呰。

羅羅斯。至元十五年，定昌路總管谷納叛，八剌即、安古馬、楊古剌、乞剌蒲等皆應之，毀橋梁，奪驛馬及屯田牛。明年，官軍擊谷納，斬之。

車里。大德二年，小車里結八百媳婦爲亂，累年不下。數遣使招之，不聽命。

延祐三年，車里兀竹魯侵阿尼必解呰、阿白出麻呰。又罕旺及其弟胡念弟愛俄等，侵銀沙羅甸兀里鹽井，陪日、女具、落索等甸，取官所徵差發。既而愛俄死，其兄弟子姪罕塞、昭愛、剌構木、力夢、兀仲等五人，分黨争愛俄位，相殺。久之，遣火頭郭力看，賷象牙一、金信花一，來降。

烏撒烏蒙東川芒部。大德五年，左丞劉深奉命征八百媳婦，徵順元遞運人馬。土官宋隆濟、蛇節等拒命作亂。朝廷徵湖廣、河南、四川三省兵，與田、楊二氏土兵，會雲南兵收捕。於是烏撒土官宣慰使普利、總管那由，與東川芒部乘釁俱叛。其接羅羅斯及武定、威楚、曲靖、仁德、普安、臨安、廣西諸蠻，皆以朝廷遠征，供輸煩勞爲辭，反形已具。車里白衣八里日等殺掠普騰、江尾二甸，奪麥亢、忙龍二砦，燒忙陽等二十四砦，揚言：「我與呂也溝思麻部日共議渾侯連漠桑軍，來攻普騰砦。」

二月，梁王出駐陸梁州，烏撒蠻阿都普信及烏蒙蠻桂阿察多等殺太后，及梁王位下人畜。烏撒宣慰使僧家奴逃入中慶，東川土官阿葵烏撒逃之陸梁州，依梁王。阿車、阿苗分軍二道，欲執宣慰使阿忽台，約白由落吉度口，會阿乃普吉烏蒙軍，先攻阿都百姓，次攻建昌，燒烏蒙總管廨舍。烏撒蠻犯曲靖霑益州，燒蕩坦驛，駐兵闞渡橋，又與東川馬湖四族聚衆四千，復起羅羅斯軍，渡金沙江，刻日攻建昌。

三月，賊逼雅州、邛部州，陝西行省遣左丞脱歡禦之。詔：也速觧兒陝西省平章政事，汪阿塔赤充參知政事，也速忽都魯充湖廣參知政事，與平章劉二拔都等進討叛蠻。闊里吉思爲湖廣平章，與左丞散竹觧、陝西楊參政，給軍需。凡有軍事，聽也速觧兒、劉二拔都兩人節制，並便宜行事。

四月，那由、普利逼烏撒烏蒙宣慰使兼管萬户阿都合棄城走。時陝西調軍二千人，會合收捕三百人，守播州小溪，以遏烏撒蠻充斥之路。雲南調軍三千人，屯陸梁州，五百人駐西曲靖州，二千人護中慶。也速兒與雲南兵共進，悉次第討平之。

烏撒土官禄余。至順元年，諸王秃堅叛於雲南，詔以禄余爲行省參知政事，使助官軍討之。禄余殺宣慰使，降於萬户伯忽，秃堅黨與也。初，秃堅在上都，兵敗而逃，與伯忽、阿禾等陷中慶路，尋又陷仁德府，至馬龍川，秃堅自立爲雲南王，至是禄余應之，以蠻兵據順元。

五月，羅羅斯土官撒加伯、阿漏、阿剌里，州土官德益等，皆附禄余以叛。會四川軍至雲南雪山峽，遇羅羅斯，敗之。

廷議復立行樞密院，發朵甘思、朵思麻及鞏昌諸軍，命河南平章徹里帖木兒同武靖王搠思班由四川，陝西平章教化從豫王阿剌忒納失里由八番，夾攻之。撒加伯合烏蒙蠻兵攻建昌，右丞躍里帖木兒敗之。四川軍又敗撒加里於蘆沽。然秃堅、伯忽勢張甚，禄余令伯忽弟拜延順襲順元路，撒加伯遣把事曹通，潛結西番，欲據大渡河，進寇建昌。躍里帖木兒執曹通斬之。

詔趣兩省各進兵，於是四川平章塔出引兵出永寧，左丞孛羅引兵由青山芒部，以邛部州土官馬伯爲鄉導，進至周泥驛，禄余衆潰。撒加伯復攻建昌，躍里帖木兒敗其兵於木托山。仁德府權達魯花赤曲朮，糾義旅討伯忽，殺其弟拜延順於馬金山。再戰於馬金山，獲伯忽，誅之。

獨禄余猶據金沙江，塔出抵烏撒境，與禄余戰於七星關，六日十七戰，賊大潰。俄而搠思班師次羅羅斯，與躍里帖木兒期至三泊浪。躍里帖木兒兼程而進，奪金沙江，阿禾引蒙古叛軍至，敗之，阿禾夜遁。官軍直趨中慶，擒阿禾，斬於軍前。既而，禿堅拒戰於伽橋古壁口，躍里帖木兒中流矢，洞耳，拔矢復戰，大敗之，遂克中慶。分兵追禿堅於嵩明州。

明年正月，徹里帖木耳、孛羅等敗蠻兵，射中禄余肩，降其衆。禿堅使其弟必剌都失迷僞降於豫王，陰以兵圍之，平章乞住妻子皆被掠。禿堅固守嵩明，諸軍亟攻，克之。禿堅不知所往。未幾，撒加伯復叛，禄余又會伯忽姪阿福，殺烏撒官吏。朝廷遣西域指揮使鎖住，以陝西兵直抵羅羅斯，碉門兵直趨邛部州，大敗蠻人。元帥怯烈破其海中山栅，必剌都迷失舉家投海死。

八番順元諸蠻。又名亦奚卜薛。至元十五年，羅殿酋羅阿察、河中府方番酋韋昌盛，皆納土來降。

十六年三月，西南八番等卧龍番酋龍昌寧、大龍番酋龍延三、小龍番酋龍延萬、武盛軍番酋程延隨、遏蠻軍番酋龍羅篤、太平番酋石延異、永盛軍番酋洪延暢、静海軍一番酋盧延陵，皆來降。其部曲有龍文貌、龍章珍、黄延顯、盧文錦、龍延細、延回、龍四海、龍助法、龍才零、龍文求等。朝廷立八番宣慰使司以統之。

十一月，宣慰至新添，遣千户張旺招羅氏國，惟賀宗一寨投降，餘皆迎敵，旺敗之。至羅崩寨，賊又與總管王采戰，皆披甲，戴紅氊帽，采遇害。未幾，又戰於大吴。

十二月，宣慰使至番中，召集土番酋，以四日集卧龍番，受宣命。至期俱來，惟諸番盧番延陵，爲羅氏酋阿察執去。阿察初已納款，後與鬼國結婚，鬼國言：「我未降，爾奈何先降？」羅氏遂毁虎符以叛。羅氏，又名羅殿。事聞。

十七年，四川蠻吕告部酋阿濟上言，乞招阿察，從之。既而命湖廣省及雲南、四川進討。八月，阿察遣阿㤰、阿麻二人至四川諸蠻夷部宣慰使司，自言：「無反意，但雲南平章聽我讐人烏鎖納之言，羅織我罪，朝廷不知我，今赴闕聽聖裁。」雲南左丞愛魯、四川都元帥也速解兒，期以十一月十五日，會亦奚卜薛。至期，愛魯與阿察戰，也速解兒命萬户彭天祥、藥刺海、帖木兒脱歡分三道攻會寧關，亦奚卜薛遣其部落，阿侯拒戰，敗，逃入山箐。亦奚卜薛奔雕飛砦，阿寧走大寧。愛魯等進兵，也速觧兒曰：「賊已離巢穴，今發烏撒、播州及南省近地兵，足以勦除。我等可回，不然曠日持久，糧乏瘴起，不便。」事聞，上命藥剌海守其地。久之，賊窮困，以二十年二月納款。

二十九年，降詔招懷溪洞蠻夷曰：「中書省奏：金竹知府騕臚言，先奉聖旨招諭平伐山齊砦主謔薛約定奪，今有百眼左阿吉谷各當各迪等，自以外荒，久欲内附，乞頒聖旨，容許自新。朕嘉其誠，遂俞所奏。今諭爾衆，咸聽朕言。惟爾鄰封，率多臣服，自番方而入貢，尋萬國以來庭。南順丹州，北懷金竹，陳蒙爛土，頃已從風。新添葛蠻，久皆款化。咸膺寶命，仍佩金符，賞賚有加，官守如故，爾等如能率衆效順，同仁一視。儻爾迷之不悟，是伊戚之自貽。勉思轉禍之言，當體好生之意。」

元貞二年六月，平伐鄰界、平珠、瀘洞砦主王二原、謝鷄公、韋巴郎、楊義等十八處等官，來雲南省告降。行省差官入洞撫諭。

至大德元年四月，平珠洞宿家、沙家二族賫進呈禮物，出洞道，經新添葛蠻宋氏之村頭水底砦，宋氏怒二族不由己以降，乃遣上都雲長官落冒，率衆遮道，奪進物，二族逃散，破劫韋巴郎砦。

五月，宋氏復令平浪巡檢歐陽濯龍與其下大洞李巴林竹哥等，率木栳六十餘人，劫平珠洞蠻官足萬金婆南大砦，逼使背雲南之命，從己求降，不從，濯龍掠去足萬金從人足萬雷等。及進獻方物，實招到平林、獨山、州摇、和洞、唐開、珠羅等處八百四十四砦，民五萬餘，朝廷立長官司以統之，而以蠻婦阿初充長官。

大德二年四月，八番桑拓蠻王二萬、馬蟲等叛，殺巡檢。三萬尋出降，馬蟲聚七千餘人，陷平包砦，圍重奥砦，又與叛猫犵狫必際等，結連甕槐、了江等處猫人作亂。三年，命湖廣平章劉國傑征之。

四年正月，猫桑拓遣所部文何，持竹契、長刀及方物來降。潘州宣慰司以爲，蠻苟逃禽戮，亦須招撫。而黄平府亦上言，桑柘附近之重奥、必際、都陣、仡佬、必梅等二十二砦，刻契來降。七月，桑柘蠻及思官賊梅金匣、播州楊金萬、必梅砦王娘報等三百餘砦，皆降。

五年六月，八番宣慰使言：黨兀自降至今，八年不供賦役，所部娘祖、大盤、小盤、白定、白藥等蠻，先結連平伐蠻，叛劫先宗砦，圍吴卜弄砦，射猫民阿羊、金埧皆死，官軍捕班夏濬家蠻，黨兀遮道助其拒敵。今年正月，又使板橋郎來重陂等砦猫、燒劫百納砦。宣慰使令馬上橋、金竹府備之，且以兵討之。黨兀年七十九，老不能出，遣其砦主的拗及子黨砦的沙、勇强砦的福三人出降。的拗等又與黨幼鬼砦王陳醒、朱蓋砦主樓地之弟楊八、小盤砦主騰香等共誓不叛。

至大二年三月，八番蠻割和寨主谷皺〔二〕、谷霞砦主洛驃、剌客砦洛卜傍、吾狂砦的搗、谷浪砦只驗，皆降，詣闕朝覲。

三年，八番玩西猫蠻阿馬害作亂，詔捕之。

四年春，阿馬與其洛羅洛登各替，及脅從蠻官卜制頭之子哥暮，出降。

至治二年六月，八番蠻官閉羅藹與其屬十嵓讐殺。七月，百眼佐等處蠻夷長官司言，康佐砦主老康糾合谷聳砦主恰信等，殺巡檢王忠，拘長官洛邦，又殺土官蒙卜郎作亂，宣慰使發官兵討之。

三年正月，八番呈周砦主韋光正等，殺牛祭天，立盟歸降。自言有地三千里，九十八砦，係暢黄五種人氏，二萬一千五百餘房，光一等二十三人領之，願歲出土布二千五百疋爲租入。

田萬頃，泊厓洞蠻酋也。其地界辰、澧二州，至元末内附，以其地爲施溶州，萬頃爲知州。未幾，扇誘諸蠻，與楠木洞酋孟再師、桑木溪洞酋魯萬丑等同叛。成宗即位，遣行省平章政事劉國傑討之，辰、澧二州總管府供給饋餉。上均州副萬户田興祖，諳習蠻洞地里，國傑命繪圖以進。使部將唆木蘭，萬户闊脱、忽都海牙、拜藍、馮繼祖從澧州武口進兵，自率萬户别里哥不花、朵落觧兒、田興祖從會溪施溶口進兵。是年十二月，破泊厓、楠木諸洞，獲萬頃、再師等，斬於軍門。元貞元年二月，振旅而歸，留興祖搜捕餘黨。二年春，魯萬丑降。

宋隆濟，雍真葛蠻土官也。大德五年叛。初，朝廷詔湖廣、雲南兵二萬征八百媳婦，湖廣兵命左丞劉深等領之，取道順元番進討，令雲南左丞月忽乃，招答剌罕軍，入境調用。命新添葛蠻軍民宣慰使，自琅詡驛，經平規蠻峽，至順元噥聳等砦，斟酌日程，分六處安營，備饋運、丁夫、馬匹，俟月忽乃至點視。而雍真葛蠻、乖西等部，當出丁夫、馬百匹。文書至，隆濟乃言：「猫人犵狫，謂官欲髡其髮，印其面上，送軍三四年不返，寧死不往，雖就砦見殺可也；以此觀之，夫不可差。」同官雍真總管府達魯花赤也里干曰：「然則起爾宋氏盡行。」隆濟曰：「吾往訴之宣慰司。」遂行。

六月，隆濟構木婁等族作亂。其姪臘月、宋六分、靳斤等告也里干，使爲備。也里干遂避於底窩楊黄砦。明日，隆濟率臘月弟不奴部家童農觧、洛中、段剌、答洛、忙中等五百人，攻楊黄砦，燒雍真總管廨舍。奴都保葛海又報隆濟以一仇二天，與阿昔長官爲號，糾其同叛。又有紫江賊助兵四千，破楊黄砦。也里干走，掠去總管府印，殺也里干奴阿麻妻忙葛農等。是日，龍骨長官阿都麻殺生祭鬼，誓衆應隆濟，亦謂：「官拘壯士，黔面髠髮充軍，或殺虜我家，亦不可知，寧死不離此土。」又脅底窩總管龍郎，與古龍馬阿都所部不這、羅鬼、阿開、阿嬌等仡佬，抵阿觧砦，拒落邦劄佐長官司止十里，聲言欲攻劄佐，遂破底窩砦。又欲攻隴兒砦，自貴州至新添界噥聳陂，北至播州界刀項路及卜鄧加鶴鳴等站，皆被焚劫。又遣中火紫江篤猫，脅巡檢同叛。尋攻貴州，殺散普定龍里守令軍，燒官糧，殺張知州。

七月，梁王下令湖廣、雲南、四川三省，會兵討捕。

八月，雲南平章牀兀兒入順元，與賊戰，數敗之。時水西、水東蠻俱叛，牀兀兒遣人招水西土官之妻蛇節，不出。蠻人洛暮報云：「者阿泡言，蛇節已反，統青衣軍圍貴州甚急。」

十一月，詔：「宋隆濟妄説驚擾事端，糾合蛇節及羅鬼酋長阿合女讐，相扇作亂，特遣湖廣行省平章政事劉二拔都、指揮使也先忽都魯率兵，及思、播宣慰賽因不花等土兵，與四川、雲南省分道並進。别勑梁王率兵進討。悔罪來歸者，復其官爵。能殺賊酋或擒獻者，賞。執迷不悛者，殺無赦。一切事宜，並從劉二拔都等區處。」

初，官軍調人夫馬匹，亦奚卜薛之子嵝日，人馬不辨，官鎖其項。嵝日恥忿，與隆濟議，糾合阿八、阿納、許波、泥帖等反。烏撒總管那由言：「爾兵若破貴州，鴨池之事容易，我將圖之。」遣其族阿雄、阿行、頭佐助兵。至是，賊益滋蔓。行省令土官普利，買馬助軍。普利稱：「軍馬價不用䀚，非金不可。」觀望不肯進。是月，土官烏犀叛，行省討之，敗走禄豐砦，劫梁王位下財䀚。

六年正月，官軍以隆濟九次攻貴州，糧盡退還，賊邀於花猫、牛場二箐，及長脚木狫，截萬溪山杪木南箐、鐵門關沙樹猫北箐，殺傷甚衆，掠去行裝文卷。時江頭、江尾、和泥等二十四砦，龍馮蹄一十八村，皆叛。二月，四川宣慰使汪惟勤與湖廣平章會兵播州。三月，至打鼓砦南木爪垻，遇賊阿氈，敗之。九月，劉平章使土官俠者，潛刺殺阿泡。蛇節駐兵折刺危木，以待官軍。十月，蛇節敗，遁去。陝西兵敗芒部叛蠻鬼旺納濟等，與雲南、湖廣軍合，過泊飛關，追蛇節。

七年正月〔三〕，劉平章至阿加砦，追及蛇節。二月，蛇節出降，黨曲捧阿暮等四十餘人皆出。詔斬蛇節及曲捧阿暮等，尋擒斬宋隆濟，惟金竹賊月下卜蘭遁去。

廣西上下江諸蠻。至元十三年，知來安軍李灘屏、知來安軍兼知湅州事岑從義降。十五年，田州、上隆州、下隆州、武隆州、兼州、黄漢槐思恩州，八中温閏砦，頻洞、計洞、滲洞、在洞、上下雷洞、上下影洞，皆降。

十七年，廣州海港賊霍公明、蘇俄、細麥、嬰上等，殺招討馬應麟，捕斬之。

大德七年四月，藤州大任洞賊黃德寧，殺牛犬祭兵，僭號，造妖言，劫掠。僞稱皇帝李龍神，定國公黃佐，丞相黃德寧，立國公皇羅榮，開國飛童黃京夫，王朝化民衙主黃汝妙，六部尚書潘罡、玉精，光禄大夫兼管生民殿前太尉彭元吉，殿前引兵斬斫使莫道名，都統幹、太師黃勸。賊設醮筵，門首横寫大字牌曰「建慶賀新君登極太平道場醮筵」，呼萬歲，又曰「願我皇帝早登九五之位」。四月九日，以黑漆木椅爲亭屋，持兵張旗幟，鳴金鼓，至巫烈山，迎李龍神，進銀慶賀。德寧家有大字黄紙神牌，寫「上祝新君李萬歲」。其曉民榜示曰：「照會穹庭，發下寶物，付李皇帝掌握。日後統九五之位，運半千之慶，統成一天。今李皇帝編排得力，得衙主，差一十八司，及府額六百十四軍州，七十餘縣。後安天之日，命令衣冠、圭簡、靴帽、殺活杖、玉璽，計七事，給付李皇帝掌管。今十分之民，七分不信，三分須信。五月，輕差兵車，收不信中民一千之數。尚慮累及信民，今發曉民榜一道，付右蠻衙曉示信民。至日，兵馬行，令有誥者免罪，無誥者定行誅戮。玉印朱文，預先榜示。故榜，並令知悉。」

九年四月日，榜封民倉帖云：「逆民禾倉德寧，又名萬頃，與父璋信，先曾叛逆出降。

有司謂其三代爲寇，六次叛伏，今不可赦。」尋皆捕獲伏誅。八年，都窩洞賊叛。

至大二年，常豐洞蠻大弟什用，糾集洗王不鬼散毛等洞蠻，劫掠永寧之阿那禾呰。

延祐二年，靖江古縣羅蠻洞猺賊，劫掠燒架閣庫文卷，縱獄囚。四年，招出猺人趙你、十七潘仆等，殺獲石倉團侯重用，及秀秀嶺頭團、白團、提江團、淋背團、領豚團等賊。重用能祭雷雨通陰陽，至是就禽。十年十一月，左州黄郎君劫掠湪查村。

至治元年，太平路賊趙郎陳叛屯粘村。二年，廣西宣慰使燕牽言：「猺族非一，生於深山窮谷者，謂之生猺，野處巢居，刀耕火種，採山射獸，以資口腹，標槍藥弩，動輒殺人。其雜處近民者，曰熟猺，稍知生理，亦不出賦。又有撞猺，則號爲兵官守隘通道，於官有用。自宋象州王太守，始募熟猺，官供田牛，以供此役，至今因之。爲今之計，莫若置熟猺與撞猺，並爲撞户，分地遏賊爲便。」從之。

黄聖許，上思州知州。至元二十九年，聖許反，聚二萬人，斷道路，結援交趾，借兵攻邕州。遣副樞程鵬飛討之，聖許敗，率三十人奔交趾。既而復至邊地攻劫。三十一年，同知兩江宣慰司事楊兀魯台上言，能不用兵招降聖許。從之。八月，聖許劫幫團長山隘，又與交趾興道王結婚。未幾，詔赦聖許罪，許其自新。聖許經一月不肯出，復以二萬人討之。

時賊屯上思州那答栅、三忒栅、細良栅、石佛栅、那結栅、那次栅等處，楊兀魯台上言：「聖許兩招不出，令子志寶同大小頭目一千餘人來言，聖許曾對天陳誓，不肯出官。賫到降狀稱，楊兀魯台賫聖旨來招，豈不欣悦？望北謝恩外，聖許雖有誓不出，實願投降，當令兒孫頭目出官，聖許還本州，招集逃户復業。」行省以聖許不出，依前進討。

三月十九日，聖許生日，坐草房正廳，紫羅盤領衫，裹布，金帶，據銀交椅上，懸朱漆金字闕碑，參賀，人三呼萬歲。明年正月，聖許駐上牙六羅茅山林，既而兵敗，自兜半山走交趾亨村晚夢。久之，聞官軍回，復還，由旁村至峙細潛居。官軍約十月一日會合，進討，聖許敗，獲其妻女。

大德元年二月，聖許遣其子志寶賫狀赴廣西兩江道宣慰司出而赴闕。尋詔聖許朝京師，聖許不肯，挾志寶走交趾萬寧寨。志寶不聽，逃回訴于官。

六年，聖許復回故地，居鳳凰舊巢，攻團諸屯、仙洞屯。既而又使人來告降，且乞還其所虜之妾，朝廷羈縻之。

延祐元年正月，聖許陷忠州，殺黄知州等。六年，聖許族人黄萬山、萬松壽攻古能村、戈村，劫殺歸龍團皮零洞。至治三年，聖許壻黄縣官攻劫邕州渠樂墟。後不知所終。

岑毅，鎮安州鎮撫。至元十八年，舉兵反，與特磨道農十貴書曰：「設有達達軍馬來起差稅，吾與爾皆一家之人，圍裹戰殺，實不願作大元百姓。」於是放兵攻劫，殺順安州李顯祖。官軍討之，出降。

大德十一年，左江來安路總管洞兵萬户岑雄作亂，殺其姪世傑。

延祐七年，來安總管岑世興反。十二月十七日，燒田州上林縣那齊村。明年二月，殺懷德知州溪順武，奪州印，又攻那帶縣。世興尋出降，稱：「洞溪事體與内郡不同，自唐、宋互相讐殺，並不曾殺官軍，侵省地。」廣西道又上言：「世興嘗殺兼州知州黄克仁，分食其尸。」世興，雄之子也。

海北海南諸蠻。至元二十八年，瓊州安撫使陳仲達上言，乞招生、熟二黎，許之。招到本州生黎大踢、小踢，端趙、麻山等四洞王氏平等出降。

皇慶二年，黎賊王奴毆等反，僞稱平章、元帥，焚劫百姓。三年正月，奴毆等降，刻箭誓不復亂，使之歸業。然羅襖等處兵未散。延祐二年十二月二十三日，黎盜百餘人入横州永淳縣，殺達魯花赤，傷縣尉，走賓州古辣村。

至治元年九月，黎賊犯茶洞，燒民居。二年七月，黎人王火燒攻劫百姓，捕獲其黨蒙甡甘佛龍彭瘦等，火燒劫獄奪去，又陷南偏洞砦，殺夯采等。

四川溪洞諸蠻。至元十四年五月，降旨付西川諸蠻夷部宣慰使昝順，使招思州田景賢、瀘州可南番蠻王阿永、叙州筠連膽串、豕鵝、昔霞等處諸族蠻夷。

十五年，叙州剥骨蠻殺使者。十七年六月，施州市備、大盤、散毛等洞溪納款。十九年，發都掌阿永等民爲兵，征答馬剌。都掌等上言：「宋時未嘗僉軍，乞以馬牛助軍需。」從之。未幾，征亦奚卜薛，起軍酋長阿峻等，亦不從命。二十二年正月，討降又巴聳農洞諸蠻。

三十年十月，西川行樞密院奉詔征鐵茂州、汝州西番蠻夷，其殺戮降下者，必力溪等十五砦。其砦酋曰：牛特，蛇必，烏麥，蒲雪韋吠，舍具，得輪，只禪，非曰，東非，勾巴等也。其未附者：西番螘磨，嬲成，獨奏罷，强獐徹垓，顔蘇，五則，客客昔多，坡必力，元剌，新而元，立山等也。

六年〔四〕，陝西平章也速答兒奉命討順元、羅鬼、烏撒、烏蒙、東川、芒部叛蠻。九月，也速答兒自叙州慶符直衝矣娘州烏嚴，參政阿答赤自長寧直衝芒部，降者十有八九。回軍就糧，至永寧，阿永蠻雄挫，藏八番反蠻蛇節部曲阿氈，及其妻折射折利，及芒部納即弟卧蹈故，於七年二月反於赤水河。也速答兒就討之，射死阿氈，奪其金裹甲、鑊子槍，九戰得出叛境。

閏五月，雄挫妻蘇池與招降官蔡閏文字一紙，略曰：「阿其阿卑賫得榜文，我住在山箐，别無同伴蠻官，我自來不管官事。順元結連諸夷作亂，差人邀我同叛，我雖是親戚，不曾聽信。」又言：「聽得羿子殺訖使臣，不是蠻官本情，我親去單洛具與衆蠻官報知，然後出來軍中。」再令閏往招雄挫。

六月，遣阿加阿抱持文字來，大意謂：「我不反，使臣貪婪所致。」十四日，雄挫遣牌頭阿底下夷人阿大，遞文字降。陝西省右丞稱病不出，但令永寧路同知阿況之子委界赴官，蓋其叔父也。又與必能阿模同行。朝廷必欲令雄挫入朝，移文行省，不出則進討。十一月，雄挫呈，擇二十四日起程。續又呈，再擇十二月初三日狗日出部。二十四，到魯槽，與其部曲他阿，把事頭目各省、未未等二十九人，赴京都，賞衣服、弓矢，鞍轡放回。

至大元年二月，大弟什用集洗王、不鬼、散毛等洞兵，侵者等洞。既而出降，遣墨施什用、答旲什用赴闕。五月，歸州巴東縣唐伯圭言：「十七洞之衆，惟容米洞、罔告洞、抽攔洞有壯士兵一千，餘皆不足懼也。若官軍討之，可分四道：其一自紅鈔賽，直趨容米、玩珍、昧惹、卸加、阿惹、石驢等洞；其一從苦竹砦，抵桑廚、上桑廚抽攔洞；其一由紹慶至浲摩大科、陽蔓師、大翁迦洞；其一徵又巴洞，大弟什用洞兵接應。如此可平。」行省上其事，不報。

至治二年，散毛洞大望什用，劫掠黔江縣五里荒。三年五月，順元洪番安撫劫掠卜哥所管砦民。

【校勘記】

〔一〕「觧朵」，原倒作「朵觧」，據上文、佚名《招捕總録》及蘇天爵《國朝文類》卷四一《招捕》及上文乙正。

〔二〕「谷皺」，疑誤，佚名《招捕總録》、蘇天爵《國朝文類》卷四一《招捕》均作「各皺」。

〔三〕「七年」，原作「七月」，據佚名《招捕總録》、蘇天爵《國朝文類》卷四一《招捕》改。

〔四〕「六年」上，脱「大德」二字，當補。佚名《招捕總録》、蘇天爵《國朝文類》卷四一《招捕》、萬曆《四川總志》卷二一《叙瀘諸夷》均同。按曾廉《元書》卷六《成宗本紀第六》大德六年四月「也速荅兒分軍進擣烏蒙、烏撒、東川、芒部、阿永及武定、威速、普安諸蠻，以次平之」。

新元史卷之二百四十九　列傳第一百四十六

外國一

高麗

高麗自後唐明宗長興元年，王建始代高氏，明宗封建爲高麗國王，世次俱見前史。自建傳至瞮，三百餘年未易姓。

太祖十一年，瞮即位之三年也。契丹人鵝兒乞奴等叛蒙古，引兵數萬渡鴨緑江，侵寧朔。是時，金宣撫使蒲鮮萬奴據遼東，僭稱天王，國號大真。金人再牒高麗乞糴，以濟軍儲，高麗不應。鵝兒乞奴等進寇安、義、龜三州，據江東城，移書高麗，自稱大遼。西京兵拒戰，互有勝負。

十二年，金人再牒曰：「叛賊萬奴本與契丹同心，若併兵侵入貴國，其患不小，請彼此夾攻之。」既而萬奴果以兵陷大夫營。

十三年，太祖遣哈真及札剌亦兒台率兵一萬，與萬奴所遣完顔子淵兵二萬，合攻契丹。

十四年春，瞮遣大將趙冲、金汝礪率兵，會哈真等圍江東城，契丹開門出降。哈真遣蒲里岱完等十人賫太祖手詔來議和，瞮遣侍御史朴時允迎之。蒲里岱完至館外，遲留不入，請國王出迎，譯者再三敦譬，始就館。明日，引見蒲里岱完上殿，出懷中書，執瞮手授之。瞮變色，左右皆遑遽。及還，贈金銀器、紬布、水獺皮有差。是年，哈真遣屬官十一人，萬奴亦遣使九人，至高麗督歲幣。

十六年，斡赤斤大王遣著古與等十三人來，頒詔書於高麗，與萬奴使同至。著古與等索獺皮萬領、紬三千匹、綿一萬斤，他物稱是。乃下殿，各出懷中物投於地，皆前年所貢麤細布也。又出元帥札剌亦兒台書，亦索獺皮、紬、棉諸物。未幾，斡赤斤又遣者别將命至，瞮欲拒之，其羣臣曰：「彼衆我寡，不可侮也。」瞮不悦。

十九年，萬奴牒高麗曰：「成吉思老師絶域，不知存亡。斡赤斤貪暴不仁。請絶其使命。」瞮不從。斡赤斤遣札古也來等十人，又遣著古與等十一人至，俱徵歲幣。

二十一年，著古與等返至鴨緑江，爲盜所殺。札剌亦兒台疑瞮所爲，遂絶好。

太宗三年，札剌亦兒台來討殺使者之罪，圍咸新鎮，克鐵州，屠之。進圍西京，高麗兵拒戰，敗之。㬐遣使犒師，札剌亦兒台乃自稱權皇帝，責之曰：「汝國能守則守，能戰則戰，能投降則降，宜速決。」自十月至十二月，大兵攻西京不下，議和。㬐遣其淮安公侹以金銀器及獺皮遺札剌亦兒台，又遺唐古迪巨及札剌亦兒台之子銀紵鞍馬。札剌亦兒台遣使，以太宗璽書來索金銀、衣服，馬二萬匹，男女各千人。乃以黄金七十斤、白金一千三百斤、襦衣一千領、馬一百七十四，及獺皮等物遺之，又以金銀等物贈其妻子及麾下諸將，奉表稱臣。

四年，復遣通事池義深等致書於札剌亦兒台。四月，遣上將軍趙叔昌、侍御史薛慎如奉表來朝，獻土物。札剌亦兒台執義深等送於行在。

是年，權臣崔瑀脅㬐遷都江華島，瑀遣宦者尹復昌至北邊諸城，逐蒙古所置達魯花赤。復昌爲宣州達魯花赤所射殺。閔曦與崔滋溫謀殺西京達魯花赤，城民叛執崔滋溫等來降。是年，札剌亦兒台攻處仁城，有一僧避兵城内，射殺之。

五年，太宗以高麗五罪，布告遠近曰：「自平契丹賊，殺札剌亦兒台之後，未嘗遣使赴闕，罪一也。命使賫訓言省諭，輒敢射回，罪二也。爾等謀殺著古與，乃稱萬奴部衆殺之，罪三也。命汝入朝，爾敢抗拒，竄於海島，罪四也。汝等民户不拘執見數，輒敢妄奏，罪五也。」

是年，西京人畢賢甫、洪福源等殺宣諭使鄭毅、朴禄金，以西京叛。崔瑀遣其家兵，與閔曦討之，獲賢甫，腰斬於市，福源來奔，擒其父大純及弟百壽。遷遺民於海島，西京遂爲邱墟。

八年，大兵渡義州江，克黄州，掠介、定、慈諸州。十年，大兵至東京，瞮遣其將軍金寶鼎、御史宋彦琦來乞和，且上表自辯。

十一年，太宗遣甫可阿叱等二十人，又遣甫加波等一百三十七人，賫璽書諭瞮入朝。明年，又遣多可等十七人賫璽書諭之，瞮乃以族子永寧公綧爲己子，率大臣子十人入質爲禿魯花。

乃馬真皇后稱制二年，再遣使來獻方物。

定宗二年，元帥阿母侃以兵入鹽州。

憲宗二年，遣多可阿士等三十七人來，憲宗密勅使人曰：「汝至，國王出迎於陸，雖百姓未出，亦可恕。不然，當俟汝歸，發兵討之。」及多可等至，瞮遣其宗子新安公佺出迎，請使者入梯浦館，瞮乃出見。多可等怒，不成禮而還。帝乃使阿母侃、洪福源等分道伐高麗。元帥也窟大王遣人傳詔於瞮，以六事責之。瞮復書於也窟曰：「小邦臣服上國以來，一心無二，竭力供職，庶蒙庇蔭。不意天兵奄臨敝邑，舉國競惕，罔知其由，惟大王哀憐之也。」窋謂使者崔東植曰：「皇帝慮國王託病不朝，欲辨其真僞耳。」瞮復遣其大將軍高悦致書於也窋，也窋留悦及崔東植，遣其副歸。瞮召其文武四品以上議却兵之策，皆曰：「宜請太子使於蒙古。」三月，瞮傳位於太子倎倎，尊瞮爲上王，遣其子昷及大臣金文衡入朝，留昷爲禿魯花。也窋與瞮書，欲置達魯花赤，及毁江東城，使者胡花亦索金銀、獺皮。瞮答也窋書曰：「前者僕射金寶鼎還，大王諭以若能出迎，使者即當回軍。竊惟出迎使者，近無其例。况值天寒風勁，以老病之軀，豈能涉海？然大王之教不敢違也，祇率臣僚出迎使者，意謂大王不違舊約，即日班師。今承明教，有留兵一萬，置達魯花赤之語。若果如此，安得保無後患？請寢此事，以惠東民。又小邦俗不露居，兼防海賊鹵掠，是以未即墮毁城垣，後當如令。」十二月，遣安慶公淳入朝。

明年，淳至營中，設宴犒師阿母侃等南還。也窋又遣多可等來，諭以陸侍中、崔沅等不出，未爲真降。瞮徵趙邦彦等議其事。是年，大軍所過，俘男女二十餘萬，死者不可勝計，郡縣皆爲煨燼焉。

六年，瞮聞大軍將攻諸島，遣李廣等率舟師禦之，大軍戰不利。永寧公綧等遣使來言，若國王迎使者，太子入朝，兵可罷。瞮曰：「倘得退兵，何惜一子？」已而羣臣請遣太子講和，瞮又不聽。自是使命往返，至八年四月，始遣太子倎奉表入朝，以李世材、金寶鼎等四十人從之。倎至虎川，大雨，從者請留，倎不許，遂至東京。東京人曰：「大軍明日將赴江華，幸早至一日也。」倎見松吉大王，松吉曰：「王京猶在江華，安能罷兵？」倎曰：「大王嘗言，太子入朝則罷兵，故今日我來。兵如不罷，百姓畏懼逃竄，後雖敦諭，誰復聽大王之言者？」松吉等然之，遣使來言墮城之事。於是墮江都外城，使者督役急，百姓不堪其苦。俄又墮内城，使者始返。

是年六月，㬚卒。㬚在位凡四十六年，謚曰安孝王。

㬚既卒，其大臣金仁俊以倎入朝，乃戎服率甲士奉大孫諶入宫，權監國事，遣朴天植來告哀。七月，大兵入青松、安嶽、豐海諸州，憲宗賜諶詔曰：「每年爾以出島爲言，依爾所奏居於陸地，已降宣諭訖。爾自違原奏，屢發狂詞，將不恤生靈之命。今崔令公已行殺訖，爾未降時，凡歸附之高麗人，令爾管領或不令管領，臨時朕自裁焉。」崔令公者，崔誼也，擅政權。是年，柳璥、金仁俊等誅，誼復政於㬚，故詔書及之。

初，朴希實等入貢，覲憲宗於行在，帝曰：「爾國王每食言，爾等何爲來耶？」希實具陳㬚意，仍奏請罷西京義州屯兵。帝曰：「爾等既誠心歸附，何憚兵駐爾境内？且西京嘗爲我兵駐處，第勿令侵擾耳。太子之行，不出爾國，可與俱還。如入吾境，其單騎來朝。」是年，憲宗崩。

明年，世祖自鄂班師，倎赴憲宗行在。道過潼關，官吏迎於華清宮，請浴温泉。倎謝曰：「此唐玄宗所浴者，雖異代，人臣安敢褻乎？」至六盤山，聞憲宗崩，遂南謁世祖於襄陽。世祖驚喜曰：「高麗萬里之國，自唐太宗親征不能服之，今其世子自來歸我，此天意也！」命倎從車駕至開平府，及聞瞰卒，乃命達魯花赤東里帶等護送倎返高麗。江淮宣撫使趙良弼言於世祖曰：「高麗雖名小國，依山阻海，國家用兵二十餘年，尚未臣附。及太子來朝，適先帝西征，留滯者二年矣。供張疏薄，無以懷輯其心。一旦得歸，將不復至。宜厚其館穀，待以親藩之禮。今聞其父已死，誠能立倎爲王，送之還國，必感恩戴德，願修臣職。是不勞一兵，而得一國也。」陝西宣撫使廉希憲亦言之。世祖然之，即日命改館禮遇有加。未幾，使荆節等二十五人賫璽書賜高麗，曰：

我太祖皇帝肇基大業，聖聖相承，先降後誅，未嘗嗜殺。凡列邦諸侯，分茅錫土，傳之子孫，孰非向之仇敵？觀乎此，則祖宗之法不待言而彰彰矣。今普天之下未臣服者，惟爾國與宋耳。宋所恃者長江，而長江之險已失，鼎魚幕燕，亡在旦夕。爾初以世子奉幣納款，束身歸朝，含哀請命，良可矜憫。故遣爾歸國，完復舊疆。用是戒飭邊將，斂兵待命。迨逾半載，乃知爾國内亂渝盟，邊將復請戒嚴。此何故也？以謂果内亂耶？權臣何不自立而立世孫？以謂傳聞之誤耶？世子何不之國而盤桓於境上？豈以世子之歸愆期，而左右自相猜疑，私憂過計而然耶？今申命邊閫，斷自予心，惟事推誠，一切勿問。宜施曠蕩之恩，以新遐邇之化。自尚書金仁俊以次，中外枝黨、官吏、軍民，令旨到日，已前或有首謀内亂，旅拒王師，已降附而旋返，因仇讎而擅殺，罪無輕重咸赦除之。世子其趣裝歸國，解仇釋憾，布德施惠。出彼滄浪，宅之平壤。凡可援濟，罔憚勤勞。大號一出，予不食言。於戲！世子其王矣，往欽哉！恭承丕訓，永爲東藩，以揚我休命。

時世祖尚未即位，聞倎至西京，留八九日，疑有變故，故肆赦以安反側云。四月，倎即位，世祖復遣奇朵台以璽書賜之。倎流其刑部侍郎李凝於遠島。初，凝從倎至大都，謂永寧公綧曰：「公若欲爲王，誰曰不可？」倎銜之，故及於罪。倎爲世子時，有美譽。及嗣位，聚宫女於水房，恣爲淫泆。其御史大夫金仁俊乃移置水房於外。是年，倎改名禃。

中統三年，遣其判祕書省事朴倫等來貢方物。四年，遣其禮賓卿朱英、郎將鄭卿甫來獻獺皮等物，又遣其大司成韓就來賀正旦，兼謝賜羊。明年，就還，帝以曆日及西錦賜之。

至元元年，禃入朝。九月，至大都，世祖賜禃駱駝千頭。十二月，禃還。

至元三年，帝遣黑的、殷弘賫璽書賜禃曰：「爾國人趙彝來告，日本與爾國爲近隣，漢、唐而下，亦時通中國。故今遣黑的等往日本，欲與通和。卿其導使者以達彼疆，勿以風濤險遠爲詞，勿以未嘗通好爲解，恐彼不順命，有阻去使。卿其勉之！」禃乃命宋君斐等偕黑的、殷弘至日本。

四年，黑的等至巨濟松邊浦，畏風濤而返。禃又命君斐從黑的入朝，奏其事。世祖復使黑的等來，禃遣舍人潘阜賫璽書及高麗國書如日本，日本不答。

五年，世祖使也孫脱、孟甲等來，諭禃以大軍伐宋，量助兵力船艦。禃奏調發萬人，其戰船則委沿海官吏營造。是年，黑的、殷弘又賫璽書賜禃，遣其知門下省事申思佺等偕黑的、殷弘如日本。黑的等至對馬島，執日本二人以歸。

十年，權臣林衍率三別抄等詣安慶公淐，第奉淐爲王，逼遷禃於別宫。衍遣舍人郭汝弼進禃遜位表，淐尊禃爲太王。世祖疑之，遣斡脱兒不花、李諤與世子書狀官金應文偕來，察其事之真僞。詔：「有敢將國王、世子并其親屬加害者，殺無赦。」

是年，兵馬使營記官崔坦等以誅林衍爲名，聚衆入椵島，殺分司御史沈元濤等以叛。未幾，又殺西京留守及龍、靈、鐵、宣、慈五州官，西北諸城皆没於賊。坦詭言於使者脱朶兒曰：「高麗捲土將入海島，吾故殺諸城長吏，欲入告於上國。」於是執義州副使金孝巨等二十二人來降。十一月，世祖詔諭高麗臣民曰：「頃以王禃稱疾，擅令王淐權總國事，遣使者詢問。今使者還，言林衍稱：『此事俱傳臣之所爲，臣位在七人之下，有何權力能行此事？』朕不信其言，王可與淐及林衍同詣闕下面陳實情，朕聽其是非，自有區處。且聞禃無恙，禃之存亡亦未可保，必待赴闕，朕方信之。已遣頭輦哥國王率兵壓境，如逾期不至，即當進兵。」衍懼，會百官廢淐，復立禃爲王。禃入朝，過西京，崔坦等獻酒食，禃不受。

十一年春，林衍疽發背死，洪文係、宋松禮等誅其子惟茂。禃還，仍都王京，其宮嬪亦自江華至。頭輦哥國王遣朵剌歹以兵二千至江華。禃請勿入，朵剌歹不從，縱兵大掠。時宮室未備，禃與其羣臣皆列幕以居。六月，將軍裴仲孫叛，率三別抄等，立承化侯溫爲王。三別抄入據珍島，金方慶與蒙古元帥阿海以兵討之。阿海懦不敢戰，方慶爲賊所圍。將軍楊東茂援之，圍始解。世祖召阿海還，免其官。

明年，以忻都、史樞代之。裴仲孫使告忻都，有密議，請暫臨珍島。忻都曰：「我不受帝命，何敢入？」奏言：「叛臣裴仲孫負固不服，乞與忽林赤、王國昌分道討之。」帝從之。四月，忻都、洪茶邱與金方慶大敗賊於珍島，斬王溫，賊黨金通精走耽羅。

十三年，世子諶入朝。及歸，辮髮胡服，國人皆歎息泣下。

世祖問討耽羅之策於洪茶邱，奏言：「金通精之黨多在王京，招之不從，用兵未晚。」從之。茶邱遣通精之姪金贊等諭之，通精不肯降。禃以帝許世子諶婚，遣帶方侯澂、諫議大夫郭汝弼入謝。忻都與金方慶至耽羅，賊敗潰，留兵戍其地而還。五月，世子諶尚帝女忽都揭里迷失公主。

六月，禃卒，在位十五年，年五十六，謚曰順孝王，後贈謚忠敬。時諶方入覲，其羣臣遥立爲王。八月，諶還。十月，使金方慶等從元帥忽敦征日本，敗日本兵於一岐島，以兵少，引還。

忽都揭里迷失公主至，諶與公主同輦入城，父老相慶，以爲復見太平。達魯花赤來詰曰：「稱『宣旨』，稱『朕』，稱『赦』，何僭也？」諶使金方慶對曰：「非敢僭，但循祖宗之舊耳。」於是改「宣旨」曰「王旨」，「朕」曰「孤」，「赦」曰「宥」，「奏」曰「呈」。

十五年，帝遣忽剌歹召諶及公主入朝。有投匿名書，誣告貞和宫主詛咒公主，又言齊安公淑、金方慶等四十二人將謀不軌，於是囚貞和宫主及淑、方慶等。柳璥泣涕力諫，公主感悟，皆釋之。

十六年，韋得儒等又誣告金方慶謀叛，諶與忻都、洪茶邱鞫之，方慶不服。流方慶於大青島。諶與公主入朝，次香河。帝遣皇子脱歡，皇后遣皇女忙哥歹及阿伊哥赤大王妃，來迎於三十里之地，又設大穹廬於開平府東門外待之。

七月甲申，諶上謁，奏曰：「日本島夷，恃險不庭，敢抗王師，臣自念無以報德，願造船積穀，聲罪致討。」帝曰：「王歸與宰相熟計，遣人奏之。」又奏曰：「陛下降以公主，撫以聖恩，小邦之民方有聊生之望。然茶邱在焉，臣之爲國，不亦難乎？如茶邱者，祇宜理會軍事，至於國家之政，皆欲擅斷，非臣所知也。上國如欲置軍於小邦，寧以達達、漢兒。如茶邱之軍，惟乞召還。」帝曰：「此易事耳。」既而曰：「惟堯、舜、禹、湯，能行帝王之道。其後君弱臣强，衣食皆仰於臣。昔有一君食羊，其臣與之則食，不與則不食。宋度宗在，此幼兒之父也。賈似道擅權，使度宗出其愛妾，不得已從之。安有君而畏臣，去其寵妾者乎？王之父，亦不免於林衍之廢立。朕聞王亦信宰相之言，如此而能治國則固善，如其不能，可勿愧乎？」對曰：「茶邱之妄言也。」諶又奏曰：「今姦人以金方慶爲謀叛，告於忻都，忻都引兵入王京，執而訊之，無他，惟東征將士有不納兵器於官者，臣咎其疏慢，流於海島。然此乃有憾於方慶者所讒也。後有若此者，臣請罪之。」帝曰：「然。」又謂衆大臣曰：「可速召茶邱還。」諶又告平章政事哈伯，王京達魯花赤秩滿，請以郎哥歹代之。哈伯奏聞，帝曰：「何用達魯花赤？郎哥歹，么麽小人也，亦不勝任。」帝賜諶海青一、駙馬金印、鞍馬，諶辭歸。九月，至王京。是行也，凡其國不便事一切奏而除之，國人感泣。

十二月，諶復求朝，帝賜以亡宋寶器鳳瓶、玉笛等九十事，又賜諶及從臣彩幣。十六年二月，諶還，帝賜馬一百五十匹，命郎哥歹送之。

十七年，遣校尉鄭之演來貢環刀三百七十八口。夏，又遣中郎將簡有之來貢方物。

平章政事阿合馬求美女，殿直張仁冏請以其女行，於是除仁冏中郎將。阿合馬以張氏非高麗名族，不受。

八月，諶入朝上都。先是，諶使朴義奏曰：「東征之事，臣請入朝禀旨。」帝許之。至是，諶以七事奏：「一，以高麗兵戍耽羅者，補東征之軍。二，減高麗漢軍，使闍里迭木兒益發蒙古軍以進。三，勿加洪茶邱職任，待其成功，賞之未晚。四，小國軍官，皆賜牌面。五，以濱海之漢人充梢工、水手。六，遣按察使，廉問百姓疾苦。七，臣躬至合浦，閱邊軍。」帝優詔答之。

九月，諶還，以將軍趙仁璠女歸阿合馬。既而金方慶與日本人戰，斬首三百級。再戰，茶邱敗績。范文虎亦以戰艦三千五百艘來會，值大風，敗没。自是，屢詔諶備軍糧，造戰艦，以圖再舉，耗費不貲，國人始怨矣。

二十五年，諶聞乃顏叛，遣將軍柳庇來，請舉兵討之。諶親率前軍，出次開城，諶潸然泣下〔二〕，左右皆掩泣。及乃顏平，公主遣使來，請與諶俱入朝。

二十六年，帝以乃顏餘黨復叛，命高麗以兵戍東瀋，詔以諶爲征東行省左丞相。時右丞塔出遣使，請發兵五千及軍糧赴建州。建州距高麗三千餘里，餉道不通。諶召羣臣議，皆曰：「從之則力不堪，違之則恐負前奏之意。宜聲言發兵助戰，以緩運糧。」乃使吴仁永等來貢方物，並奏其事。

二十七年，帝以海都犯邊，親討之，遣阿旦不花來徵兵。十一月，諶及公主、世子入朝。是年，哈丹以餘衆奔高麗，闍里帖木兒來戍雙城。諶與公主世子至自上都，帝詔曰：「討賊軍至高麗，則道里回遠。宜自咸平出南京海陽，截賊歸路。」諶遣大將軍柳庇來乞師，且奏避賊江華。哈丹陷和、登二州，脯人肉爲糧。

明年，哈丹踰鐵嶺入交州道，攻陷揚根城。帝命諸王乃蠻台將兵一萬討之，諭使者吳仁永曰：「爾國，唐太宗親征尚不克，今此小寇，何畏之甚耶？」仁永奏曰：「古今强弱不同耳。」哈丹略地至王京，大將薛闍干擊敗之。又戰，哈丹復大敗，與其子老的潰圍遁去。薛闍干軍令嚴肅，士卒用命，所過秋毫不犯。聞賊逼王京，併日而行，出賊不意，故連戰皆捷。

三十年，諶及公主來朝，至大都，帝疾篤不能召見，寵賚之厚，諸王、駙馬無與倫比。是年，改名昛。

三十一年春正月，帝崩，昛與公主以羊十、馬一祭於殯殿。國制，非蒙古人不能入殯殿，惟高麗得與焉。

成宗即位，以昛年高，詔出入乘小車至殿門。

元貞二年，昛與公主再來朝。

大德元年，公主卒。昛有寵妾曰無比，世子謜疑公主之死由無比，乃殺之，又殺閹人陶成器等數十人。謜尚寶塔實憐公主，晉王甘麻剌之女也。昛上表，請傳位於謜。

二年正月，成宗授謜開府儀同三司、征東行中書省左丞相、駙馬、上柱國、高麗國王。加封昛逸壽王，以示優崇。是時，昛踐位二十四年矣。

謜嬖妾趙妃有寵，寶塔實憐公主妬之。公主乳媪與左右潛謀，以公主失愛，使闊闊不花、闊闊歹與大將軍金精、吴挺圭等愬於皇太后。帝遣孛魯兀等召謜及公主入朝。八月，昛餞謜於金郊，酒酣，孛魯兀傳帝命，取國王印授昛。於是昛復爲國王，謜留京師宿衛，凡十年。

帝詔昛曰：「聞謜涖政以來，處決失宜，衆心疑懼，蓋以年未及壯，經歷尚少，故未能副朕親任之意。卿宜依前統理國政，使謜入侍闕庭，明習於事。」孛魯兀來十日，國人不知有此詔也。

三年，帝以闊里吉思爲征東行省平章政事，耶律希逸爲左丞。時使者哈敬還奏，昛不不能服其衆，朝廷宜遣官佐之，故帝有是命。闊里吉思不能和輯國人，又多受賄賂。五年，復罷之。昛表請改嫁寶塔實憐公主，使者至京都，不敢進表而返。

七年，昛聞朝廷欲復㷆王位，乃表請入朝，又欲以公主改嫁瑞興侯琠。帝不許，遣刑部尚書塔察兒、翰林直學士王約來。約謂昛曰：「天地間至親者父子，至重者君臣。彼小人但知自利，肯爲王國家地耶？」昛感泣，謝曰：「臣老耄，聽信僉邪，是以至此。願改過，且請㷆復位。」乃執宋璘、吳祈等，囚於行省。塔察兒、王約詢於衆，流吳演等十餘人於海島，釋宋璘。

八年，帝復遣參知政事忽憐、翰林直學士林元來。明年，忽憐疾篤，有進藥者，忽憐曰：「汝國奸臣執命，父子相仇，故帝遣我來監汝國。若我飲藥死，其得無後言乎？」竟不飲而卒。

十年，昛來朝。王惟紹、宋邦英、宋璘等譖㷆，又言於皇后及左丞相阿忽台、平章政事八都馬辛，欲使㷆削髮爲僧，以瑞興侯琠繼尚寶塔實憐公主。崔有渰等詣中書省，論惟紹奸惡〔二〕，省臣執惟紹，囚之。高世全等勸昛還國，昛不可，曰：「我聞㷆遣人於路要我，沉於河。我雖老，獨不畏死乎？」既而朝廷趣昛，乃服藥致痢，自夏至秋不起。

十一年，㷆奉皇太子命，遷昛於慶壽寺。自是，國政復禀命於㷆。五月，昛歸國。明年，卒。昛在位三十五年，年七十三，賜謚忠烈。㷆又名璋，蒙古名曰益智禮普化，齊國大長公主子也。

至大元年，謜來朝，留大都二年。崔有渰等上箋請謜歸，時武宗及皇太子待謜甚寵，謜不納。既而欲傳於世子，爲從臣所沮，乃止。

三年，謜信左右之讒，殺其世子鑑及鑑從官金重義。

仁宗即位，復詔謜還國，不欲行，請俟至秋冬。帝允之。

皇慶二年，謜以子燾入見，請傳位於燾，帝策燾爲高麗國王。謜又以其姪暠爲世子。謜前封瀋王，故以暠爲瀋王世子焉。謜構萬卷堂於燕邸，招致姚燧、趙孟頫、虞集等，與之遊，以典籍自娱。右丞相禿魯罷，帝欲以謜爲相，謜固辭。燾，謜之第二子，蒙古名阿剌訥忒失里。燾既嗣位，尊謜爲上王，奉謜及公主歸。

延祐元年，謜復入朝。

明年，謜奏請傳瀋王位於世子暠，自稱太尉。王燾入朝，謁帝於上都，尚營王女亦憐真八剌公主。先是，魏王阿木哥流於大青島，其庭甎光彩斑爛。有人白燾曰：「魏王庭中磚，皆成牡丹諸花卉狀。」謜甚喜，命圖之。事聞於帝，遣吏部尚書卜顔、必闍赤買驢來責問，并慰藉魏王。

延祐六年，謜降香於江南，行至金山，英宗趣召謜返命，甲士擁之以行，從臣皆奔竄。謜至大都，命中書省護送還本國，謜仍遲留不即行。十月，下謜於刑部獄。既而祝其髮置之石佛寺。十二月，流謜於吐藩撒思吉之地。高麗羣臣上書於中書省，訟謜之寃。是年，詔燾入朝，以燾不奉行帝勅，遣翰林待制沙的等訊之。

至治三年，帝命量移謜於朵思麻之地。是年，泰定帝即位，大赦天下，召謜還。泰定元年，勅燾還國，復賜國王印。以金元祥、趙延燾等貳於瀋王，並杖流海島。是年十二月，謜卒於大都。謜在位五年，年五十一，賜謚忠宣。

時瀋王暠之黨柳清臣、吴潛詣中書省，誣燾盲聾喑啞，不親政事，且云：「上王奏仁宗皇帝，以燾爲高麗王，以暠爲世子，已有定命。至英宗時，燾與伯顏秃古思令金怡止王，奪暠世子印，又奪暠田宅。」帝遣買驢質問，燾辭疾不出迎。買驢意燾實聾啞，徑入王宫，宣詔詰問。燾對曰：「世祖皇帝賜我先王高麗王世子印，武宗皇帝又授以瀋王爵，未幾，襲封高麗王。洪重喜來曰：『一身不宜兼綰兩王印。』奏於帝，命我爲高麗王。延祐三年，我入朝，先王授我世子印，謂曰：『世祖皇帝賜此印曰：待允子長，傳與之。』今黨暠者言：先王聽金怡言，以印與我。然仁宗賓天二年，先王竄吐蕃時，予在國，何暇與伯顏秃古思謀？且印爲延祐三年所授，而言英宗時所與，謬妄如此，但願吾父子相夷耳。先王以世祖外甥，又有累朝佐命之功，重喜尚曰：『一身不可兼兩王』，況暠有何功德，既爲瀋王，又索高麗世子印耶？先王田宅，已與暠者，曾有帝命，孰敢違異？但懿州所置廨、典庫、店鋪、江南田土，先王所與者，文契俱在。營城、宣城兩埽里，世祖爲高麗王朝見往來供給置之，子不得傳之於父，而他人有之，豈其禮也？」買驢見燾禮容嚴肅，言辭有叙，乃曰：「帝所以命臣來者，察王疾也。以今所見，向者之言皆誣。」於是頔等皆惶愧。時使人絡繹，燾皆不接見。其人擅作威福，多納賄賂，買驢疾其所爲，並趨之速返。

天曆二年，燾遣定安君琮賀文宗復位，又遣金之鏡請傳位於世子禎。

明年，帝册禎爲高麗王，遣七十堅來取國璽授之。禎，燾之長子也，蒙古名普塔失里，尚諸王焦八女德寧公主。是年五月，帝遣禎之國。

至順三年，遼陽行省來索朱帖木兒、趙高伊二人。先是，二人誣譖禎於帝曰：「遼陽與高麗謀奉妥懽帖木兒太子叛。」已而來奔。未幾，盜殺二人於市。

二月，帝遣理問郎中蔣伯祥等來，禎郊迎，伯祥傳帝命曰：「已命上王復位。」燾及左右皆失色。伯祥收國璽，封於庫，燾遂入朝。初，禎以世子來朝，丞相燕帖木兒悦之，視如己子。伯顏惡燕帖木兒專權，不禮禎，惠宗即位，燕帖木兒卒，伯顏待禎益薄。禎與唐其勢等淫湎，伯顏益惡之，目爲「潑皮」，奏言：「王禎無行檢，不宜宿衛。」帝從之。

元統三年，燾以夢，改名爲卐。

後至元五年，燾卒，在位二十五年，年四十六，賜謚忠肅。燾遺命傳位於禎，伯顏寢其事不奏，且言：「王燾本非好人，且有疾，宜死久矣。潑皮雖嫡長，亦不必復爲王。惟暠可。」

明年，伯顏貶死，脱脱奏復禎王位。是年，禎始還高麗。

至正三年，李芳、曹益清等上書中書省，極言禎荒淫無道，請立行省以安百姓。冬十月，帝遣資政院使高龍普、太監朴帖木兒不花，賜禎龍衣御酒。十一月，又遣乃住等八人來，又以頒赦遣大卿朵赤、郎中别失哥六人來。禎欲托疾不迎，龍普曰：「帝嘗謂王不敬，若不出迎，帝疑滋甚。」禎乃率百官朝服郊迎，聽宣詔於征東省。朵赤、乃住等蹴禎，縛之。禎急呼高院使，龍普叱之，使者皆拔刃，百官奔避。朵赤掖禎，載一馬馳去。至京師，詔以檻車流禎於揭陽縣，諭禎曰：「爾剥民已甚，雖以爾血飼天下之狗，猶不蔽辜。然朕不嗜殺，是用流爾揭陽，爾無我怨。」

四年正月，禎行至岳陽縣，卒，或云遇鴆焉。禎死，高麗人無憫之者。禎在位六年，年三十六，後賜謚忠惠。

長子昕，蒙古名八思麻朵兒只，母爲德寧公主。昕性聰慧，高龍普抱之見帝，帝問曰：「汝學父乎？抑學母乎？」對曰：「願學母。」帝稱其好善惡惡，遂命襲王位，時年八歲。五月，遣李麻、秦瑾册昕爲高麗國王。至正八年卒，在位四年，年十二，賜謚忠穆。

昕卒，德寧公主命德成府院君奇轍、政丞王煦攝行征東省事。王煦等遣李齊賢來，表請以禎母弟祺、禎庶子昡，皆可爲國王，請簡一人以嗣。

九年，詔以元子昡嗣高麗國王。

十一年，帝又以江陵大君祺爲國王，遣斷事官完者不花來封倉庫宮室，取國璽以歸。昡遜於江華，未幾，遇鴆而卒。在位三年，年十四，後賜謚忠定。

祺，蒙古名伯顏帖木兒，尚魯國公主。既嗣位，命李齊賢攝政丞，權征東行省事。齊賢綜覈名實，進賢黜佞，聲舉翕然。

十二年，日本兵船至，王京大震。先是，日本屢犯高麗境。至是，乃大舉入寇，境內騷然。

十三年，册立皇太子，赦天下，遣太府監山童等來頒詔。太子，奇皇后所出也。奇氏，高麗人，本微賤。至是，帝追封皇后父榮安王，母李氏爲榮安王夫人，皇后兄子奇轍授爲大司徒，富貴震一時。轍尤驕横，祺不能堪。

十六年，有密告轍潛通雙城叛民謀逆，祺殺之，夷其族。適帝使直省舍人送大司徒宣命、印章於轍，西北面兵馬副使辛詢遇諸塗，奪其宣命、印章，殺傔從，使者逃歸。事聞，遣斷事官撒迪罕、奉御朵歹宣詔，詢問情僞。祺斬其西北兵馬使以謝，并附奏奇轍之罪狀。

自是，使命通好無間。

十九年冬，紅巾賊渡鴨緑江，陷義州，又陷静州、麟州及西京。

二十年，祺卜遷都避之，不吉，仍營白岳宫闕爲新京，移居之。

二十一年，紅巾賊潘誠、沙劉、關先生等，率衆十餘萬渡鴨緑江，祺走福州，遂陷王京。至次年，安祐、崔瑩等合兵二十萬，圍王京，賊大敗，斬沙劉。關先生餘黨渡鴨緑江而去，賊遂平。

二十三年，皇太子欲爲奇皇后復仇，乃立德興君塔思帖木兒爲國王，奇三寶奴爲太子，發遼陽行省兵送之。先遣李家奴賫詔來。祺聞其事，陳兵衛以迎之，以百官耆老上中書省書付李家奴，其書曰：「世祖皇帝嘉我忠敬王先天下朝覲之功，釐降帝女於忠烈王，且許以不革國俗，以至於今。塔思帖木兒，乃忠宣王出宫人嫁白文舉所産者也。奸臣崔濡誣告朝廷，奪我王位，至煩天兵，其如世爲甥舅之義何？伏望敷奏天聰，執塔思帖木兒、崔濡等，歸之小邦，以快國人之憤。」

二十四年，崔濡、塔思帖木兒以大兵一萬圍義州，爲崔瑩等所敗，一軍皆没。十月，遣翰林學士承旨奇田龍詔王復位，送崔濡於高麗，祺殺之。

二十五年，公主卒，祺更名顓。

二十八年，明兵至，帝與皇后奔上都，遣利用監卿鑾子罕來，命顓分遣諸將以圖恢復。顓使李成瑞至上都賀朔。

二十九年，遣使進顓右丞相。是年五月，顓奉表於明太祖，以停至正紀元告於國中，自是遂與元絶。

【校勘記】

〔一〕「潸然」，原作「潛然」，按朝鮮鄭麟趾《高麗史·世家》云「出次開城卯山，王潸然泣下，群臣皆掩泣」，據改。

〔二〕「惟紹」，原作「維紹」，據朝鮮鄭麟趾《高麗史·世家》、明佚名《朝鮮史略》改，下同。上文「王惟紹」不誤。

新元史卷之二百五十　列傳第一百四十七

外國二

日本

日本，島國也。自宋以前事，具各史。

世祖中統元年，封高麗世子倎爲高麗王，遣還國，遂欲价高麗以通日本。時日本國主爲龜山天皇，建元文應。

至元三年秋八月，世祖選可使日本者，以兵部侍郎黑的佩虎符，充國信使，禮部侍郎殷弘佩金符，充國信副使，并賜高麗國王書曰：「今爾國人趙彝來告，日本與爾國爲近鄰，典章政治有足嘉者，漢、唐而下，亦或通使中國，故今遣黑的等往日本，欲與通和。卿其導達去使，以徹彼疆，開悟東方，向風慕義。兹事之責，卿宜任之，勿以風濤險阻爲辭，勿以未嘗通好爲解。恐彼不順命，有阻去使，故托卿之忠誠。卿其勉之！」高麗王禃乃遣其樞密院副使宋君斐與禮部侍郎金贊，爲黑的等嚮導。

四年春正月，至高麗巨濟縣松邊浦，畏風濤之險而還。王禃乃使宋君斐偕黑的等，詣闕上書曰："「詔旨所諭使臣通好日本事，謹遣陪臣宋君斐等伴使臣以往。至巨濟縣，遥望對馬島，大洋萬里，風濤蹴天，意謂危險若此，安可奉上國使臣冒險輕進？雖至對馬島，彼俗頑獷，無禮義，設有不軌，將如之何？且日本素與小邦未嘗通好，但對馬島人時因貿易往來金州耳。小邦自陛下即位以來，深蒙仁恤，三十年兵革之餘，稍得蘇息，綿綿存喘，聖恩天大，誓欲報效。如有可爲之勢，不盡心力，有如天日！」世祖怒，王禃以辭爲解。

八月，復遣黑的等，賜王禃書曰："「向者遣使招懷日本，委卿嚮導，不意遂令徒還。意者日本既通好，則必盡知爾國虛實，故託以他辭。然爾國人在京師者不少，卿之計亦疏矣。且天命難諶，人道貴誠，卿先後食言多矣，宜自省焉。今日本之事，一委於卿，卿其體朕此意，通諭日本，以必得要領爲期。」王禃意猶豫未決，其國人李藏用上書黑的，請期以歲月，徐觀日本之至否，至則獎其内附，否則置之度外，其辭甚懇。至王禃，以藏用上使者書，不先與己言，疑有貳心，即配流藏用。其接伴起居舍人潘阜，亦坐不告配流。阜與黑的對談，武士突入執之。黑的怒，詰知其故，乃還藏用書曰："「我歸奏此事，幸皇帝聽之，天下之福。如不聽，於汝國亦無罪。」由是藏用、阜俱獲宥。

王禃不得已，使潘阜賫世祖璽書至日本，並與日本主書曰：「我國臣事蒙古大國，禀正朔有年矣。皇帝仁明，以天下爲一家，日月所照，咸仰其德。今欲通好於貴國，而詔寡人云：『勿以風濤險遠爲辭。』其旨嚴切。茲不獲已，遣起居舍人潘阜奉皇帝書前去。貴國通好中國，無代無之，況今皇帝之欲通好貴國者，非欲其貢獻，蓋欲以無外之名，高於天下耳。若得貴國之通好，必厚待之。其遣一介之使，以往觀之，何如？幸貴國商酌焉。」阜至日本，留太宰府五月，不得報而還。時日本政在大將軍惟康，年幼，爲相模守北條時宗所擁立。至是，時宗執政權，以爲牒狀多失禮，莫如不答，故抑而不遣云。

高麗遣藏用來朝，帝謂藏用曰：「朕視爾國猶一家，爾國有難，朕不救乎？朕征不庭之國，爾國出師助戰，亦宜也。宜造戰艦一千艘，其大可載米三四千石者。爾於宋，風順則兩三日可至，日本則朝發夕至。此汝國與蠻子人言也。爾歸，以此言告於王。」

秋七月，高麗遣潘阜來朝，上書曰：「向詔臣以宣諭日本，臣即差陪臣潘阜奉皇帝璽書並賫臣書及國贐往諭。其邊吏不納，留置西偏太宰府者凡五月，館待甚薄。授以詔旨，又無報章，以故不得要領而還。未副聖慮，惶懼實深。」九月，帝復遣黑的、殷弘賫璽書使日本，命高麗人導之。

六年春三月，黑的等至對馬島，島民拒之。黑的等忿鬭，虜島民塔次郎、彌四郎二人而返。四月，黑的、殷弘復命〔一〕，獻其所執二人。帝大喜，謂塔次郎等曰：「爾國朝覲中國，其來尚矣。今朕欲爾國王來朝，非以逼汝也，但欲垂名於後世耳。」資給甚厚。六月，帝命高麗送塔次郎、彌四郎還，且命中書省牒日本國，言其事。日本人仍不報。

七年十二月，帝擇廷臣可使日本者，陝西宣撫使趙良弼請行。授良弼秘書監，充國信使，給兵三千人爲護從。良弼辭，獨與書狀官二十四人發。

八年九月，高麗使通事別將徐稱吉偕良弼至日本之筑前今津，津吏欲擊之。良弼舍舟登岸，喻旨，乃延良弼等入板屋，嚴兵守之。翼日，其筑後長官藤原給資率兵往，詰難不已，求國書。良弼曰：「國書宜獻於王所，若不允，則傳之大將軍。不然，不敢釋手。」數日，給資復往，謂良弼曰：「我國自太宰府以東，上古使臣未有至者。今汝國遣使至此，而不以國書授，何以示信？」良弼曰：「隋文帝遣裴清來〔二〕，王郊迎成禮。唐太宗、高宗遣使，皆得見王。何獨不見我國使臣乎？」乃出國書録本授之。日本人仍不答，令太宰府遣人送良弼等於對馬島。

良弼既見拒，無以復命。太宰府守護官亦恐開釁於中國，異日兵禍不易弭，乃私與良弼定約，遣彌四郎等十二人，僞稱使介，從書狀官張鐸入朝。帝召見鐸，宴勞之。鐸奏曰：「趙良弼遣臣來言，去歲九月與日本國人彌四郎等至太宰府西守護所。守者云：『曩爲高麗所給，屢言上國來伐，豈知皇帝好生惡殺，先遣行人下示璽書。然王京去此尚遠，願先遣人從使者回。』故良弼遣臣偕彌四郎等至京師。」帝疑其詐，命翰林學士承旨和禮霍孫問姚樞、許衡，皆對曰：「誠如聖算，彼懼我加兵，故發此輩偵吾强弱耳。宜示之寬仁，且不應聽其入見。」帝從之。

十年三月，趙良弼復至太宰府，又爲日本人所拒。六月，良弼歸，帝問其始末。良弼曰：「臣至太宰府，數其不恭罪，諭以禮意，太宰府官愧服，求國書。臣曰：『必見汝國王始授之。』往復數四，至以兵脅，臣終不與，但以副本示之。後又聲言大將軍以兵十萬來求書，臣曰：『不見國王，寧持我首去，書不可得也。』日本知臣不可屈，遣使介十二人入覲。」帝曰：「卿可謂不辱君命矣。」良弼具記日本君臣爵號、州郡、名姓、風俗、土宜，上之。帝又問用兵之策，良弼具奏：「不宜以有用之民力，填無窮之巨壑，請勿擊。」帝不從。

十一年正月，日本主龜山天皇傳位於其太子，號爲俊宇多天皇，改元建治。三月，帝以鳳州經略使忻都、高麗軍民總管洪茶邱等，將屯軍及女真軍並水軍共一萬五千人、戰船九百艘，期以七月攻日本，又命高麗發兵千六百人助之。

八月，元帥忽敦、右副元帥洪茶邱、左副元帥劉復亨抵高麗，高麗以都督使金方慶等將三翼軍，共八千人，與忽敦等由合浦攻對馬島。日本將允宗助國率八千騎禦之，使譯人至船上問來故。忽敦等不答，遂登陸，薄日本軍，助國戰死。忽敦等轉攻壹岐島〔三〕，登岸立赤幟，日本將平經高敗走，嬰城自守。翌日，城陷，經高死之。忽敦等連破三島，肆行殺戮，獲婦女，以索貫手心，繫於船側。

日本人大震，徵其藩屬兵十萬二千餘人赴援。忽敦等與日本戰於博多，諸將憑高鳴鼓，指揮兵士，進退應鼓聲。敵有陷陣者，則圍而擊之。又發鐵砲，殲敵兵無算。日本人敗走，忽敦等進至今津，佐屬與日本將菊池康成等戰於赤坂，又與少貳覺惠戰於百道原，均敗之。覺惠子景資善騎射，射劉復亨墜馬。忽敦等列陣松林，日本將大阪賴康來拒，復敗走。會日暮，諸將乃次第登舟。

金方慶謂忽敦、洪茶丘曰：「我兵雖少，已入敵境，『人自爲戰』，即孟明焚舟、淮陰背水計也。請復決戰。」忽敦曰：「『小敵之堅，大敵之擒。』策疲兵入敵境，非完計也。不若班師。」劉復亨瘡重，乃引所部先歸。是夜大風雨，官軍戰船觸厓石多破壞，忽敦等乃乘夜引去。

十二年二月，帝復使禮部侍郎杜世忠、兵部郎中何文著、計議官撒都魯丁齎璽書通好於日本，高麗人郎將徐贊及梢工上佐等三十人導行。四月，杜世忠等至長門室津，既而移筑前太宰府。八月，太宰府護送世忠等至鎌倉。九月，北條時宗斬杜世忠、何文著、撒都魯丁及書狀官董畏、高麗人徐贊於龍口，梟其首。

十四年，日本遣商人持金來易銅鐵，許之，於是日本人始知宋亡。

十五年七月，高麗王賰入朝，面奏曰：「日本一島夷耳，恃險不庭，敢抗王師。臣願造船積粟，聲罪致討。」帝曰：「卿歸，與宰相熟計，遣兵討之。」十一月，立淮東宣慰司於揚州，諭沿海官司通日本市舶。

十六年六月，宋降將范文虎、夏貴使周福、欒忠及日本僧靈果、通事陳光齎書至日本，俱爲日本人斬之博多。七月，宋舊臣牒告日本曰：「宋朝已爲蒙古所滅，恐又危及日本，敢來告。」

十七年二月，帝始聞日本殺使者之事，忻都、洪茶邱請自率兵往，帝諭：「姑緩其事。」八月，高麗王賰入朝，請以高麗兵戍耽羅者補東征之師，帝許之。

時忻都、洪茶邱皆受帝策畫，茶邱曰：「臣若不舉日本，何面目復見陛下？」遂約曰：「洪茶邱、忻都率蒙古、高麗、漢軍四萬人發合浦，范文虎率蠻軍十萬人發江南，俱會一岐島，兩軍畢集，直抵日本城下，破之必矣。」帝乃以阿剌罕爲左丞相，范文虎、忻都、洪茶邱爲中書右丞，李庭、張拔都爲參知政事，兼行中書省事。九月，遣也速達兒、崔仁著以水達達之在開元、北京、遼陽者移置東寧府，以赴征日本之役。十月，遣使括開元等路兵三千人從行，得兵十萬，命范文虎將之。十二月，以高麗王賰爲開府儀同三司、中書左丞相，行中書省事，以金方慶管領高麗都元帥，朴球、金周鼎爲昭勇大將軍、左右副都統，並授虎符，趙仁規爲宣武將軍、王京斷事官，授金符，朴之亮等十人爲武德將軍、管軍千户，授金符，趙抃等十人爲昭信校尉、管軍總把，金仲成等二十人爲忠顯校尉、管軍總把。

十八年春正月，帝召阿剌罕等同受訓諭，以張珪、李庭留後，命忻都、洪茶邱取道高麗陸行，是爲東路軍，其軍實則舟運之。范文虎請馬二千，給禿失忽軍及回回砲匠。帝曰：「水戰安用此？」不從。三月，給征東善射者及高麗兵鈔四千錠。以耽羅新造船付洪茶邱，以刑徒減死者付忻都爲軍士。帝諭范文虎等曰：「彼留我使不還，故使卿輩爲此行。朕聞漢人言：取人家國，欲得百姓、土地；若盡殺百姓，得地何用？又有一事，朕實憂之：恐卿等不和耳。若彼國人至，與卿等有所議，當同心協謀，如出一口答之。」仍申嚴軍律，乃給衣甲、弓矢、海青符。是時，忻都、洪茶邱先發，已抵高麗。高麗王睶令士卒，雖遭父母喪，過五十日者，即從軍。

五月，忻都、洪茶邱及金方慶、朴球、金周鼎等，以蒙古、高麗、漢軍四萬人，戰艦九百艘，發合浦。丙辰，攻日本對馬島及壹岐島，殺民三百餘人。島民匿山中者，軍士聞兒啼，輒尋而殺之。日本將少貳資時、龍造寺李時等率兵數萬，與諸將戰於壹岐島之瀨浦。大軍發火砲，日本人敗走，殺其將少貳資時。六月己巳，復戰於筑前志賀島，洪茶邱幾爲日本人所獲，裨將王萬户救之，茶邱僅免。庚午，復戰，又失利。時軍中大疫，病死者已三千餘人。諸將進至宗像海，北條時宗遣其將秋田城次郎等來援。大軍聯戰船爲圜營，外列巨舟，設石弩，俟薄擊乃發。日本戰船小，不能敵，前後來攻者皆敗退。國中人心洶洶，市無糶米，日本主親至八幡祠祈禱，又宣命於太神宫，乞以身代國難。

先是，諸將相約：忻都、洪茶邱由高麗泛海至壹岐島，范文虎、李庭等由慶源至平户島〔四〕。平户周圍皆水，可以屯兵，先據此島，使人乘輕舟如壹岐，召忻都、洪茶邱合兵共進，以六月望前，會於平户。會阿剌罕軍行次慶元，病卒，帝命左丞相阿塔海代總軍事，未至，而文虎與庭已發。至是，忻都、洪茶邱等相議曰：「嚮約江南軍與東路軍會於壹岐島，今南軍失期，我軍先至，大戰者數矣，船壞糧盡，將奈何？」金方慶不答。經十餘日，又言之。方慶曰：「奉命賫三月糧，今一月糧尚在，俟南軍至，合而攻之未晚也。」諸將不敢言。

既而范文虎、李庭以船三千五百艘、兵十餘萬至次能、志賀二島，忻都、洪茶邱率所部會之，舳艫相銜而進，屢爲日本人所却，招討使忽都哈思等戰没。諸將以累失利，乃移於肥前鷹島，見山影浮波，疑暗礁在海口，不敢近。會青虬見於水上，海水作硫黄氣，怪異百出，軍心震駭。

八月甲子朔，颶風大作，戰艦皆破壞，覆没。左副都元帥阿剌帖木兒以下，溺死者無算。流尸隨潮汐入浦口，積如邱陵。漂流免死者尚數千人，至鷹島，繕治壞船，欲逃歸，皆爲日本人所殺。范文虎、李庭等船亦壞，庭抱船板漂抵岸上，以餘衆由高麗北還。

先是，行省平章政事張禧與右丞范文虎、左丞李庭等，同率舟師至肥前，禧舍舟築壘於平户，約束戰艦相去各五十步，以避風濤撞擊，故禧所部獨完。范文虎議還，禧曰：「士卒溺死者大半，其脱者皆壯士也。曷若乘其無回顧心，因糧於敵，以求一逞。」文虎等不從，曰：「還朝問罪，我輩當之，公不與也。」禧乃分船與文虎等乘之去，軍士不返者凡十餘萬人，高麗兵死者亦七千餘人。

八月，文虎等至高麗合浦，收散卒而歸，誑言於帝曰，「至日本，欲攻太宰府，暴風壞舟，猶議戰。萬户厲德彪、招討使王國佐、水手總管陸文政等不聽節制，輒逃去。故本省載餘甲至合浦，散遣之，使各歸原籍」云。未幾，敗卒于閶脱歸，言曰：「七月至平户島，移五龍山。八月一日，颶風壞舟，諸將各擇堅好船乘之，棄軍士十餘萬人於山下。衆議，推張百户爲主，聽其約束。方伐木作舟欲還，日本人來戰，盡敗没。餘二三萬人，爲其所虜至八角島，悉殺之。惟謂新附軍爲唐人，宥爲奴，閶等是也。」既而軍人莫青與吴萬五等亦逃歸，所言與閶略同。於是范文虎等皆獲罪，惟張禧獨免。

帝以不得志於日本，復命阿塔海發兵，一時無敢諫者。江南行臺御史大夫相威極論其事，帝始命罷兵。

十九年三月，南軍總把沈聰等六人逃至高麗，高麗遣印侯柳庇送之歸。

二十年正月，帝復欲發兵，以阿塔海爲征東行中書省丞相，以高麗王瞔爲左丞相，命樞密院集軍官規畫事宜，發所造回回砲及匠人張林等付征東行省，給鈔及衣甲於諸軍。既而民間騷動，盜賊頻發，忽都帖木兒、忙古帶乞益兵擊寇，乃諭阿塔海曰：「所造戰船宜少緩，所拘商船，其悉還之。」

是歲，南海補陀寺僧如智言於帝曰：「今復興師致討，多害生靈。彼中亦有佛教、文學之化，豈不知大小强弱之理？如今臣等賫聖旨宣諭，彼必欣心歸附。」帝從之，乃使如智及提舉王君智賫璽書至日本。八月，過大洋，遇颶風，不能達而返。

二十一年正月，復遣如智及王積翁至日本，由慶元航海，會舟人殺積翁，仍不果至。自後帝屢欲興兵，爲羣臣所諫而止。

成宗即位，丞相完澤力主罷兵，自此征日本之議始寢。

大德二年，日本主傳位於太子，號爲後伏見天皇。大德三年，江浙行省臣勸帝復討日本，帝曰：「今非其時也。」使江浙釋教總統補陀僧一山，賫詔使於日本。詔曰：「比者有司陳奏，嘗遣補陀僧如智等兩奉璽書通好，咸以中途有阻而還。朕自臨御以來，綏懷屬國，薄海内外，靡有遐遺。日本之好，宜復通問。今補陀僧一山，戒行素高，可令往諭，附商船以行，期於必達。朕特從其請，並欲道先皇意也。至於敦好息民之事，王其圖之。」一山至太宰府，日本人拘之於伊豆，不報命。

大德五年，日本主傳位於太子，號爲後二天皇。冬十二月，日本譌言，有兵船二百艘將攻薩摩甑島，然實無出兵之事。

惠宗至正中，日本屢寇瀕海州縣。二十三年，掠蓬州，萬户劉暹擊敗之。

【校勘記】

〔一〕「殷弘」，原作「殷宏」，避清諱。本書卷八《世祖本紀二》同。然本書《高麗傳》及本卷上文至元三年八月條均作「殷弘」，殆避諱而有脱漏。《元史》卷六本紀第六《世祖三》、卷二〇八列傳第九十五《外夷一》均作「殷弘」。今統改作「殷弘」。

〔二〕「隋文帝」，「隋」原作「隨」，據本書卷一五八《趙良弼傳》及《元史》卷一五九列傳第四十六《趙良弼傳》改。

〔三〕「壹岐島」，本書卷二四九《外國傳一·高麗》作「一岐島」。

〔四〕「慶源」，下文及下二十一年條又作「慶元」。

新元史卷之二百五十一　列傳第一百四十八

外國三

安南

安南，古稱交趾，本漢日南郡地。唐高宗調露元年，改安南都護府，隸嶺南道，「安南」之名始此。後梁貞明中，始爲土豪曲承美所據。南漢劉隱伐承美，執之，并其地。尋爲愛州將楊延藝所據，州將吴昌岌復奪之，傳其弟昌文。宋開寳七年，遣使朝貢，始封交趾郡王，自是棄爲外域。後爲其將黎桓所篡，桓之後又爲大校李公藴所篡。公藴之後昊昷無子，以女昭盛主國事。理宗紹定三年，昭盛讓位於其夫陳日煚，陳氏遂有其國。宋景定三年，封日煚爲太王，以其子光昺爲國王。

憲宗七年，大將兀良合台既平大理，移兵向交趾，三遣使諭降，皆不返，於是分道進攻。師抵洮江，日煚遣兵乘象拒戰。兀良合台子阿朮，年十八，率善射者射其象，象驚奔反蹂，其衆遂大潰。明日，日煚斷扶鹵橋，對岸而陳。大軍未測水深淺，沿江仰空射之，矢墮水而不浮，知爲淺處，即以騎兵濟。日煚敗走，斬其宗子富良侯。入都城，得前所遣三使，出之獄，以破竹束體入膚，比釋縛，一使死，遂屠其城。留九日，以炎暑班師，更遣二使招日煚來歸。日煚自海島還，見國都殘毁，大憤，乃縛二使遣還。會日煚傳國與子光昺，改元紹隆，遣其女壻以方物來見。兀良合台送詣行在所，别遣納剌丁往諭之曰：「昔吾遣使通好，爾等執而不返我，是以有去年之師。以爾主播越草野，復令二使招安還國，又縛還我使。今特再加開諭，如果矢心内附，則國主親來。若猶不悛，明以報我。」光昺得書，遽納款，且曰：「俟降德音，即遣子弟爲質。」

世祖中統初，以禮部郎中孟甲、員外郎李文俊充正副使，持詔往諭曰：「祖宗以武功創業，文化未修。朕纘承丕緒〔一〕，鼎新革故，務一萬方。適聞爾邦有向風慕義之誠，念卿昔在先朝已嘗臣服，遠貢方物，故頒詔旨，諭爾國官僚士庶。凡衣服、典禮、風俗，一依本國舊制。已戒邊將，不得擅興兵甲，侵爾疆場〔二〕，亂爾人民。各宜安治如故。」光昺即遣其通侍大夫陳奉公等詣闕獻書，願臣附。帝封光昺爲安南國王，賜西錦三、金熟錦六，并授虎符。復降詔曰：「卿既委贄爲臣，其自中統四年爲始，每三年一貢。可選儒士、醫人及通陰陽卜筮、諸色人匠，各三人，及蘇合油，光香、金銀、丹沙、沈檀香、犀角、玳瑁、角牙、綿、白磁盞等物同至。」仍以納剌丁充達魯花赤，往來其國。光昺遣其員外郎楊安養等入謝，帝賜玉帶、繒帛、藥餌、鞍轡有差。

至元二年，賜光昺曆，並頒改元詔。光昺復遣楊安養上表三通：一定所貢方物，二免索儒、醫、工匠人，三願請納剌丁長爲本國達魯花赤。帝許之。四年，復下詔諭以六事，曰：「凡親附之國君長親朝，子弟入質，編民數，出軍役，輸納賦稅，仍置達魯花赤統治之。以數事表來附之，深誠也。鄉令來貢不逾三年之期，其誠可知。故告以我祖宗之法，亦以誠諭。且君長來朝，子弟入質，籍民、定賦，出軍相助，古亦有之，豈今日之創制哉？略舉出軍一事，無以征行遠戍爲慮。但來人楊安養稱，有占臘、山獠之患。彼二寇如能降伏，復有何事？交兵之道，孰以爲易？倘不用命，必當討伐。况汝來奏，嘗有『一家人』之言。今聞納剌丁在彼中，多回鶻禁約，不使交談。果如所言，一家之禮，豈有如此耶？君臣之義，實同父子，豈有臣子而背其君父者？當熟思以全終始之義。」

五年，以忽籠海牙代納剌丁爲達魯花赤，張庭珍副之。光昺立受詔，庭珍責以大義，使下拜，既而曰：「汝朝官爾，我王也，何得與抗禮？」庭珍曰：「『王人雖微，序於諸侯之上。』况天子命我爲安南之長，位居汝上邪？」光昺語塞。中書省復移牒光昺，言其受詔不拜，待使介不以王人之禮，引《春秋》之義責之。光昺復書言：「本國欽奉天朝，已封王爵，豈非王人乎？天朝奉使，復稱王人，與之均禮，恐辱朝廷。況本國前奉詔旨，悉依舊俗，凡受詔令，奉安正殿而退避別室，此本國舊典也，惟閣下察之。」中書省復移牒切責曰：「考之《春秋》，叙王人於諸侯之上，《釋例》云：『王人，蓋下士也。』夫五等邦君，外臣之貴也。下士，内臣之微者也。以微者而加貴者之上，正以王命爲重也。後世列王爲爵，諸侯之尤貴者，顧豈有以王爵爲人者乎？王寧不知而爲是言耶？抑辭令臣誤爲此言邪？至於天子之詔，人臣當拜受，此古今通義。乃循舊俗，奉安正殿而退避別室，王豈能自安於心乎？前詔所言，蓋謂天壤間不啻萬國，國各有俗，驟使變革，有所不便，故聽用本俗。豈以不拜天下之詔爲從俗哉？且王之教令行於國中，臣子有受而不拜者，則王以爲何如？」

是年，光昺遣范崖、周覽入貢。

七年，以葉式捏爲安南達魯花赤。光昺遣黎佗、丁拱垣入貢，表言：「微臣僻在海隅，得霑聖化，與函生驩抃鼓舞。乞念臣自降附上國，雖奉三年一貢，然往來使臣疲於奔命，未嘗一日休息。至天朝所遣達魯花赤，辱臨臣境，動有挾持凌轢小國。雖天子明並日月，安能照及覆盆？且達魯花赤可施於邊蠻小醜，臣既席封爲一方屏藩，而反立達魯花赤以監臨之，寧不見笑他國？復望聖慈矜恤，凡天朝所遣官，乞易爲引進使，庶免達魯花赤之擾。」

十二年，帝復降詔曰：「祖宗定制，凡内附之國，君長親朝，子弟納質，籍户口，輸歲賦，調民助兵，仍置達魯花赤統治之。此六事，往年已諭卿矣。歸附踰十五年，未嘗躬自來覲，數事竟未舉行。雖云三年一貢，所貢之物，皆無補於用。謂卿久當自悟，略而不問，何爲迄今猶未知省？故復遣合撒兒海牙往爾之國，諭卿來朝。倘有他故，必不果來，可令子弟入朝。此外本國户口，若未有定籍，輸賦、調兵，何由斟酌？苟爾民實少，多取之，力將不及。今籍爾户口，蓋欲量其多寡，以定兵賦之制。其所調兵，亦不令遠適他所，止從雲南戍兵，相與協力而已。」光昺遣黎克復、黎文粹上表謝罪。八年，遣馮莊、阮元入貢。九年，又遣童子野、杜本入貢。十一年，遣黎克復、黎文粹入貢。會大兵平宋，克復等由湖廣還國。

十四年，光昺卒，國人立其世子日烜，遣中侍大夫周仲顔、中亮大夫吴德邵來朝。帝遣尚書柴椿等持詔，趣日烜赴闕。先是，使傳之通，止由鄯闡、黎化間。至是，帝命椿自江陵直抵邕州，以達交趾。椿等至邕州永平寨，日烜遣人上書，謂：「近聞國使辱臨敝境，邊民無不駭愕，不知何國人使？」椿回牒曰：「禮部尚書等官奉上命，以事由邕州入爾國，所有導護軍兵，合乘驛騎，宜來界首遠迓。」日烜使御史中贊知審判院事杜國計先至，其太尉率百官自富良江岸來迎。日烜就館，見使者。宣詔畢，椿諭曰：「汝國内附二十餘年，汝父受命爲王，汝不請命自立，今復不朝，異日朝廷加罪，將何以逃其責？」日烜仍舊例設宴於廊下，椿等弗就宴。既歸館，日烜遣范明宇來謝罪，改宴集賢殿，自言：「先君棄世，予初嗣位，天使之來，使予憂懼交并。竊聞宋主幼小，天子憐之，尚封公爵，於小國亦必加憐。若親朝之禮，予生長深宫，不諳風土，恐死於道路。俟天使歸，謹上表達誠，兼獻異物。」椿曰：「宋主年未十歲，亦生長深宫，如何亦至京師？但詔旨之外，不敢聞命。且我實來召汝，非取賂也。」椿等還，日烜遣范明宇、鄭國瓚、杜國計奉表陳情，言：「孤臣禀氣衰弱，且道路險遠，徒暴白骨，致陛下哀傷，無益天朝之萬一。伏望憐臣，得與鰥寡孤獨保其性命，以終事陛下。此孤臣之至幸，小國生靈之大福。」兼貢馴象二。廷議以其飾辭抗命，延引歲月，宜進兵境上，遣官問罪。帝不從，復遣尚書梁曾再諭日烜來朝：「若果不能親至，則積金以代其身，兩珠以代其目，副以賢士、方技、工匠各二，以代其民。不則修爾城池，以待天兵之至。」日烜遣其叔父遺愛來朝。

十八年，立安南宣慰司，以卜顔帖木爾爲使，别設僚佐，日烜拒弗納。帝下詔曰：「曩安南國王陳光昺生存之日，嘗以祖宗收撫諸蠻舊例六事諭之，彼未嘗奉行。光昺既没，其子又不請命而自立。遣使召之，托故不至。今又以爲詞，故違朕命，止令其叔父入覲。即欲興師致討，緣爾内附入貢有年矣，其可效爾無知之人，枉害衆命？爾既稱疾不朝，今聽汝以醫藥自養，故立汝之叔父遺愛代汝爲安南國王，撫治爾衆。其或與汝百姓輒有異圖，大兵深入，戕害性命，無或怨懟，實乃與汝百姓咎。」是年，日烜仍遣阮道學來貢。於是加柴椿行安南宣慰使都元帥，李振副之，以新副軍千人送遺愛之國。日烜戕殺之。

二十一年，又遣中大夫陳謙甫貢玉杯、金瓶、珠絛、金領及白猿、緑鳩等物。初，鎮南王脱歡奉命征占城，遣荆湖行省左丞唐兀䚟、右丞唆都將兵來會。帝疑安南與占城通牒，令軍行假道於其國，且責日烜運糧至占城助軍。仍命鄂州達魯花赤趙翥往諭之。比官軍至衡山縣，聞日烜從兄興道王陳峻提兵拒守境，上言本國至占城水陸俱不便，願獻糧退軍。及至永州，移文令日烜除道迎謁。至思明州，王復下令督之。至禄州，聞日烜阻兵邱温縣，邱急嶺隘路，遂分軍兩道並進：萬户李羅合答兒、招討使劉深爲西路，由邱温縣進；怯薛撒略兒、萬户李邦憲爲東路，由邱急嶺進。王以大兵繼之。復遣總把阿里諭以興兵之故，實爲占城，非爲安南也。至急保縣，安南兵阻，不得前。東軍破可離隘嬰兒關，獲間諜人杜偉等，斬之。至洞板隘，又遇安南兵，敗之。聞峻在内傍隘，進兵至變住邨，諭其收兵闢路以迎王師，不從。官軍分六道進攻，至萬劫江，盡破諸隘。峻尚擁船千餘艘，距萬劫十里而陣。各翼水軍連戰俱捷。王與行省官親臨東岸督之，奪船二十餘艘，峻敗走。官軍乘間縛栰爲橋，渡富良江。時西軍亦破支凌隘。明年正月，日烜自將十萬衆，與官軍大戰於排灘，元帥烏馬兒、招討使納海、鎮撫孫林德等敗之。日烜退守瀘江，又敗走，乃令阮效鋭奉書謝罪，且請班師。大軍渡江，壁於安南城下。

明日，王入其國都，知日烜僭稱「大越國主憲天體道大明光孝皇帝」，禪位於太子，用「昊天成命之寶」，日烜即居太上皇位。見立國王，係日烜之子，行紹寶年號。所居宮室五門，額書「大興之門」，左右掖門，正殿九間，書「天安御殿」，正南門書「朝天閣」。時安南兵棄船登岸者猶衆，日烜引宗族官吏於天長、長安屯聚，峻復領兵船聚萬劫江口，整軍以待。

會唐兀䚟、唆都等兵回自占城，與大軍合。分遣右丞寬徹，引萬户忙古䚟、孛羅哈答爾由陸路，左丞李恒引烏馬爾由水路，敗其兵船。日烜遣其弟文昭王陳遹侯、鄭廷瓚拒戰於乂安，又敗。其兄子彰憲侯陳鍵復敗於海口，鍵以其兵降。越三日，鎮南王追敗日烜於大黄江。日烜懼，遣宗人忠憲侯陳陽請和，繼遣近侍陶堅奉國姝至軍中，乞罷兵。鎮南王遣艾千户諭之曰：「既請和，曷不躬來自議？」日烜不聽，至安邦海口，棄舟楫甲仗，匿山谷間。官軍獲船萬艘，擇善者乘之，餘皆焚棄。

日烜走清化府，其弟昭國王陳益稷率宗人秀嵈及妻子、官吏迎降。日烜遣宗人忠憲侯陳陽及阮鋭等來請和，王留之軍中。

諸將以安南人雖數敗，然增兵轉盛。暑雨疫作，死傷亦衆，占城既不可達，決計退兵。

王不得已，引軍還。

至如月江，日烜遣兵躡其後。行至册江，未及渡，林箐伏發，唆都、李恒皆中流矢死，官軍力戰，始護王出境，亡者過半。阮鋭逃伏草澤中，欲罷去，官軍獲斬之。此至元二十二年之一敗也。事聞，帝震怒，乃罷征日本兵，大舉伐安南。

二十三年四月，詔曰：「曩以爾國既稱臣服，歲輸貢獻，而不躬親入朝。因彼叔父陳遺愛來，以安南事委之，至則爲其戕害。所遣達魯花赤，又却之不納。至於用兵占城，略不供給，以致鎮南王脱歡進兵。今因爾國近親陳益稷、陳秀嵈慮宗國覆滅，殃及無辜，屢勸爾來朝，終不見從。自拔來歸，朕憫其忠孝，特封益稷爲安南國王，陳秀嵈爲輔義公，以奉陳祀。申命脱歡、奧魯赤興兵平定其國。前此罪戾，止於爾之身，吏民無有所預。詔書到日，其各歸田里，安生樂業。」

是年，日烜遣阮義全、阮德榮入貢，帝留義全等於京師。湖南省臣線哥上言：「連歲征日本及用兵占城，百姓罷於轉輸，士卒觸瘴癘多死傷，羣臣愁歎，四民廢業。今復有事交趾，動百萬之衆，非所以恤士民也。宜寬百姓之力，積糧餉，繕甲兵，俟來歲天時稍利，然後大舉未晚。」詔今歲令益稷暫駐鄂州。

明年，以阿八赤爲征交趾行省左丞，發江淮、江西、湖廣三省蒙古、漢、劵軍七萬人，船五百艘，雲南兵六千人，海外四州黎兵萬五千人，海道萬户張文虎等運糧十七萬石，分道討安南。以奥魯赤平章政事，烏馬爾、樊楫參知政事，並受鎮南王節制。日烜遣中大夫阮文通入貢。

十一月，師次思明州，留兵二千人，以萬户賀祉、張玉統之。令右丞程鵬飛將漢、券兵萬人由西道入永平，奥魯赤將萬人從王由東道入女兒關。楫與烏馬爾帥舟師由海道，經玉山、雙門、安邦口，遇敵船四百餘，擊敗之，奪其船。鵬飛經老鼠、陷沙、茨竹三關，十七戰，皆捷。鎮南王進次茅羅港，攻浮山寨，破之。王命鵬飛以兵二萬人守萬劫口，且修普賴、至靈二山栅。命烏馬爾、阿八赤合水陸兵徑薄安南城。王帥諸軍渡富良江，次城下。日烜走敢喃堡。王攻城，下之。

二十五年正月，日烜及其子走入海，追之不及。遣烏馬爾由大滂口迓文虎糧船。會文虎船至雲屯山，遇敵兵，殺略相當。至綠水洋，敵船益衆，度不支，且船膠不可行，乃沈米於海，而自趨瓊州。時官軍乏食，分道入山求糧。王自引兵還萬劫。阿八赤將前鋒奪關繫橋，破三江口，攻下堡三十二，得米十一萬三千餘石。烏馬爾由大滂口趨塔山，遇敵船千餘，敗之。至安邦海口，迎文虎糧船不至，復還萬劫，得米四萬餘石，分兵屯普賴、至靈二栅。日烜遣從兄興寧王陳嵩屢來約降，故老我師。夜，又遣敢死士劫諸將營。鎮南王怒，命萬户解震焚其都城，左右諫止之。

神弩總管賈若愚獻言曰：「師可還，不可守。」諸將又言：「天時已熱，糧且盡，宜還師。」王從其言。命楫與烏馬爾由水道先發，爲安南兵所邀截，全軍覆没。鵬飛簡鋭卒護王還，次内傍關，安南兵大集，賴萬户張均以精鋭三千人殿，力戰出關。諜知日烜分兵三十餘萬，守女兒關及邱急嶺，連亘百餘里，遏歸路。諸軍戰且行，安南人乘高發毒矢，張玉、阿八赤皆死之。王由單已縣趨盝州，間道至思明州，命奥魯赤以諸軍北還。日烜隨遣近侍官李修、段可容貢方物，且進代身金人贖罪，并歸所獲俘，悉黥其額曰「天子兵」，或黥曰「投南朝」云。此至元二十五年之再敗也。

是年十二月，帝復召諭日烜曰：「爾表稱伏罪，似已知悔。據來人代奏，謂爾自責者三：被召不來，一也；脱歡撫軍而不迓，二也；唆都根底遮當，三也。若蒙赦宥，當遣質子、進美姬、歲貢方物。凡兹繆敬，將焉用此？若果出誠款，何不來此面陳？安有聞遣將，則遂事逋逃；見班師，則聲言入貢？以斯奉上，情僞可知。爾試思，與其嶺外偷生，無慮兵禍，曷若闕庭歸命，被寵榮歸？二策之間，孰得孰失？爾今一念違誤，係彼一方存亡，故遣遼東提刑按察司使劉廷直、禮部侍郎李思衍、兵部郎中萬奴，同唐兀解、合散、瓮吉利解等，引前差來阮全等二十四人，回國親諭。朕當悉宥前愆，復爾舊封。或更遲疑，決難寬恕。」

明年三月，廷直等至安南，日烜遣其中大夫陳克明等上表謝罪，具言：「已差從義郎阮盛從昔里吉大王赴闕。其烏馬兒、樊楫參政，方行津遣。樊參政病卒，火葬訖，千户梅世英、薛文正等護其妻妾還家。烏馬兒參政途中舟覆，溺於水而卒，其妻妾救出，俟續後資遣。軍人陷没者八千餘人，更行搜索，得頭目若干名、軍人若干名，並從天使回中國。」烏馬爾、樊楫實爲安南人所殺，表云楫病卒、烏馬爾溺死，皆掩飾之詞云。

二十七年，日烜卒，子日燇遣其臣嚴仲維、陳子良等來告哀，且請襲爵。表言：「六尺微孤，夙受父訓，於臣事天朝毋廢，歲貢一事，切切在懷。特遣中亮大夫嚴仲維、右武大夫陳子良等奉綱貢信物進獻。」帝簡張立道爲禮部侍郎，徵日燇親朝。日燇遣其臣阮代之、何維嚴等上表乞赦罪〔三〕，且約來歲詣闕。廷議：「必先朝而後赦。」日燇懼，卒不至。

復遣尚書梁曾、郎中陳孚再往諭曰：「汝國罪愆既已自陳，朕復何言？若云畏死道路，不敢來朝，且有生之類寧有長久安全者乎？天下亦復有不死之地乎？朕所未喻，徒以虚文巧飾見欺，於義安在？」日燇復遣陪臣陶子奇請罪，上萬壽頌、金册表。

帝惡其抗命，又議興師，遂拘子奇於江陵，命劉國傑與諸王昔里吉等同出師，分立湖廣、安南行省，給二印，市蜑船百斛者千艘，用軍五萬六千五百七十人，糧三十五萬石，馬料三萬石，鹽二十一萬斤。預給官軍俸賞，軍人、水手各鈔二錠。水陸分道齊發，令益稷隨軍至長沙。

會世祖崩，成宗嗣立，罷兵，乃遣子奇歸國。日燇上表慰國哀，並獻方物。遣侍郎李衎、郎中蕭泰登持詔諭之，曰：「朕嗣守大統，踐阼之始，大肆赦宥，無間遠近。惟爾安南，亦從寬卹，已敕有司罷兵。自今以往，所以畏天事大者，其審思之！」

元貞二年，日燇上表求封王爵，不允。乞《大藏經》，賜之。

大德元年，遣阮文籍、范葛入貢。自此至十年，安南凡五入貢云。

三年，丞相完澤等奏：「安南來使鄧汝霖，竊畫宮苑圖本，私買輿地圖及禁書，且私記北邊軍情、山陵諸事，宜責以大義。」遣尚書馬合馬、侍郎喬宗亮諭以：「汝霖等所爲不法，理宜窮治。朕以天下爲度，敕有司放還。自今使介，必須選擇。有所陳請，必盡情悃。勿憚改圖，致貽後悔。」

五年，命尚書馬合馬等送來使鄧汝霖等還國，諭安南依前三年一貢。

武宗即位，遣禮部尚書安魯威、兵部侍郎高復禮，頒即位詔於安南，曰：「惟我國家以武功定天下，文德懷遠人。乃眷安南，自乃祖乃父世修方貢，朕甚嘉之。邇者先皇晏駕，朕方撫軍朔方，爲宗戚元勳所推戴，謂朕乃世祖嫡孫，裕皇正派，宗藩效順於外，臣民屬望於下，人心所共，神器有歸。朕俯徇輿情，已於上都即位。今遣尚書阿里灰諭旨，尚體同仁之視，益堅事大之誠。輯寧爾邦，以稱朕意。」

是年，安南遣阮克遵、范歆資入貢賀即位。至大二年，又遣童應詔、謝大薰入貢。仁宗即位，世子陳日㷃遣使來朝，以禮部尚書乃馬台、吏部侍郎聶古伯、兵部郎中杜與可使安南，頒改元詔曰：「惟我祖宗受天明命，撫有萬邦，威德所被，柔遠能邇。乃者先帝龍馭上賓，朕以王侯臣民不釋之故，已即位於大都。其以明年爲皇慶元年，今遣尚書乃馬台等齎詔宣諭，仍頒新曆一本。卿其敬授人時，益修臣職，毋替爾祖事大之誠，以副朕不忘柔遠之意。」

皇慶二年，安南兵三萬餘人，突犯鎮安州，復分兵犯歸順州，屯聚未退。其世子復親領兵陷養利州，聲言：「知州事趙珏擒我思浪州商人，取金一碾，侵田千餘頃，故來讐殺。」樞密院使千户劉元亨赴湖廣詢察。元亨親詣上、中、下由邨。牒諭安南國曰：「昔漢置九郡，唐立五管，安南實聲教所及之地。况獻圖奉貢，上下之分素明；厚往薄來，懷撫之惠亦至。聖朝果何負於貴國！今乃自作不靖，狡焉啟疆。雖由邨之地所繫至微，而國家輿圖所關甚大。兼之殺掠者，皆朝廷屬籍編户，省院未敢奏聞。未審不軌之謀，誰實主之？」安南回牒云：「邊鄙鼠竊輩自作不靖，本國安得而知？」且以重賂至。元亨復牒，責以飾辭不實，卻其賂，且曰：「南金、象齒貴國以爲寶，而使者以不貪爲寶。請審察事情，明以告我。」然道里遼遠，情詞虚誕，終莫得其要領。元亨上言：「曩者安南人嘗侵永平邊境，今復倣效成風。爲今之計，莫若遣官宣諭，歸我土田，返我人民。仍令當國之人，正其疆界，究其首謀開釁之人，戮於境上，申飭邊吏毋令侵越。更於永平置寨募兵，設官統領，給田土、牛具，令自耕食，編立部伍，明示賞罰，令其緩急首尾相應。如此則邊境安静，永保無虞。」事聞，勑俟安南使至諭之。

延祐三年，命湖廣行省諭安南歸占城國王。先是，安南人攻占城國，執其王以歸，兵還，迎拜詔書，乃上表謝罪焉。

七年，日㷃卒，世子日爌遣陪臣鄧恭儉、杜士游來貢。

英宗至治元年，遣吏部尚書教化、禮部郎中文矩，頒登極詔。

泰定帝即位，詔安南國世子陳日爌曰：「我國家誕膺景命，撫綏萬邦，德澤普加，靡間華夏。乃者先朝奄棄臣民，朕以裕皇嫡孫，爲宗室大臣推戴，爰自太祖肇基之地入承天叙，其以甲子歲爲泰定元年。今遣尚書馬合謀、禮部郎中楊增瑞齎詔播告，賜爾《授時曆》一帙。惟乃祖乃父修貢内附有年矣，我國家遇卿良厚。以占城守臣上表，稱卿之邊吏累發兵相侵，朕爲惻然於中。不知卿何爲至是？豈信然邪？朕君臨天下，視遠猶邇，務輯寧其民，俾各得所。卿其體朕至懷，戒飭士衆，慎保乂民，俾毋忘爾累世忠順之意。」日爌遣陪臣莫節夫入賀。

二年，寧遠知州添插言：「安南士官押那攻掠其本末諸寨。」敕押那歸其俘。三年，安南將阮叩侵思州路，命湖廣行省飭兵備之。

先是，陳益稷久居鄂州，遥授湖廣行省平章，其妻、子皆爲本國所害。當成宗朝，賜漢陽田五百頃俾自贍，既而奪之。武宗憫其老，重加恩命，制曰：「委贄歸朝，既去逆而效順；以爵馭貴，宜崇德而報功。誕播明綸，用孚衆聽。爾陳益稷，知畏天者事大，期保境以安民。慕帝王之有真，見幾而作；懼祖宗之不祀，自拔而來。以忠孝之誠，受知於世皇，蒙天地之德，錫封於故國。始者周王之赫怒，伐罪弔民；終焉堯、舜之誕敷，班師振旅。彼迷不復，爾守彌堅。拯溺救焚，從王師凡一再舉；授餐適館，留湖右幾三十年。身歷事於四朝，志不渝乎初節。肆朕即阼，亟其來庭，是用加新秩以示恩，乃舊封而授職。於戲！内寧外撫，朕不忘銅柱之南；近悦遠來，爾益拱星辰之北。對揚休命，永堅一心。可加金紫光禄大夫、安南國王，給田如故。」文宗天曆二年卒，年七十六，賜錢五千緡，謚忠懿。

三年，世子陳日焯遣其臣鄧世延等二十四人來貢。

至順元年，有廣源賊閉覆寇龍州羅回洞，龍州萬户移文詰安南，其回牒言：「自歸天朝，恪共臣職，彼疆此界，盡屬一統。豈以羅回原隸本國，遂起争端？此蓋邊吏生釁，假閉覆爲名，爾理宜即加窮治。」命龍州萬户仍還所掠。次年，日焞遣其臣段子貞、黎克遜來貢。三年，遣吏部尚書撒只瓦等使安南。

惠宗元統二年，遣尚書帖住、禮部郎中智熙善使安南，以《授時曆》賜之。安南遣童和卿、阮固夫入貢，賀即位。

後至元元年，封其世子陳端午爲國王。日焞退而學道，自號太虚子，惟章表猶署己名。四年至六年，再遣使入貢。初，朝廷以日烜不請命自立，故日烜以下四世，俱稱安南世子。至端午，始封爲國王焉。

其國制度：分十三道、五十二府、二百一十九州縣，其實一道不及中國一郡。所至皆設學校。惟諒山有城，甎色紅紫，相傳爲馬伏波所築。王宫用黄瓦，簷高不過丈。民房以草苫覆門，僅三尺許，俯首出入。文字與中土同，外别作數十字，多加土傍以示異，亦止行於國中。其物産多稻，無麥，重蠶桑，有紬布，不植棉花。所在竹木成林，蔽天日。其用人：文職有三公、太尉、平章政事、輔國、左右僕射、參知政事、御史臺、翰林院、尚書等，武職有都元帥、節度使、大將軍、内殿前指揮使、招討使等。又有方鎮及世襲鄉邑官。每三年一考試，初試經義，次試四六，三試詩，四試策。各道取中三場者曰生徒，中四場者曰貢生，至會試中四場者曰進士，無定額。其氏族如阮、裴、吴、楊、陶、黄、武、宋、陳、程、梁、胡之屬，外無他姓。男女皆披髮，以香蠟斂之，不令散亂。又以藥塗其齒，使之黑而有光。無陰晴俱戴笠。見貴人曰翁茶，譯言大官也。食生肉，不設几席，豪家始有牀褥，平民率籍草而卧。好怪異，尚巫鬼，不奉二氏教。婚姻：富貴家用媒妁，遵禮制，貧家男女相悦，即備錢成夫婦，雖同姓不避。獨喪祭各依古禮，禁官民不得卜地，止許葬田中，惟國王始擇地於山上。兵無甲冑，止用火器、長刀、標鎗、藤牌之屬。臨陣以象爲重。草木四時不凋，晝夜無長短，古所稱日南者，殆不虚云。

【校勘記】

〔一〕「承」，原作「丞」，據《元史》卷二〇九列傳第九十六《安南》及徐一夔《明集禮》卷三二改。

〔二〕「疆場」，原作「疆場」，《元史》卷二〇九列傳第九十六《安南》同，據徐一夔《明集禮》卷三二改。

〔三〕「何維巖」，黎崱《安南志略》卷一四、陳孚《陳剛中詩集》附録《元史列傳》同，《元史》卷一六七列傳第五十四《張立道傳》及本書卷一七二《張立道傳》作「何惟嚴」。「上表」，原作「土表」，據《元史》卷一六七列傳第五十四《張立道傳》改。

新元史卷之二百五十二　列傳第一百四十九

外國四

緬　暹羅　八百媳婦

緬國爲西南夷，不知其族類所出。有城郭、宮室以居，有象、馬以乘，舟、筏以濟。其文字，進上者用金葉寫之，次用紙，又次用檳榔葉，謂之緬書。

世祖至元八年，大理宣慰司遣乞台脱因等招之，不得見其酋，見其長官，導使者偕來。十年二月，以乞台脱因充禮部郎中，與勘馬剌失里及工部郎中劉源、工部員外郎卜云失，充國信使，賜以璽書，曰：「間者大理、善闡等路宣慰司導王國使詣京師，且言至王國，但見其臣下，未得見王，又欲觀吾大國舍利。朕矜憫遠來，即命來使覲見，又令縱觀舍利。益詢其所來，乃知王有内附之意。朕一視同仁，今再遣使往諭王國。誠能謹事大之禮，當遣子弟大臣來朝，彰我國家無外之義，用敦永好，時乃之休。至若用兵，夫誰所好？王其思之！」不報。

十二年，建寧路安撫使賀天爵奏：「金齒頭目阿郭言：入緬有三道，一由天部馬，一由驃甸，一由阿郭地界，俱會緬之江頭城。又阿郭族人阿提範在緬掌五甸，户各萬餘，欲内屬，請用爲引導。」因言緬王無降雲南行省意，去使不返，必須征討。帝曰：「姑緩之。」

既而金齒千額總管阿禾來附，具言國使前爲蒲賊阻道，今蒲人降，國使已達，緬王留之不遣。無何，緬人以阿禾内附，怨之，攻其地，欲立砦騰越、永昌間。時萬户忽都、總管信苴日、總把脱羅脱孩，方奉命伐永昌之西騰越、蒲驃、阿昌、金齒未降諸部族，駐兵南甸。阿禾來告急，忽都等遂晝夜兼行，與緬軍遇，阻河爲陣，衆約四五萬，忽都等兵僅七百人。緬人前乘馬，次象，次步卒，象被甲，背負戰樓，兩傍挾大竹筒及短槍。忽都下令：「賊衆我寡，當先衝河北賊。」親率二百八十騎爲一隊，信苴日以二百三十三騎傍河爲一隊，脱羅脱孩以一百八十七人依山爲一隊。戰良久，蠻兵敗走。追之三里，抵砦門，阻淖而返。有蠻兵萬餘繞出官軍後，忽都復列爲三陣，進至河岸擊之，又敗走。連破十七砦，逐北至窄山口，轉戰三十餘里，蠻兵爲象、馬所踐蹂，故大敗。日暮，忽都中傷，始收兵。明旦，追之至千額，不及而還。俘獲甚衆，軍中以一帽、一靴、一氈衣易一俘。其脱者又爲阿禾、阿昌邀殺，歸者無幾，官軍惟一蒙古人獲一象，不得其性，被擊死，餘無死者。時十四年三月也。

十月，雲南宣慰使都元帥納速剌丁率蒙古、爨、僰、摩些軍三千八百人征之，至江頭城，招降具木、朵要、蒙帖、木耳、木充、磨欲等三百餘砦，土官曲臘蒲折户四千、孟磨愛呂户一千，磨奈蒙匡黑答八剌户二萬、蒙忙甸土官甫禄保户一萬，木都彈圖户二百，凡三萬五千二百户。以暑熱，班師。

二十年，大軍再伐緬，緬人請降。先是，帝聽納速剌丁言，發四川軍萬人，命藥剌海領之，又僉思、播、敘三州軍及亦奚不薛諸蠻軍征緬，不果行。至是，詔宗王相吾答爾、右丞太卜、參政也罕的斤率諸將征之。是年九月，大軍發中慶。至南甸，太卜由羅碧甸進軍。十一月，王命也罕的斤取道阿昔江，達鎮西阿禾江，造舟二百艘，順流至江頭城，斷緬人水路，自將一軍從驃甸徑抵其國，與太卜軍會。令諸將分攻，破其江頭城。遣人説降緬王，不應。進攻建都太公城，擣其巢，建都及金齒十二部俱降，得珍珠、珊瑚、異綵、七寶束帶無算。

二十二年，緬王遣其鹽井大官阿必立相至太公城，請納款，爲孟乃甸白衣頭目解塞阻道，不得行，遣騰馬宅者持信劄來乞。驃甸土官匿俗報上司，免軍馬入境。匿俗給榜遺驃馬定回江頭城，招阿必立相赴省，且報鎮西、平緬、麗川等路宣慰司、宣撫司，差三參持榜至江頭城付阿必立相、忙直十弄二人，期兩月至江頭城，宣撫司率蒙古軍至驃甸相見議事。阿必立相先乞言於朝廷，降旨許其悔過，後差大官赴闕。

朝廷尋遣鎮西平緬宣撫司達魯花赤兼招詔使怯烈詣其國，宣上威德。又以張萬爲征緬副都元帥，也先鐵木兒爲征緬招討使。勑造戰船，將兵六千人，以圖滿帶爲都元帥總之，由中慶抵永昌，經阿昔甸，以至忙乃甸。

二十四年正月，緬王爲其庶子速速古里所執，囚於昔怯答剌之地，又害其嫡子三人，與大官木浪周等四人同爲逆。雲南王所命官阿難答等，亦遇害。帝決意再征之，以脱滿答爾爲都元帥，李海剌孫爲征緬行省參政，將新附軍五千、探馬赤一千以行，仍調四川、湖廣軍五千赴之，募能通白夷、金齒道路者從征，令駐緬近郊，俟進止。既而雲南王與諸將進至蒲甘，緬人誘使深入，大軍失利，死七千餘人。緬遣使謝罪納款，雲南王允之，就命其渠長爲帥，定三歲一貢。二十六年，始遣委馬剌菩提班的來進方物。

成宗元貞元年，緬國阿剌札高微班的來獻舍利。二年，緬王遣子僧伽巴叔撒邦巴來貢。

大德元年，緬王請歲輸銀二千五百兩、帛千匹、馴象二十頭、糧萬石。始封其主的立普哇拿阿迪提牙爲緬國王，賜銀印，子僧哈八的爲緬國世子，賜虎符。又賜王弟撒邦巴一珠虎符，頭令阿撒三珠虎符，遣之。

踰年，復遣其世子奉表入謝，自陳部民爲金齒殺掠，率皆貧乏，以致上貢金幣愆期。帝憫之，止命間歲貢象，仍賜衣遣還。

是年，雲南省先遣管竹思加使登籠國，其國王遣其舅兀剌合兀都魯新合二人從管竹思加赴闕。二月，至蒲甘，緬王帖滅的，令可瓦力引兵登舟，執兀剌合兀都魯新合，劫掠貢物。六月，管竹思加至太公城，緬人阿只不伽闌等來言：「舊緬王帖滅的實劫奪於爾，今已去位，新王爲鄒聶，遣我輩召爾議，遣使入朝。」管竹思加至蒲甘，鄒聶曰：「帖滅的引八百媳婦兵破我甘當、散當、只麻剌、班羅等城，又劫奪登籠國貢物。爾等回朝，不知其故，必加兵於我。今帖滅的已廢，特差大頭目密得力、信者、章者思力三人奉貢物入朝。」又移文雲南省，稱：「木連城土官阿散哥也，皇帝命佩大牌子爲官人，初實無罪，前緬王欲殺之。聖旨令安治僧民，前緬王卻通叛人八百媳婦，引兵來壞甘當散當只麻剌班羅四族百姓，又劫奪登籠國貢物，故阿散哥也、阿剌者僧吉藍、僧哥速等廢前緬王，令我爲王。」行省以聞。

三年八月，太公城總管細豆，移文江頭站頭目逮的剌必塞馬加剌言：「阿散哥也兄弟三人，領軍三萬，殺緬王以下世子、妻妾、臣僕百餘人。」雲南省問其持文書來者我文哥，言：「緬王就弑時，謂阿散哥也曰：『我祖以來，不死於刃，可投我水中，或縊死。』遂縊之，埋尸於屋下，七日風雨不止。見夢於國人曰：『吾埋不得其地，若焚屍棄骨於水則晴。』從之，果然。」我文哥出十餘日，又聞世子及逃出次子之母，與前此隨國信使留緬回回、畏吾兒、漢人百餘，皆被害。阿散哥也又逼淫新王之母。是月，緬王之子及其師來奔，陳辭於雲南省，乞復讎，大概謂：「阿巴民叛，緬王乞朝廷討之，叛人怒，謂王請兵來殺掠我等，遂修城聚兵，謀廢其王。又僧可速左右及阿剌者僧吉藍從人相繼從叛者，殺密里都拜加郎等族。王謂其兄阿散哥也，可勸汝兄弟勿爾。對曰：『我說必聽，不聽，我親伐之。』王悉以國事付阿散哥也，因此得衆，遂生二心。王執而囚之。僧哥速等於不雨宿吉老亦之地，築大城拒守，水陸進兵，來逼蒲甘王釋阿散哥也，出見僧哥速等，奪象馬，掠百官，求錢物，燒城池，鎖王足置豕牢中，分其妻妾。王爲皇帝奴，冤苦如此，望拯救。」雲南行省左丞忙兀都魯迷失又上言：「緬王歸朝十一年矣，未嘗違生。今其臣阿散哥也兄弟三人以三罪加其身，置父子縲絏，又通新王之母，據舊王之妻妾。假三罪皆實，亦當奏從朝廷區處，乃敢擅權廢立，豈有此理？今其子來求救。且小甸叛人劫虜官民尚且赴救，答麻剌的微王乃上命爲國主，叛臣囚之，豈可不救？抑使外國效尤爲亂，將至大患。」行省以聞。已而又聞新王亦被弑，阿散哥也篡立。九月，中書聞於上，上曰：「忙兀都魯迷失之言是也，速議奏行。」十二月，阿散哥也犯邊，攻阿真谷馬來城，距太公城二十里，兵尋退。

四年正月，召忙兀都魯迷失赴闕，議兵事。五月，故緬王婿馬來城土官納速剌上言：

「大德元年，朝廷遣尚書教化的伴送世子僧加八的還國，國王集衆聽詔，惟阿剌者僧吉藍、僧哥速不至。二年二月，興兵叛逆，駐蒲甘近境。王亦整兵，諭叛賊之兄阿散哥也曰：『爾二弟不聽詔，又敢爲亂。爾今退兵從命則已，否則治爾同謀之罪。』阿散哥也諭之不從，王遂囚阿散哥也。二人引兵逼城，王遣納速剌等出戰，納速剌敗，被擒。王令國中諸僧出謂二人曰：『毋徒苦百姓。爾欲害我乎？若無此心，當釋爾兄，復乃職。否則明以告我。』阿散哥也及二弟皆曰：『王是我主，豈有異心？如不信，請如大寺爲重誓。』從之。誓畢，釋之。賊退，納速剌亦得歸。至五月，三人合兵攻蒲甘，執王及世子僧加八的、次子朝乞力朝普，囚於木連城，凡十有一月。三年四月十日，阿散哥也令弟阿難答速殺緬王並二子，餘子康吉弄古馬剌加失巴遁去，放世子於蒲甘而奪其妻，又分據王妻妾。共立王孽弟鄒聶，方十六歲，誅不附己者。十二月，又攻破阿真谷馬來兩城，納速剌逃來。」

五月十五日，中書樞密奏：「征緬事，忙兀都魯迷失請用六千人。臣等謂，緬與八百媳婦通好力大，非一萬人不可。」勅：「所擬猶少，可增爲一萬二千人。」又奏：「忙兀都魯迷失乞與薛超兀兒、劉都元帥德祿同事，及求雲南土官高阿康從軍，又請命親王闊闊監軍，以振兵威。」皆從之。上曰：「闊闊雖去，勿令預軍事。」

四年閏八月，雲南平章政事薛超兀兒、忙兀都魯迷失等發中慶，期至大理西永昌、騰衝會集。十月，入緬境。十二月五日，至馬來城大會。十五日，至阿散哥也兄弟三人所守木連城，三城相接，賊出戰，敗之。賊閉門拒守。忙兀都魯迷失、劉左丞據城東北面，薛超兀兒、高阿康參政據西面，正南無軍守之。賊日出戰，城内四面立三梢單梢砲，向外攻擊。官軍尋立排沙傅其城。

五年正月，分軍破石山寨，又召白衣催糧軍二千人攻其城南面。十九日，城上發矢石擂木，殺官軍五百餘人。二月二日，阿散哥也令十餘人呼曰：「我非叛人，乃皇帝良民。以緬王作違理三事，我等收之，彼自飲藥而死，非我等殺之。我等與蒙古人無甚作惡，若許我投降，願永受約束〔一〕。」又使人持金銀禮物出見。分省官諭賊：「三人親出方可，不然難信。若一年不出，我軍亦住一年。」賊竟不肯親出。

二十七日，萬户章吉察兒等言：「炎天瘴發，軍勞苦不還，實懼死傷獲罪。若令我等住夏瘴死，不如赴上前就死。若明白有旨，孰敢不住？在法，口傳聖旨勿行。我等今當回軍。」二十八日，分省官方議事，章吉察兒等遽率所部退走。二十九日，分省官亦回。三月五日，至阿占國城，追及章吉察兒等。忙兀都魯迷失移文稱：「大事未成，豈可回軍？若爾等果不肯住，可留軍一半或三千，住夏守賊。」平章薛超兀兒、劉左丞、高參政皆言：「平章能住夏，我輩願徧告軍官，俱令住夏。」是日，新王之母乘象追及分省官，訴：「賊拘我於木連城，今始放出。若大軍五日不退，必出降。」章吉察兒等宣言：「病軍已先行，我等明日亦去，無可議者。」分省官命追回先行軍，皆言：「已去遠，無及矣。」次日，分省官遂下令班師。薛超兀兒、忙兀都魯迷失上言：「賊兵困屈，旦夕出降。參政高阿康、土官察罕不花、軍官章吉察兒等，同稱軍人多病，不可住，擬合回軍。分省官留之，不聽。彼既行，分省官亦不能住。」又言：「賊饋阿康酒食，阿康受之，疑是寶貨。」又軍回五程，阿康出銀三千兩曰：「此阿散哥也賂諸將校者。」薛超兀兒等言：「此銀爾實受之，我輩未嘗知也。欲與諸將，爾自處之。」蓋因阿康與察罕不花等預此行，故功不成，乞置對以懲受賂者。

八月八日，丞相完澤等奏遣河南平章政事二哥等赴雲南，雜問之。自宗王闊闊，平章政事薛超兀兒、忙兀都魯迷失，左丞劉德禄，參知政事高阿康，下至一二大將校、幕官、令史，皆受賊賂，共爲金八百餘兩、銀二千二百餘兩，遂不能號令偏裨。阿康因與察罕不花，令諸將抗言不能住夏，擅回。於是阿康、察罕不花俱伏誅。忙兀都魯迷失前死。薛超兀兒、劉德禄遇赦，皆追奪宣勑，永不叙用。忙兀都魯迷失子萬户咬咬、忽都不丁，千户脱脱木兒真，杖決有差，皆奪所居官，籍其家産之半。其餘將校，各以輕重被笞。察罕不花者，麗江路軍民宣撫使也。是役也，自宗王以下皆以納賂麗於罰，辱國莫甚焉。

武宗至大元年，緬使貢白象。帝命朵爾只爲兵部侍郎，使其國。

仁宗延祐二年，緬王遣其子脱剌合來朝。六年，復遣其臣趙欽撒入貢。

英宗至治元年，帝御大明殿，受緬國使者朝。

泰定元年，緬國王子吾者那等争立，歲貢不至，命雲南省宣諭之。三年，緬國王答里耶伯以國亂來乞師，詔雲南就近安撫之。四年，答里必牙請復立行省於迷郎崇城，不允。

文宗至順三年，緬王遣使者阿落等十人來貢方物。

惠宗後至元四年，又遣使來貢方物。立邦牙等處宣慰司都元帥府并總管府。

緬國：東至八百宣慰司，南至海，西至孟養，北至猛密宣撫司，自司東北三十八程至雲南省治。其山曰小豹，其水曰金沙江，緬人恃以爲險。其俗狙詐慓悍。男子善浮水，綰髻頂前，用青白布纏之。婦人綰髻頂後，不施脂粉。事佛敬僧，有大事則抱佛説誓，或詣僧誓之，然後決。其産：象、犀、馬、椰子、白㲲、布、兜羅綿。樹類椶，高五六丈，結實如掌。土人以麵納罐中，以索懸罐於實下，劃實取汁，熬爲白糖。其葉即貝葉，寫緬書用之。石油自石縫流出，臭惡而黑色，可塗瘡。都會：有江頭城，至騰衝十五日。太公城，在江頭南十日。馬來城，在太公城南八日。安正國城，在馬來城南五日。蒲甘，緬王城，在安正國城西南五日。所謂緬中五城也。

暹與羅斛，古之扶南國也。

暹國，北與雲南徼外八百媳婦接壤，東界安南，西北距緬國。

羅斛，在暹之南，濱大海。

暹土瘠，不宜稼穡。羅斛地平衍，種多穫，暹人仰給焉。有大河自暹達於羅斛，東南入海。每夏有黃水自海港漲入内河，農民乘時擢舟播種，苗隨水以漸而長，水尺苗亦尺，水退苗熟。有播植無耕耘，故穀豐而賤。《晉書》：「扶南國，西去林邑三千餘里，在海大灣中，其境廣袤三千里，人以耕種爲務，一歲種，三歲穫。」是也。歷晉、宋、齊、梁、隋、唐，屢通貢獻。後分爲暹、羅斛二國。

世祖至元二十六年，羅斛遣使入貢。成宗元貞初，暹國進金葉表。暹人與麻里予兒舊相讎殺，至是皆歸順。英宗至治三年，暹國來入貢。惠宗至正間，暹始降於羅斛，因合爲暹羅國。暹羅南境，斗入大海中，形如箕舌，延袤約三千里，遠出占城、真臘之西南，隔海相望，成一大灣云。

八百媳婦者，夷名景邁。世傳其長有妻八百，各領一寨，故名。自古不通中國。

世祖中統初，命將征之，不能達而還。後遣使招徠，置八百大甸軍民宣慰司。又有大、小徹里，本古産里。伊尹四方獻令曰：「産里以象齒、短狗獻周公，作指南車導之歸。」故又名車里，後訛爲徹里云。其地在元江南，與八百媳婦犬牙相錯。

成宗元貞二年，大徹里胡會來降，立徹里軍民總管府，又置耿東路耿當、孟弄二州。大德元年，八百媳婦叛，寇徹里，遣野老不花討之，不克。

四年，用雲南右丞劉深計，發兵二萬，立征八百媳婦萬户府二，出四川、雲南囚徒從軍，人給𧴩子六十索。深等將兵，取道順元路，調民供給。土官宋隆濟紿其衆曰：「官軍徵發汝等，將盡翦髮黥面爲兵，身死行陣，妻子爲奴，勢所必至。」衆惑其言，遂反。深復脅水西土官之妻蛇節，出金三千兩、馬三千匹。蛇節不能堪，聯結隆濟，率苗狫、紫江諸蠻，圍深窮谷中，攻破楊黄寨，殺掠甚衆。朝命陝西平章也速帶爾、湖廣平章劉國傑，將兵合討之，大敗隆濟兵於墨特川。其兄子順元路同知阿重，縛之來獻，蛇節亦乞降，並斬之。深坐棄市。於是罷所置萬户府，留蛇節養子阿闕于水西，以撫其民，而升阿重爲宣撫使。

武宗至大二年，八百媳婦與大、小徹里作亂，威遠州土官谷保奪據木羅甸，遣雲南右丞算只爾威招之，私受谷保賂，竟以敗還。

仁宗皇慶初，八百媳婦再寇邊，帝降詔招撫之，始獻馴象、白象，繼遣其子招三聽來朝。時大徹里哀用亦遣貢使七十五人詣闕，賜裘帽、韡韈有差。

泰定二年，以土人寒賽爲徹里軍民府總管。四年，八百媳婦請官守，置蒙慶宣慰司都元帥，及木安、孟傑二府于其地。

文宗嗣位，八百媳婦使者昭哀入貢。

其地：東至老撾，南至波勒蠻，西至大吉剌，北至孟艮府。自姚關東南行五十程至其國，有南格剌山，下有河，南屬八百，北屬車里。平川數千里，幅員廣遠。其産：巨象，安息、白檀諸香。民皆僰種，刺花樣於眉目間，雕題也。好佛惡殺，每邨立一寺，每寺建塔，約以萬計。有敵人來侵，不得已舉兵應之，得其讐即止。俗名「慈悲國」也。

【校勘記】

〔一〕「願」，原作「顧」，據文意改。按「願永受約束」一句，蘇天爵《國朝文類》卷四一、佚名《皇元征緬録》均作「省官鑒之」。

新元史卷之二百五十三　列傳第一百五十

外國五

占城　爪哇　琉求　島夷諸國

占城，本秦象郡林邑縣地，東濱海，西際爪哇，南通真臘，北與安南之驩州接壤。東西五百里而贏，南北三千里。都城去海一百二十里，近瓊州，舟行順風一日可至。其南曰施備州，西曰上源州，北曰烏里州，領大小州凡三十有八。亦有縣、鎮諸名。宋淳熙中，占城以舟師襲真臘，入其國都。慶元五年，真臘大舉復仇，俘其主以歸，國遂亡，其地悉歸真臘，因名占臘。其後國王或曰真臘人，或又謂占城恢復云。

至元十五年，世祖既平宋，將有事海外。時荆湖行省左丞唆都遣人至占城，還言其王舍利咱牙信合八剌麻哈迭瓦願内附。詔封占城郡王，遣侍郎教化迪、總管孟慶元、萬户孫勝夫，與唆都同往，諭其王來朝。

十七年，國王保寶旦拿囉耶邛南詃占巴地囉耶遣使奉表降，兼貢珍物及犀、象。

初，朝廷以占城國王孛由補剌者吾稱臣内附，命唆都就其國立占城行省撫之。既而其子補的專國，不聽命。會萬户何子志、千户皇甫傑使暹羅，宣慰使尤永賢、亞闌等使馬八兒國，道占城，皆被執。事聞，命唆都討之。

兵出廣州，航海至占城港。港口北連海，旁有小港五，通其國大州，東南皆山，西傍木城。官軍依海岸屯駐。蠻兵治木城，四面約二十餘里，起樓棚，立礮臺百餘。又木城西十里建行宫，其國王親率重兵屯守。遣都鎮撫李天祐招之，七往，終不服。

分遣瓊州安撫使陳仲達以兵由水路攻木城北面，總把張斌，百户趙達攻東面沙觜，省官分二道攻南面。舟泊岸，爲風濤所碎者十七八。蠻兵開木城南門，建旗鼓，乘象拒戰，敗之。官軍入木城，與東北二軍合。其王棄行宫，燒倉廩，殺永賢、亞闌等，與其臣逃入山谷，遣使者陽乞降，許之。官軍入大州，王遣其舅寶脱秃花奉國王信物、雜布二百疋、大銀三錠、碎銀一甕爲質。又獻金葉九節標槍，言：「國王欲來，病未能起，先使持其槍來，以見誠意。」復令第四子利世麻八都八德剌、第五子舍利印德剌來見，詭言世子補的被傷死，王頰中箭未愈，故先使二子來議入覲事，以款我師。省官疑非真王子，聽其還，遣千户林子全偕往覘之。二子在途先歸，子全入山兩程，國王遣人來拒，不果見。又殺何子志、皇甫傑等百餘人。

寶脱禿花俄又至，自言：「我祖父、伯、叔，皆爲國王，傳至我兄孛由補剌者吾，殺而奪其位，我實銜之。願禽其父子以獻，請給大元服色。」唆都不虞其詐，賜衣冠，撫諭而行。有居占城唐人曾延者，來言：「國王逃於大州西北鴉侯山，詣交阯、真臘、闍婆諸國借兵未至，懼唐人洩其事，將盡殺之，延等覺而逃。」未幾，寶脱禿花偕其宰相報孫達兒及撮及大師等五人來降。省官引曾延與見，寶脱禿花曰：「此姦細也，國軍皆潰散，安敢復戰？且今未附州郡凡十二處，每州遣一人招之，無不服者。」

唆都猶信其言，遣子全等同赴大州。比至城西，寶脱禿花背約間行，自北門乘象去。萬户張顒等領兵赴國王所棲之地，近水城二十里。賊浚濠塹，拒以大木，官軍斬刈超距奮擊。轉戰至木城下，山林阻隘不能前，蠻兵旁出截歸路，官軍殊死戰，得脱。

朝廷更命阿塔海發兵萬五千人、船二百艘助討，以安南道阻，不果至。又命萬户忽都虎、烏馬兒率江淮軍二萬人赴唆都軍前，而唆都已回軍。

忽都虎等至占城，知官軍退，令百户陳奎招其國王來降。其王遣阿不蘭納款，具言被官軍劫掠，貧無以獻，俟來年當備物，令嫡子入朝。未幾，果遣其孫濟日理勒蟄奉表歸順。朝廷未知也，再命鎮南王脱歡發兵假道交趾征之。國王乞回軍，願出土産，歲修職貢，使大盤亞羅日加翳大巴南等十一人詣闕獻馴象，並賀聖誕節。舊州主寶嘉婁亦奉表入附。自是終元之世，貢使不絕。

英宗至治三年，遣其弟保佑八剌遮貢方物。

泰定帝致和元年，遣使來貢，兼言屢爲交趾所侵，帝下詔和解。文宗至順三年，遣其臣阿南那那里沙等，奉金書表入貢。

惠宗後至元元年，遣使獻方物，且言交趾遏其貢道，詔遣使開諭。

其所貢：雲龍形通犀帶、菩薩石。薔薇水、猛火油，皆貯瑠璃缾中以進。有火珠，大如雞卵，正午承日影取艾燃之，立見火。其王每坐見官屬，一膜拜即起白事，事畢復一膜拜而退。親近之臣見王跪，疏遠者拱手而已。王腦後髽髻，散披吉貝衣，或大食錦，或川法錦大衫，戴金花冠，七寶裝瓔珞爲飾，脛股皆露，紅革履，無襪。男子以白氎布纏胸下，垂至足，衣袖甚窄，撮髮爲髻，散垂餘髻於後。婦人亦腦後撮髻，無笄梳，其服飾與男子同。人多乘象，食山羊、水兕。國無城郭，無絲蠶，有米、粟、豆、麻。每歲稻熟[一]，王自刈一把，從者及羣婦女競刈之。其王或以兄爲副王，或以弟爲次王。設高官八員，分掌東西南北各二，無奉禄，所管土俗資給之。別置文吏五十員，有郎中、員外、秀才等，管資儲寶貨。又司帑廪者二十員，主軍卒者二百餘員，皆給龜、魚以充食，免其調役而止。其大姓號婆羅門。兵萬餘，人月給秔米二斛，歲給布三五匹。王乘木杠，四人舁之，從者十餘輩，一人執檳榔柈合前導。樂有胡琴、笛、鼓、大鼓。樂部亦列舞人。兵器則刀、槍、弓矢、手牌。夜卧，惟王有床，諸臣則施地蓐。以十一月十五日爲冬至，相賀。十二月十五日祀天，縛木爲塩，王及官民用衣物、香藥焚其上，州縣各以土産獻王。人有疾病，采生藥服食。地不産茶，飲椰子酒。刑，小過以藤杖，當死者標槍抉其喉，或令象蹈之，或以鼻捲撲，皆馴習隨人意。世與交趾相惡，數攻殺。兩國使者並至，則分東、西賜宴。朝則交人入垂拱殿，占城趨紫宸以避，若誓不相見者。占城屬國曰賓章龍，即佛書之舍城，其地與占城相連。

爪哇在海外，視占城益遠。其名爲諸史所不載。自泉南航海者，先至占城，而後抵其國。

世祖出師海外，惟爪哇之役最大。自至元十七年，始降旨招諭其國。二十三年，遣必剌蠻等至爪哇，自是通使往來無間。後遣孟祺持詔往，國王剌其面遣歸，帝怒，決意伐之。二十九年二月，詔史弼、高興、亦黑迷失，並爲福建行省平章，會福建、江西、湖廣三省兵凡二萬，發海舟千艘，齎糧一年，降虎符、金符、銀符以百計，用備功賞。大軍會泉州，自後渚啟行。風急濤湧，舟掀簸，士卒數日不能食。過七洲洋、萬里石塘，歷交阯、占城界。明年正月，至東董、西董山，牛崎嶼，入混沌大洋，橄欖嶼，假里、馬答、枸闌等山，駐兵伐木，造小船以入。遣宣撫官楊梓、全忠祖等，帶五百餘人先往慰諭。大軍繼進，弼等至爪哇之杜並足，議分軍水陸進攻。弼率都元帥那海等水軍，自杜並足，過戎牙港口，至八節澗。興與亦黑迷失帥馬步軍，自杜並足陸行，遣副元帥土虎登哥等，乘鑽鋒船，由戎牙路，至麻喏巴歇之浮橋。

時爪哇方與隣國葛郎構怨，其王爲葛郎酋哈只葛當所殺。其壻土罕必闍耶攻葛郎不勝，退保麻喏巴歇。聞弼等至，以其國山川、户口，并獻葛郎國地圖納降。先令楊梓、全忠祖引其宰相昔剌難答吒耶等五十餘人來迎，大軍會八節澗。澗上接杜馬班王府，下通莆奔大海，乃爪哇咽喉要地。其謀臣者希寧官沿河泊舟檝，觀望成敗，再三招之，不降。乃於澗邊設偃月營，留萬户王天祥守河津，土虎登哥等水陸齊發。者希寧官懼，棄船宵遁，獲鬼頭大船百餘艘。令都元帥那海等鎮八節澗海口。大軍方行，土罕必闍耶遣使詐稱葛郎主追殺至麻喏巴歇，乞官軍救援。亦黑迷失信之，先遣都元帥鄭鎮國引軍赴章孤援之。高興抵麻喏巴歇，却稱葛郎兵未知遠近，興回至八節澗。尋報賊兵夜當至，興仍赴麻喏巴歡。未幾，葛郎兵果三路來攻。亦黑迷失率萬户李明迎賊于西南，不遇。興與萬户脱歡由東南路接戰，殺傷數百人，餘賊奔潰山谷。俄西南路賊奄至，興再戰至晡，又敗之。乃分軍三道伐葛郎，土虎登哥將水軍泝流而上，亦黑迷失由西道，興等由東道，土罕必闍耶以本軍繼其後。期會答哈城，葛郎國主將兵十餘萬拒敵，三戰，賊敗潰，擁入河死者亡算。進圍其城。是夕，哈只葛當出降，並俘其妻、子。

土罕必闍耶求歸，具降表，兼貢所獲珍器，遣萬户捏只不丁、甘州不花率兵護送之。至中途，殺二使叛去，且合衆來攻。弼等且戰且行，三百里，得登舟，行六十八日夜，達泉州，士卒亡者三千餘人。帝怒弼等玩寇無功，各杖之。

成宗大德元年，爪哇國遣舍剌班直木達奉表乞降，始授宣敕。元貞元年，來獻方物。仁、英兩朝，皆遣使賀天壽節。泰定二年，亦奉表入貢。致和元年，詔優護爪哇國王札牙納哥，仍賜衣物、弓矢。文宗至順三年，遣其臣僧伽剌等，奉金書表以獻。惠宗至正二十三年，遣使澹濛加伽殿來進方物，帝賜其王三珠虎符及織錦文幣。

其地平坦，宜稻、麻、粟、豆，不産茶。煮海爲鹽，出金銀、犀牙箋、檀香、茴香，亦務蠶織。室宇壯麗，多飾金碧。剪銀葉爲錢。其酒出蝦蝚丹樹，甚香美。其俗有名而無姓。王則椎髻，戴金鈴，衣錦袍，躡革履，坐方牀。官吏入謁，三拜而退。國人見王出則坐，俟其過乃起，以爲敬也。

琉求亦海中島也。當泉州東，水行五日而至。其王歡斯氏。自隋時，王名渴剌兜，始見於史。

國人呼王爲可老羊，妻曰多拔茶，所居曰波羅檀。塹栅三，三重，環以流水，樹棘爲藩。土無賦斂，有事則均稅。用刑無枷鎖，縛以繩。死刑，以鐵錐尺許入其頂殺之。俗無文字，望月虧盈以紀時，候草榮枯以紀歲。人深目長鼻，有小慧。男女皆以白紵繩纏髮，從項後遶盤至額。男去髭鬢，鳥羽爲冠，裝以珠貝，簪以赤毛，形製不一。婦人黥手，蟲蛇文，以羅紋白布爲帽。土産多鬬鏤樹，似橘葉，密條，纖絲下垂，織其皮并雜色紵可爲衣，綴毛、垂螺爲飾，雜色相間，下垂小貝，聲如珮環。懸珠於頸，編藤爲笠，出入必戴之。有刀、矟、弓箭、劍、鈹之屬。鐵刃皆薄小，以骨角輔之。組紵爲甲，或用熊、豹皮。王出則乘木獸，舉之而行。人驍健善走，好格鬬，耐創而難死。收鬬死者祭神，羣聚食之，以髑髏告王，王則賜之冠，使爲隊帥。王所居壁下，多聚髑髏。土宜稻、粱、黍、豆，以石爲鍾，火耕水耨。氣候與嶺南相類。無牛、羊、驢、馬。煮海水爲鹽，釀木汁爲酢，米麴爲酒，食皆用手。凡宴會，必待呼名然後飲。上王酒，亦斥其名歌呼。一唱衆和，其音哀怨。嫁娶以酒肴、珠貝爲聘，相悦便爲匹偶。所産無他奇異，故市舶罕至。

隋大業三年，煬帝令羽騎尉朱寬，入海訪求異俗，海師何蠻言：「每天清風静時，東望隱約，若煙若霧，遠不知幾千里，未知何國。」遂與寬俱往，語言不相通，掠一人，并取其布甲而還。時倭國來使，見之曰：「此彝邪久國人所製也。」明年，遣武賁郎將陳稜等，自義安浮海擊之。至高華嶼，又東行二日，至鼅鼊嶼。又一日，至琉求。軍中有崑崙人，頗解其語，遣慰諭之。琉求不從，出兵抗拒，擊走之。入其都，焚宫室，俘男女數千人歸。歷唐、五代，皆與中國絶。

宋淳熙間，琉求巨豪率數百人，猝至泉州水澳圍頭等村殺掠，人閉户則免，刓其門圈以去。擲以匙筯，則縱拾之。見鐵騎，争刓其甲。官軍追襲之，泅水而遁。

其境在漳、泉、福、興界，與彭湖諸島相對，西、南、北岸皆水，水至彭湖漸低，近琉求則謂之落漈。漈者，水趨下而不回也。凡西岸漁舟到澎湖以下，遇颶風漂流落漈，回者百一，故其地小而最險。

世祖至元二十八年，海船萬户楊祥請以六千軍往，降則受之，不聽命則伐之。朝廷從其請，命祥爲都元帥，將兵抵其國。有書生吴志斗者，上言生長福建，熟知海道利病，若欲收附琉求，且就澎湖發船前往，相水勢地利，然後興兵未晚。乃命祥充宣撫使，志斗假禮部員外郎，捧詔以行。詔曰：「朕收撫江南已十七年，海外諸番罔不臣屬，惟琉求密邇閩境，未曾歸附，議者請即加兵。朕惟祖宗立法，凡不庭之國，先遣使招降，來則安堵如故，否則必致征討。今命使宣諭爾國，果能慕義來朝，存爾國祀，保爾黎民。若不効順，自恃險阻，舟師奄及，恐貽後悔。爾其慎擇之。」

明年三月，自汀州尾澳東行，至海洋中，遠望有山長而低者，約去五十里。祥言是琉求，獨乘小舟至山下見其部衆。令軍官劉閏等二百餘人，以小舟偕三嶼人陳煇登岸。衆不解三嶼人語，爲其殺死者三人。還至澎湖，覓志斗弗能得。初，志斗嘗斥言祥生事邀功，言誕妄難信。至是，疑祥害之。祥顧稱志斗懼誅逃去，志斗妻、子訴於官，勑發福建行省置對。後遇赦，不竟其事。

成宗元貞三年，福建行省平章高興言琉求可圖狀〔二〕。遣省都鎮撫張浩、新軍萬户張進赴其國，擒生口百三十人而返。自是終元之世，史不再見也。

史臣曰：琉求，今之臺灣。今之琉求，至明始與中國通。或乃妄合爲一，誤莫甚矣。

海外島夷之族，澎湖最近，分三十六島，有七澳介其間。其地屬泉州晉泉縣。土人煮海爲鹽，釀秫爲酒，採魚蝦爲食。至元初，設巡檢司，東爲琉求，與澎湖相對。自琉求以南，曰三島，居大崎山之東，又名三嶼。其人常附海舶至泉州貿易。世祖至元三十年，選人招撫之。平章政事伯顔等言：「臣等與識者議，此國之民不及二百户，時有至泉州爲商賈者。入琉求軍船，過其國，國人餽以糧食，館我將校，無他意。乞不遣使。」世祖從之。

其附近小國曰答陪，曰海瞻，曰巴弄吉，曰蒲里咾，曰東流里。

其西南爲麻逸國，男女椎髻，俗尚節義。婦喪夫，則截髮絶食七日，多死，不死則終身不再醮。舶商守信，終不爽約。

在闔麻羅華之東南，爲無枝拔，漢言五山也。男女編髮纏頭，民種薯以食。有酋長，知信義，失信則罰金。煮海爲鹽，釀椰漿、蕨粉爲酒。

有龍涎嶼，羣龍出没海濱，故其地産龍涎香，一名撒八兒也。

西南爲丹馬令國，地與沙里佛來安爲鄰。

又有日麗國，地少稔，仰食於他國。

麻里嚕，即吕宋島，俗尚節義。番官死，其婦不再嫁於平民，必閥閲相稱乃嫁之，否則削髮爲尼。

遐來物，即吉利門之異譯。至元中，大兵攻爪哇，自枸欄山進至吉利門，即此地也。俗尚怪妖，男女挽髻。人死，以生腦灌其尸，欲葬而不腐。

彭坑，俗亦如之，男女椎髮〔三〕。石崖周匝如山栅，田沃穀登。

吉蘭丹國，屬三佛齊。俗尚禮，男女束髮。外有小港，水深而鹽、魚美。

又有丁家廬國，與三角嶼相對，亦三佛齊之屬國。俗尚怪妖，男女椎髻，刻木爲神，殺人瀝血祭之，以禳旱疫及卜吉凶。

曰戎國，俗陋，男女方頭，蓋兒生之後以木板夾之，四季祝髮。

曰羅衛，在其南，風俗勤儉，男女文身爲禮，即唐羅越國也。

曰東冲古剌，俗輕剽，男女斷髮，人死撇于海。

曰蘇洛鬲，曰針路，曰八都馬，曰淡邈，皆附近羅斛之島國也。

尖山國，在小東洋中，因山建國，有屬地八節澗。史弼伐爪哇，由戎牙路港口至此。

三佛齊國，人多蒲姓，習水陸戰，服藥，刃不能傷。

嘯噴，本屬三佛齊，後自立爲王。

浡泥，崇佛像，愛中國人，去三佛齊四十日程。

其西南有國，曰明家羅，分三島。

曰重迦羅，産鹽敷樹及石楠，田沃，亞於爪哇。男女撮髻，無酋長，年尊者統攝之。其附近諸番曰孫陀，曰琵琶，曰丹重，曰員嶠，曰彭里。史弼帥水軍由戎牙路至八節澗、重迦羅，即戎牙路之異譯也。

曰都督岸，曰文誕，曰蘇禄，曰龍牙犀角，曰蘇門傍，皆近暹諸島國也。

曰舊港，爪哇屬國也。男女披長髮。

曰龍牙菩提，四面皆山。

曰毗舍耶，男女撮髻，以墨汁刺身，伏荒山窮谷，虜他國人而售之。

曰班卒，俗尚質，披短髮，煮海爲鹽，釀米爲酒，有酋長率之。

曰蒲奔，風俗果决，男垂髻，女拳髮，有酋長。所謂「莆奔大海」，蓋因此國而得名歟？

假馬裏打，俗澆薄，男女髠頭，不知廉恥。地産番羊，高大可騎。

文老古，俗薄，男女椎髻，煮海爲鹽，沙糊爲食。

古里地悶，俗浮濫，男女斷髮。

龍牙門，俗好劫掠，男女人多椎髻。

崑崙山，遠截於大海中，人無居室，怪形異狀，無衣褐，日食果及魚蝦。劉深追宋端宗，執其戚俞廷桂之地也。

靈山，民以結網爲生計，田野闢，宜耕種。

東西竺，俗樸陋，男女斷髮。田瘠，歲仰淡洋米穀以足食。

花面，其地沮洳，田沃，宜耕種。男女以墨汁刺于面，故謂之花面國。俗淳，有酋長。

淡洋，一名毯陽。俗淳，男女椎髻。港口通貿易，有大溪之源二千餘里，奔流合於海。其海水清淡，故名淡洋。元貞元年，遣使奉金字表來朝。

須文答剌，地墝穀少，男女繫布縵，俗薄。其酋軀幹長修，一日之間必三變色，或青，或黑、赤。每年殺十餘人，取血浴之，以免疾病。所謂「速木都剌」是也。

僧加剌，俗信佛。土人長七尺餘，面紫，身黑，巨眼而長手，温而壯。所謂「信合納帖音」是也。又名獅子國。

交欄山〔四〕，氣候熱，俗尚射獵。國初，史弼征爪哇，遭風於山下，舟幸多，壞一舟，免，唯存釘灰。見其山多木，大軍乃造舟十餘艘，若檣柁等靡不備〔五〕。有病卒百餘人不能去，遂留此，至今漢、番雜處。

特番利，俗淳，男女椎髮。田沃，稱爲樂土。

班達里，與鬼屈波思國爲鄰，俗尚怪妖，有鬼爲災，年必祭之。男女椎髻。

曼陀郎國之西北隅，與播寧接壤。二國不事侵伐，故累世婚姻。酋長七尺餘，男女挽髻。

南巫里，地當南洋要衝，民環山而居，田穀少，以劫掠爲俗，男女椎髻。至正二十一年十一月，福建行省遣八合魯思招降南巫里及別里剌、里倫、大力四國。北溜地勢下，千嶼萬島，潮流迅急，水中有石，槎利如鋒刃，不能行舟。番民以貝八子權錢用。

下里國，居小唄南古里佛之中，又名小港口。俗淳，民尚氣，出入必攜弓矢及牌。男女削髮。

高郎步，在大佛山之下。地濕，男女撮髻。

沙里八丹國，在古里佛山之後，地沃衍，俗美，男女繫布纏頭。民有罪，以石灰畫圜於地，令人立圜內，不令轉，此極刑也。

金塔，古崖下有金塔，高十丈，國名因之。土瘠民貧，男女椎髻。女業織，壽至百餘歲。

東淡邈，近希苓數日程。俗重耕，男女椎髻。

大八丹國，居西洋後，一名雀婆領。俗淳，男女短髮。

加里那國，近具山，產白牛。俗淳，男女髡髮。

土塔，居八丹之平原。俗好善，民事桑麻，男女斷髮，其身如漆。

第三港，古號馬淵，今名新港。風俗與八丹同。

華羅國，俗尚怪妖，民間常塑泥牛，刻石像，諷經敬之。男女皆黝黑，額搽牛乳、檀香。

麻那里，在迷黎國東南，居海中之絶島。俗侈，男女辮髮。

加將門里，去加里國二千餘里，其地堰水瀦，田宜穀。俗薄，男女挽髻，雜回回人。

波斯離，與大夏連境，地方五千餘里。俗尚侈麗，男女編髮。

撻吉那國，居達里之地。俗同戎、羌，男女黝黑，眼圓，白髮鬙鬅。

千里馬，北接大奮山，田瘠穀少，俗淳，男女斷髮。

須文那，與班支尼那接界。俗鄙薄，男女蓬頭。又譯爲須門那。

小唄南，風俗、男女與古里佛同。元貞初，禁海商以細貨與馬八兒、唄南、梵荅剌亦納三國交易。

古里佛，當巨海之要衝，西洋都會也。俗近古，其用法至謹。

朋加剌，俗淳，女纏頭。鑄銀錢名唐加，每錢重八分，貝八子一萬五百二十餘，以權小錢用。

巴南巴西，在大響山南。男女體小，俗澆薄。

放拜，居巴隘亂石之間。風尚樸厚，男女身黑，有酋長。

大烏麥，近巴南西洋中。俗淳，人脩長，女有髭焉。然善鬬，用標槍、毒矢，他族皆畏之。鑄金爲錢。即宋烏然泥國也。

萬年港，俗同之，人椎髻。

馬八兒嶼，在加將門之右。瀕山而居，俗淫氣熱，男女散髮，其地産珠，民以塗黑爲美，裸而居。曰拔忽，曰里達那，曰骨里傍，曰安其，曰伽忽，皆附庸於馬八兒。海外諸國，惟馬八兒與俱藍爲之綱領，而俱藍又爲馬八兒後障。其地産黄金、蘇方木及椒，氣熱而俗淫。

至元間，行省左丞唆都等奉璽書往招諸番，馬八兒、占城降，俱藍不降。復遣廣東招討使楊廷璧招之，行三月至其國，國主必訥的遣其弟首那本不剌木奉表降，約來歲入貢。尋授哈撒兒海牙爲俱藍宣慰使，偕廷璧再往。自泉州入海，復行三月，抵僧伽耶山，舟人以阻風乏糧，勸往馬八兒，或可假陸路達俱藍。乃至馬八兒新村馬頭登岸，其國宰相馬因的問：「官人以何事至此？」廷璧告其故，因及假道事，以不通爲辭。與其宰相不阿里相見，又言假道，亦以他事辭。詰旦，二人至館，屏人，令其譯者通情實言：「我算灘兄弟五人，皆聚加一之地，議與俱藍交兵。及聞天使來，對衆詭稱本國貧陋。其實回鶻金珠寶玉盡出本國，算灘兄弟皆有降心。若馬八兒既下，我使人持書招之，可使盡降。」時庭璧以風不得至俱藍，遣哈撒兒海牙入朝計事，期以冬至候北風再舉。至期，朝廷遣庭璧獨往。抵俱藍，其國主迎拜璽書，遣其臣祝阿里沙忙里八的奉表，進寶貨及黑猿一。其後貢使時至。未幾，馬八兒果遣僧撮及班入朝，將至上京，帝遣使迓之。繼遣福建平章亦黑迷失詣其國取佛鉢舍利，浮海行一年乃至，與其國使偕來，進奇獸一，似騾而巨，毛黑白間錯，名阿塧必。又貢花牛、水牛、花驢、土彪，歲以爲常。

成宗元貞二年，遣欒也奴等使馬八兒，賜其國王塧喜二珠虎符。

仁宗延祐初，馬八兒國王昔剌丁遣其臣愛思丁入貢。

其附近諸國：曰放拜，曰大烏爺，曰阿思里，曰俚伽塔，曰天堂，曰天竺，曰層摇羅，曰馬魯澗，曰甘埋里，曰麻呵斯離，曰波羅斯，曰羅婆斯，曰烏爺。大率皆西印度之地焉。

【校勘記】

〔一〕「熟」，原作「熱」，據《宋史》卷四八九列傳第二百四十八《外國傳五》改。

〔二〕「狀」，原作「肰」，據文意改。邵遠平《元史類編》卷四二、周煌《琉球國志略》卷一五、潘相《琉球入學見聞録》卷一均作「狀」。

〔三〕「椎髮」，原作「稚髮」，據文意改。按本卷特番利、麻逸國均作「男女椎髮」、「男女椎髻」，查繼佐《罪惟録》卷三六、茅瑞徵《皇明象胥録》卷四、費信《星槎勝覽》卷二、萬斯同《明史》卷四一四，並言彭亨一名彭坑，「椎髻繫單裙」。

〔四〕「交欄山」，原作「幻欄山」，據汪大淵《島夷志略》、張廷玉《明史·外國傳四》、萬斯同《明史》卷四一四、查繼佐《罪惟録》卷三六、費信《星槎勝覽》改。

〔五〕「柁」，原作「陀」。按汪大淵《島夷志略》云：「若檣柁、若帆、若篙靡不具備。」費信《星槎勝覽》、游樸《諸夷考》云：「舵桿、桅檣、篷箬無所不備。」據改。

新元史卷之二百五十四　列傳第一百五十一

外國六

西域上

西域爲唐波斯、昭武九姓、吐火羅等地。唐初，大食滅波斯，其酋本阿剌比人，奉謨罕默德之教，自稱爲哈里發都報達，在波斯西境。至波斯東境，非哈里發所屬也。或謂報達即波斯者，非也。阿剌比人游牧於西里亞者，西里亞人稱之若曰大抑，波斯人稱之若曰大希，其後阿昧尼亞人、突耳基斯單人稱之若曰塔起克，皆與大食音類。大食之名，蓋由於此。

大食既滅波斯，益拓土而東，分設大酋治各地。未及三百載，權日替，諸酋弱肉强食，建邦啟土，國姓屢易，曰他海爾，曰薩法爾，曰薩蠻，曰賽布克的斤，曰布葉，曰塞而柱克，雖受哈里發册封，然虛名羈縻，惟祈禱上帝文與鑄錢必用哈里發名，國之政令則不預焉。

塞而柱克者，烏古斯之部長也，亦作烏斯，又作古斯。居錫爾河及鹹海、裏海間。北宋中葉，據地自立。塞而柱克之孫率其部族滅布葉，盡併其地，西至地中海。

後王瑪里克沙，有僕曰奴世的斤，執刀衛左右，甚見寵任，除僕籍，爲貨勒自彌部酋。其子庫脱拔丁謨罕默德，乘塞而柱克之衰，諸酋裂土自王，亦僭稱貨勒自彌沙。「沙」爲部長之稱，突厥、回紇可汗以下曰「設」、曰「察」、曰「殺」，皆別部將兵酋，即「沙」也。遼耶律大石西來，敗塞而柱克之兵，復遣將征貨勒自彌。時庫脱拔丁已卒，其子阿切斯戰敗被獲，誓臣服於西遼，歲貢方物，始得歸。阿切斯子曰伊兒阿斯蘭，伊兒阿斯蘭子曰塔喀施，於南宋紹熙五年，滅塞而柱克，殺其王托古洛耳，受報達哈里發那昔爾之封，是爲貨勒自彌王，本其始起部落爲名，以別於塞而柱克。

慶元六年，塔喀施卒，子阿拉哀丁謨罕默德嗣位，復并巴而黑、海拉脱、馬三德蘭、起兒漫各部之地，戰敗奇卜察克。自謂地廣兵强，本國奉謨罕默德教，而西遼奉釋教，以服屬於異教爲大恥。其時撒馬爾干酋鍔斯滿亦叛西遼。西遼使者至貨勒自彌，故事，使者坐王側，王斥辱之，使者忿争，即殺之，舉兵伐西遼，兵敗，王與其大將俱被獲，王乃僞爲大將之奴得逸去。而貨勒自彌之地譌傳王已死，王弟阿立希耳與其伯叔將分國自立。王歸，亂始定。次年，復與鍔斯滿合兵伐西遼，敗之，凱旋。以女妻鍔斯滿，逐西遼監治官，遣使代之。未幾，鍔斯滿與使者不相能，殺使者。阿拉哀丁輕兵掩襲，破撒馬爾干，鍔斯滿頸繫刃、首羃布，以乞降。王女以鍔斯滿先娶西遼女，怨其夫寵禮不相等，使父殺之。於是撒馬爾干、布哈爾悉爲所有，建新都於撒馬爾干，稱貨勒自彌之烏爾鞬赤城爲舊都焉。

乃蠻古出魯克攘西遼直古魯之位，阿拉哀丁實助之，故突耳基斯單之地，向屬西遼者，亦歸於貨勒自彌。其東南境有郭耳國，酋曰希哈潑哀丁，與阿拉哀丁相攻，旋敗死。從子馬赫模特嗣位七年，爲國人所戕，或謂阿拉哀丁使人刺殺之。阿立希耳前以謁傳兄死分國自立之嫌，避於郭耳非洛斯固都城。至是，請於兄，欲得馬赫模特之位。阿拉哀丁遣使錫冠服，乘其迎受，突前殺之，遂併郭耳之地。

其國東北至錫爾河，東南至印度河，北至鹹海、裏海，西北至阿特耳佩占，西鄰報達，南濱印度海，奄有波斯、昭武九姓、吐火羅故地。無以名之，循漢之舊名，稱爲西域云。

西域王既滅郭耳後，得其屬地曰嘎自尼，檢文卷，獲哈里發那昔爾與郭耳酋書，告以貨勒自彌人志在囊括席捲，宜慎防之，惟謀於西遼，南北合攻，庶可得志。始知從前希哈潑哀丁之搆兵，乃哈里發嗾之，大怒。遣使告於報達，欲如塞而柱克故事，遣官涖治，專以教事屬哈里發，祈禱文增己名，並封己爲蘇爾灘。「蘇爾灘」猶言皇帝，曰「沙」、曰「汗」、曰

「瑪里克」次之。那昔爾不允。

王乃傳集教士，數那昔爾不能廣闡教化之罪：「報達之阿拔斯實奪忽辛之位，今宜廢那昔爾，別立阿里後爲哈里發。」衆教士應曰：「然。」遂起兵先平義拉克之亂，敗法而斯兵，擒其酋沙特阿塔畢，割地輸財而後釋之。阿特耳佩占部酋鄂思伯克敗遁，旋亦請成，遂進攻報達。中途大雨雪，士馬僵斃，前鋒在庫兒忒山中爲土人所攻，一軍盡没。

乃引還，至義拉克，分封諸子。以義拉克畀屋肯哀丁，以起兒漫、克赤、梅克藍畀吉亞代丁，以嘎自尼、八迷俺、波斯忒、郭耳之地畀札剌勒丁，以鄂斯拉克沙爲王母土而堪哈敦所鍾愛，畀以貨勒自彌、呼拉商、馬三德蘭三部。國人皆議其私。

王有兵四十萬，皆康里與突厥人，與國人不洽。土而堪哈敦爲康里巴牙烏脱部酋勤克石之女，康里人多從至西域入伍籍，勇於戰陣，王倚重之，屢有功。以是康里將多跋扈，土而堪之權亦以是埒於其子。國雖大，而上下之情未孚。

先是，太祖伐金，傾國遠出，乃蠻、蔑兒乞得以其暇，復然餘燼，煽結遠近。太祖十一年，自引大軍北還，次第命將討乃蠻、蔑兒乞，平禿馬特，自將征西夏，克之。使哲別征古出魯克，西遼境内悉定。於是東惟蒙古，西惟貨勒自彌，兩大國壤錯界接，而西征之役起。

當西域王自報達東歸，既定諸子封地，遂至布哈爾。是時，天山西北西遼之地已入蒙古，有西域商三人自東來，賫太祖所饋白駱駝、毛裘、麝香、銀器、玉器，述太祖語，若謂：「予知貴國爲極大之邦，君治國才能遠邁於衆，予慕悦君，等於愛子。君亦應知予已平女真，撫有諸部。予國之兵如武庫，財如金穴，予亦何必再攘他人地耶？願與君締交，通商賈，保疆界。」即夕，王召三人中一人曰馬黑摩特入見，謂：「汝爲我民，當以實告。聞彼征服大賀氏，然否？」因啟盒取珍珠與之。馬黑摩特對以實然。王又曰：「蒙古汗何等人，乃敢視我如子！彼兵數幾何？」馬黑摩特見王有怒意，乃曰：「彼兵雖衆，然與蘇爾灘相衡，猶燈火之與日光也。」王意釋，令往報如約。

未幾，又有西域商自東還，太祖命親王、諸延各出貲，遣人隨之西行購土物，衆四百餘，皆畏兀人。行至譌脱喇兒城，城酋伊那兒只克爲土而堪哈敦之弟，悉拘之，以蒙古遣細作告於王。王令盡殺之，惟一人得逸歸。

初，報達被兵，哈里發思報復，環顧列邦，無可與謀者。聞蒙古盛强，乃遣使來，導以西伐。然太祖方修鄰好，無用兵意。既聞逸者歸報，驚怒，免冠解帶，跪禱於天，誓雪仇恨。時古出魯克餘孽猶未靖，乃先遣西域人波合拉爲使，偕蒙古官四人往詰責，謂：「先允互市交好，何背約？如譌脱喇兒城酋所爲，非王意，請殺之，返所奪貨。不則以兵相見。」王箠死波合拉，薙蒙古官鬚髮，釋歸以辱之，自聚兵於撒馬爾干。已而錫爾河北警至，蔑兒乞部人自康里竄入境内。王亟由布哈爾至氈的城,又北行抵海哩、哈迷池兩河間,見蔑兒乞人被殺者相屬於道,一人傷未死,詢之,則云:「蒙古軍戕我等而東去,計程當未遠也。」進軍追之,越日追及。蒙古將遣使來告:「我所仇者蔑兒乞,與他國無釁。出師時奉主命,若遇貨勒自彌人,當待以友誼。今請分所掠以犒師。」王輕其兵少,乃曰:「汝雖不仇我,上帝令我仇汝。」遂戰。蒙古兵敗其左翼,攻至中軍。札剌勒丁以右翼敗蒙古兵,來援中軍。至夕始罷戰,勝負相當。蒙古兵多然火於營,乘夜疾馳去。王亦歸撒馬爾干,知蒙古爲大敵,心怯,集諸將議,以與野戰不利,不如深溝高壘爲自守之計。議既定,乃以其軍分守錫爾河、阿母河各城。

太祖十四年,會師於也兒的石河,以馬乏芻秣,緩師期。衆號六十萬。偵者歸報:「蒙古兵不可勝紀,饑餐羊、馬之乳,渴不得水,則飲其血,行不賫糧,戰不反旆,萬衆一心,有進無退。」王亦惶懼,計無所出。有西域人貝鐸哀丁,以全家受戮,逃至蒙古獻策,僞爲康里將與成吉思汗書云:「我等所以盡力輔王,成大業者,爲土而堪哈敦故也。今王乃不孝其母,大軍如來,我等當内應。」故遺其書,使王見之,王果大疑,遂不敢在軍中,而爲分地自守之計。太祖軍至錫爾河,無禦者。

秋,薄訛脱剌兒城,分軍爲四:察合台、窩闊台一軍留攻城,朮赤一軍西北攻氈的城,阿剌黑、速客圖、托海一軍東南攻白訥克特城，皆循錫爾河。太祖自與拖雷將大軍，逕渡錫爾河趨布哈爾，以斷其援兵。

察合台、窩闊台之攻謁脱剌兒也，伊那兒只克部兵數萬，繕守完備，王分軍萬人，令其將哈拉札率之，助守謁脱剌兒。大兵攻五月不下，哈拉札以力困議降。伊那兒只克自知無生理，誓死守。哈拉札夜率親軍潰圍遁，被獲，乞降。因詢得城内虛實，數其不忠之罪而誅之，遂克其外城。伊那兒只克退守内城，又一月，城始下，檻致撒馬爾干，大軍鎔銀液灌其口耳，以報前仇。

朮赤一軍先至撒格納克，遣畏兀人哈山哈赤諭降，被殺。力攻七晝夜，城破，大俘馘，以哈山哈赤之子守其地。復下奥斯懇、八兒真、遏失那斯三城。氈的守將先遁，招降，未及復命，兵已至，樹雲梯以入，命阿里火者守其地，即西域商三人中之一也。西距鹹海二日程有養吉千城，亦下之。

阿剌黑三將至白訥克特，攻三日，降其城。分康里兵與民於兩處，盡殺康里兵，取工匠隨軍，驅民間壯丁以往忽氈。城酋帖木兒瑪里克守河中洲，矢石不能及，與城爲犄角，造船十二艘，裹氈塗泥，以禦火箭，日與蒙古軍戰。三將以兵力不足，請濟師。師至，驅民運石於山，填河築堤，以達於洲。帖木兒瑪里克見事急，以船七十二艘載軍士輜重，奔白訥克特。大軍先以鐵索鎖河兩岸，帖木兒瑪里克斷之，路始通。捨船登陸，且戰且行，兵死傷殆盡，僅餘三人，射追者中目，乃得脫。遂至烏爾鞬赤，取其兵以往養吉干，殺朮赤所置守吏，復回烏爾鞬赤。

太祖大軍先至賽而奴克城，遣丹尼世們諭降之，簽壯者爲兵。循沙漠僻路，至努爾城，前鋒將岱爾巴圖招城人出降，城中無備禦，即納款。太祖令速不台收撫，令如向日賦額，輸金錢千五百底那〔一〕。

十五年春，師抵布哈爾，晝夜攻城。城中兵二萬，突圍遁，追及於阿母河，殲之，民出降。太祖入，至教堂，以回教戒飲酒，命取酒囊置教堂上，以經卷藉馬足，又使教士執馬韁以辱之。出城，登教士講臺，諭衆以背約殺使、起兵復仇之事：「上帝生我如執鞭之牧人，用以箠撻羣類。非汝等得罪上帝，天何生我？」丹尼世們譯其語，以令於衆。籍富民，令出窖藏財物。時猶有康里兵據内堡，驅民填濠以進。十二日，堡破，取其民爲奴。

大軍循賽拉甫散河至撒馬爾干，凡五日程。分軍下河濱寨堡。西域主先駐撒馬爾干，督民修城浚池，聞兵至，大懼，謂：「敵軍鋒鋭，我不可以居此。」即先去。城有兵四萬，守具完備。太祖見不易攻，先合圍以困之。朮赤等三路兵亦皆傅城下。城兵，塔起克人居三之一，康里人居三之二。及出戰，塔起克兵先進，中伏，康里兵不救，遂大敗。康里人自以與蒙古同類，事亟則降，故無鬬志。太祖誘其降，俾先以妻孥出城，民不得已亦降。守將阿兒潑汗引親軍潰圍遁。內外城兩重，五日悉下。以康里兵三萬別居一處，令薙髮結辮，示將入軍籍，夜乃盡殺之。取工匠分於各營，民丁三萬任役作，餘民五萬，令出金錢二十萬復其故居。

命哲別由北路，速不台由南路，各率萬人追西域主。戒以：「遇彼軍多，則不與戰，而俟後軍。彼逃，則亟追弗捨。所過城堡，降者勿殺掠，不降則攻下之，取其民爲奴。不易攻，則捨去，毋頓兵堅城下。」

西域主之去撒馬爾干也，大兵甫渡錫爾河。智謀之將，勸其速徵貨勒自彌等處之兵，同心禦侮，力扼阿母河，則錫爾河外險雖失，內險猶可守。或勸往嘎自尼，如敵兵深入，則赴印度，其地暑熱多山險，蒙古人不敢進。王以其計萬全，從之。使人至烏爾韃赤，告其母、妻往馬三德蘭避兵。王渡阿母河，行抵巴爾黑，其子屋肯哀丁自義拉克遣使至，迎父西行，王又改計從之。札拉勒丁時從父，願假統帥之職，守阿母河。王斥其少不更事，弗之許。旋聞布哈爾陷，繼聞撒馬爾干亦陷，王亟往義拉克。從兵皆康里人，陰謀叛去。王有戒心，宿輒易處。一夕，已他徙，而空帳爲箭所攢射幾滿。至你沙不兒，聞大兵已渡阿母河，僞言出獵，奔於義拉克。

時哲、速二將抵烹綽克，欲渡阿母河，而無舟。伐木編爲箱篋，裹牛羊皮於外，繫馬尾，將士攀援以濟。既渡河，分道行。哲別入呼拉商，巴而黑民納幣輸款。進拔薩伯城，詢王蹤跡，分遣人招降各城。前鋒至你沙不兒，民饋糧，請俟其主就擒後歸附。哲別至城下，亦饋糧，令貴紳出見，予以太祖榜示，大意謂：「天已畀我西域，降者得安，不降者殺無赦。」速不台軍經徒思、枯母、噶部珊、伊斯法楞、塔蜜干、西模曩等地，不遇西域主，欲西赴義拉克。哲別自馬三德蘭踰山而南，兩軍遇於合而拉耳城，軍復合。

西域主與屋肯哀丁率數萬人，守義拉克之可斯費音城，軍警至，父子分路遁。王與吉亞代丁入喀隆堡，遇追兵，射傷其馬。居堡中一日，即西往報達。改道西北，入雖而哲寒山堡，駐七日，至基蘭，復東至馬三德蘭，輜重盡失。

大軍亦入馬三德蘭，破其會城曰阿模爾，掠阿士特拉拔特。王竄匿海濱，憂窮追無已，謀入海，艤舟以待。馬三德蘭舊有部酋，爲王所殺，其子思復仇，白王所在。大兵奄至，王亟登舟，有三騎入水追之，溺而斃，射以矢，亦不及。舟至東南小島，王憂憤，兼胸脇中塞，島民供粗糲不能食，又無醫藥。病革，召其子札剌勒丁、鄂斯拉克沙、阿克沙，命札剌勒丁嗣位，以佩劍繫其腰。越數日，卒，無以爲殮，埋尸土中。

屋肯哀丁遁入起兒漫，居半載，率衆至合而拉耳，蒙古將台馬司台納爾來攻，敗走蘇吞阿盆脱堡，攻半年，堡破，殺之。

王母土而堪哈敦，居烏爾鞬赤。太祖自撒馬爾干遣使者丹尼世們往，謂：「哈敦之子，不孝於母，開罪於我，我欲得而甘心焉。哈敦所主地，我不相犯，速遣親信人來與面議。」土而堪置不答而遁去。以兼并諸部落故酋皆居舊都，恐爲變，悉投之阿母河。凡殺忒耳迷酋、八迷俺酋、斡克石酋、巴而黑酋父子、塞而柱克王托古洛耳二子、郭耳酋馬赫模特二子、雪格納克酋二子。惟倭馬爾酋未殺，使導行，仍害之中途。土而堪入馬三德蘭伊拉耳堡，哲、速二將追西域主經其堡，知土而堪在内，留軍絶其汲道，踰月不雨，堡民渴欲死，乃出降，當夕即雨。以王母、妻送太祖軍中，殺其幼孫。土而堪後隨大軍東返，太宗六年卒於和林。

札剌勒丁與二弟既藁葬其父，由芒格世拉克之地至烏爾鞬赤。城兵六萬，多康里人，聞札剌勒丁嗣位，皆不服，謀殺之。事覺，札剌勒丁與帖木兒瑪里克以三百騎出奔，南踰沙漠，入呼拉商。遇游兵七百人於訥薩城，敗之。將至你沙不兒，大兵追及，令其將拒戰，自從間道逸去。迨敗退，札剌勒丁已去久，追者乃止。札剌勒丁出奔後三日，大兵至烏爾鞬赤，鄂斯拉克沙、阿克沙不能守，亦出奔。至訥薩，遇遊兵，避入喀侖特耳堡。堡人出戰，令乘間遁去。行抵勿世特之地，又有游兵自他道至，殺之。惟札剌勒丁得脱，由海拉脱東南，遁入嘎自尼。

太祖既定撒馬爾干，夏，避暑於渴石。秋，命朮赤、察合台、窩闊台攻烏爾鞬赤，自將大軍至忒耳迷，呼城人開門納降，不應。攻十日，破之，大殺掠。一老婦有大珠，不肯獻，而吞於口，剖其腹取之，於是死者多遭剖腹。至賽蠻，分軍入巴達克山，命拖雷將兵往呼拉商，爲哲別、速不台後援，平其未定之地。阿母河北悉定，遂渡河。巴而黑城迎降，太祖以將南行，恐留爲後路患，令民悉出城，焚其廬舍。遂由塔里堪山中，攻諾司雷脱柯寨，守兵潰遁，屠而隳之。

十六年夏，朮赤、察合台、窩闊台攻烏爾鞬赤，城民舉庫馬爾爲首領。前鋒至，守兵出戰，中伏，大敗。朮赤下令軍中禁焚掠，言：「我父將以此地封我。」遣使招降。初，西域主諭城民：「力不能禦蒙古，任民降敵紓禍。」而守將不願降蒙古，遂堅守。近城無石，伐大木爲衝車，填城濠而進。城跨阿母河，爲橋以通往來，遣兵斷其橋。三千人往，皆戰歿，守者益膽壯。朮赤、察合台素有違言，師不和，閱六月不克，使人告太祖於塔里堪。太祖廉得其實，改命窩闊台總諸軍，乃調和兩兄，併力攻城。城破後，巷戰七晝夜，民始降。既而悉戮之，惟工匠、婦女、幼穉得免。決河水浸其城。察合台、窩闊台赴塔里堪會師，朮赤仍駐鹹海、裏海間。

拖雷一軍，以脱忽察兒爲前鋒，渡阿母河至訥薩，攻半月，克之，恣行屠戮。駐三日，往喀侖特耳堡，以險峻不易下，令獻衣裘萬襲以免。至你沙不兒城，城兵射死脱忽察兒，别將代統其衆。以兵少，不攻城。分二軍：一軍攻克薩伯自窪，一軍至徒思，降其屬堡。

馬魯者，塞而柱克之故都也。哲、速軍至，馬魯守將巴哈夷倭兒先遁，馬魯民約降。其守將木直而倭兒從西域主西奔，王卒，回至馬魯，議守禦。民之不欲降者，奉爲城主，士卒亦歸之。其欲降者，懼禍及，告於昔剌思大軍：「巴哈夷倭兒已降，請往收其地。」助以兵而行，至則盡爲所殺。

十六年春正月，拖雷下安狄枯城，遂討馬魯，先逐城外突厥人，奮力攻城。木直而倭兒知不支，乃乞降。大軍入城，併其親族殺之，城民惟工匠、婦女、童穉得免。發塞而柱克王散者耳之墓。西討你沙不兒城，有礮軍三千，礮五百，拖雷亦以礮軍三千人運石至，輔以雲梯、火箭，百計環攻。乞降，不允。三月，城破，脱忽察兒之婦率萬人入城，遇人畜悉殺，以報夫仇。拖雷聞人伏積尸中，令悉斷其首，分男女髑髏，堆二阜，惟工匠四百人未死。分軍毁徒思城外哈里發墓。自苦亦斯單至海拉脱，力攻八日，兩軍死傷甚衆，守將亦戰歿，民乃請降。惟誅守兵萬二千人。旋奉太祖命，東往塔里堪會師。

太祖以札剌勒丁居嘎自尼未下，議率三子新征。秋，自塔里堪南行，經凱而徒俺城，下之。踰印度固斯大山，至八米俺，以其城當衝要，留攻之。命失吉忽都虎東南往喀不爾山，阻札剌勒丁旁抄之兵。

當札剌勒丁之奔嘎自尼也，其地數有内亂，守將迭被殺。札剌勒丁至，衆情推戴，復有西域主母弟阿敏瑪里克、庫拉起人賽甫曷丁阿格拉克率衆助之，喀不爾土人亦起兵相應，有衆六七萬。聞大軍南來，禦之巴魯安。遇蒙古兵攻堡者，敗之，殺千人。越八日，失吉忽都虎至，戰竟日，互有勝負。次日，再戰，札剌勒丁先使兵下馬以待，戰酣，齊令上馬衝突，失吉忽都虎大敗而退。

陣獲一駿馬，二將争欲之，阿敏以馬策撾阿格拉克之面，札剌勒丁以其爲王母弟，不能禁抑。阿格拉克怒，率庫拉起人去之，喀不爾衆亦散。札剌勒丁無如之何，乃還至嘎自尼，復退至印度河。

太祖攻八米俺，皇孫謨阿圖堪死之，太祖怒，屠其城。失吉忽都虎既敗，太祖捲甲南行，軍中不及炊，皆啖生米。至嘎自尼，則札剌勒丁已去，仍疾追之，及於印度河。札剌勒丁屢招阿格拉克等來助，猶未至，而太祖追及。聞其欲渡河，即夕列陣圍之。曉而戰，先敗其右翼，獲阿敏瑪里克，殺之。未幾左翼亦敗，中軍僅七百人，猶死戰。太祖欲生禽札剌勒丁，命諸將環攻，勿發矢。札剌勒丁策其馬，自數丈高崖投入印度河，泅水而逸。獲札剌勒丁妻、子，盡殺之。時十六年冬也。

尋遣巴剌、土爾台渡印度河追之〔二〕，破壁耶堡，躪轢木而灘、拉火耳、費耳沙波兒、蔑里克波兒等地，不知札剌勒丁所在，攻木而灘城未下，大暑，遂班師。

十七年春，以札剌勒丁未獲，軍退後，嘎自尼民必復叛，命窩闊台往，僞爲查閱户口，令民出城，盡戮之，取工匠從軍。巴魯安之敗，海拉脱城亦叛，命按只吉歹往攻之，六月城始下，屠之。師旋，恐有遺孽，復遣兵突往，再殺二千人，惟十六人以鄉居得免。

太祖自循印度河西岸北行，捕札剌勒丁餘黨。時阿格拉克與他族相仇殺，先死，諸部悉平。窩闊台既定嘎自尼，請進兵昔義斯單，太祖以天暑止之。是夏，太祖避暑於巴魯安，巴拉等自印度來會。六月，以西域大定，設達魯花赤監治其地。

秋，旋師。窩闊台來會於古南柯而干。自此渡阿母河，歷布哈爾，召天方教士曷世哀甫等二人來見，詳述教規。太祖謂：「所言亦是，惟赴麥哈禮拜，我不謂然。上帝降鑒，無在不周，何爲拘拘一地？」令此後祈禱文用己名，免教士賦役。渡錫爾河，令西域主母、妻及其親族辭故土，向國而哭。

哲別、速不台既迫西域主入海島，復獲王之母、妻，由馬三德蘭南至義拉克，所向無前。降合而拉耳，掠枯姆，定哈馬丹，下贊章。破可斯費音，以民堅守，多傷士卒，殺四萬人。北入西域之鄰部，曰阿特耳佩占。部酋鄂思貝克年老，不敢禦，迎饋衣馬，二將納其降。以部内莫干之地饒水草，遂駐冬。角兒只聞大敵近境，亟謀設備，不知阿特耳佩占已降，無鬬志，遣使約鄂思貝克，明春合力夾攻蒙古。而是冬二將即往角而只。鄂思貝克之將阿庫世反爲前鋒，突厥人、庫而忒人皆從征，鈔掠其境。未及帖費利司，角兒只人來禦，阿庫世戰不利，大軍繼進，敗之。南還，再經台白利司，進攻梅拉喀，數日城破，大殺掠。

欲從梅拉喀往哀而陛耳，以山路險隘，改而南行。報達哈里發那昔爾聞警，徵哀而陛耳、毛夕耳、美索卜塔米牙各部兵，僅哀而陛耳、毛夕耳兵至。大軍聞有備，亦退至哈馬丹，徵民貢獻。民以去年已輸納，不堪需索，遂殺留守官以叛。大軍攻城兩日，守將遁，民無固志，城破，縱兵大掠。

北行，破愛而達必爾城。又西至台白利司，鄂思貝克畏而遁去，守將納幣請成。復北下賽拉白城。遣使招下阿而俺之貝列堪城，使人被害，破其城而屠之。西北入角兒只，復敗其衆。

時哲、速二將已奉太祖命北征奇卜察克，以角兒只境内多山險，不欲假道，退而東行，渡庫耳河，破失兒灣之沙馬起城，又破得耳奔特。失兒灣部酋拉施忒守山堡未下，二將令以鄉導人來，即罷攻。拉施忒遣十人至，以不善導軍，殺一人以徇。遂踰高喀斯山而北。

太祖東歸，定四子分地，以和林封拖雷，以葉密爾河濱之地封窩闊台，以錫爾河東之地封察合台，以鹹海西南貨勒自彌之地，并鹹海、裏海之北，封長子朮赤。

【校勘記】

〔一〕「底那」，又見本書卷一五〇《岱爾拔都傳》。本書卷一〇八《太祖諸子傳三》、卷一〇九《太祖諸子傳四》、《西域傳下》作「的那」。

〔二〕「追」，原作「邊」，據本書卷三《太祖本紀下》改。

新元史卷之二百五十五　列傳第一百五十二

外國七

西域下　角兒只　羅馬　小阿昧尼亞　阿特而佩占　克兒漫　海拉脱　土耳基　印度

太祖既定西域，置達魯花赤監治之。命四子各出兵千人，分屯八迷俺、嘎自尼、塔里堪、石潑干、阿里阿拔脱、格温，皆阿母河以南地，兵少，控馭闊疏。西域主第三子吉亞代丁，匿於喀侖堡，俟大軍退，潛出糾合餘衆。時義拉克爲西域二將所據，曰阿塔畢托干太石，曰也特克汗。吉亞代丁先欲得也特克爲助，許妻以女弟。已而托干太石殺也特克，奪亦思法杭之地。吉亞代丁至亦思法杭，托干太石奉以爲主，吉亞代丁即以女弟歸之。遂據義拉克，復取呼拉商、馬三德蘭二部。吉亞代丁無才，不能馭衆，惟以爵位籠絡，向爲密米爾者，晉爲瑪里克，爲瑪里克者，晉爲汗。諸將專恣自擅，無餽給之，任其掠奪，故部衆有思札剌勒丁者。

札剌勒丁既泅水獲免，沿途掠衣食，敗印度别部之衆。聞巴拉等來追，謀入得里，請於其酋伊勒脱迷失。酋畏之，婉詞以拒，使赴木而灘。札剌勒丁不敢往，退至朱隄之地，敗其酋喀阿札之兵。伊勒脱迷失聯合他部，率衆逐之。札剌勒丁謀歸貨勒自彌復舊業，其部將歐思别吉謂：「蒙古兵不易禦，與其北歸，遇大敵而敗，不如處此，可以圖存。」札剌勒丁不從。

十八年，太祖旋師，札剌勒丁亦返。留歐思别吉守郭耳，自引兵循印度、克兒漫中間大沙漠以向西北，道亡士卒頗衆，惟餘四千人。先是，西遼故將薄拉克哈兒潑事吉亞代丁爲大將，與其用事者不相能，自請迎札剌勒丁，吉亞代丁許之。方渡漠，克哇希兒之守將受吉亞代丁密旨，率所部拒之，敗死。薄拉克進攻克哇希兒，聞札剌勒丁至，齎厚幣奉迎，且獻女焉。克哇希兒人亦開門納降。札剌勒丁居一月，知薄拉克有據地自王意，諸將請襲殺之。札剌勒丁以其歸附在先，忍而不發，仍西行，入法而斯。

將至設剌斯，遣使告其酋沙特阿塔畢，令其子阿蒲貝克耳以衆來迎。時吉亞代丁奪法而斯地，沙特怨之，乃迎札剌勒丁，亦妻以女。札剌勒丁進至亦思法杭，旗幟純白，冒爲蒙古軍。吉亞代丁來拒，望見即遁。而其部將偵知非蒙古軍，以札剌勒丁英武，不如吉亞代丁庸懦易制，仍悉力拒之，衆三萬。札剌勒丁見衆寡不敵，乃誘以甘言：「非來争國，欲助弟復舊物也。」吉亞代丁信之，迎以入，自返辣夷休息士馬。札剌勒丁請便宜用其名義立誓約，陰以厚賂啗其將校使附己，人賜一指環以爲信。俄事泄，吉亞代丁大驚，急捕殺受指環者，而札剌勒丁兵已至。吉亞代丁據宮城自守，札剌勒丁遣使慰諭，乃讓位於兄，避居遊牧舊地。於是義拉克、呼拉商、馬三德蘭三部，皆望風款附。

札剌勒丁以蒙古之來，哈里發導之也，首謀攻報達，以復世仇。二十年，引兵至庫昔斯單，圍呼思特拉城，以攻具未備，不能下。西北至牙庫拔，距報達不及百里。達思馬格酋謨阿襍姆，埃及蘇爾灘撒勒丁之從子也，札剌勒丁約與夾攻報達。謨阿襍姆覆書，謂蘇爾灘仇視哈里發，不敢預知，他事惟命。札剌勒丁乃獨進，哈里發使其將希古帖木兒率二萬人拒之。札剌勒丁分兵設伏，自將五百騎挑戰，佯卻。敵來追，伏兵夾擊之，希古帖木兒敗死。札剌勒丁知報達不易取，乃北攻達枯克城，拔之。哈里發先以鴿書徵哀而陛耳兵，酋以兵至，戰敗，爲札剌勒丁所獲，釋之。

北入阿特耳佩占，次蔑兒剌伽城。會哈里發封托干太石於哈馬丹，以惎札剌勒丁。托干方駐冬於阿剌温，札剌勒丁聞之，潛師夜薄其營。比曉，托干見札剌勒丁立於麾蓋之下，大驚，遣其妻迎降。托干妻，札剌勒丁之妹也。其衆遂屬於札剌勒丁。阿特耳佩占酋鄂思貝克望風而遁，奔甘札，留其妃蔑里克守台白利司。札剌勒丁圍城三日，民出降，遷蔑里克於倭向米湖北之庫頁城。

札剌勒丁既入台白利司，乃進攻角兒只，拔其土並城。又敗角兒只兵於戞而尼谷，角兒只大將意萬迺退保克格寨。札剌勒丁方分兵劫掠，而台白利司之降衆復叛。先是，札剌勒丁留大將舍里弗烏兒蔑里克守阿特耳佩占。台白利司之連斯陰謀擁鄂思貝克，使復位。舍里弗以報，札剌勒丁秘之，既戰勝，始告其事於諸將，以吉亞代丁統行營，自返台白利司，捕連斯殺之，而娶蔑里克，并收甘札之地。

復返角兒只，則角兒只酋已糾阿蘭、勒斯克、奇卜察克等部助戰，仍爲札剌勒丁所敗。乘勝攻帖弗利司，天方教人爲内應，引兵入，脇民從謨罕默德教。事定，移軍向凱辣脱。是時，克兒漫酋薄拉克已輸款於蒙古，謂札剌勒丁勢大，宜亟除之。札剌勒丁聞其事，分兵南至亦思法杭，薄拉克遣使來迎，卑辭解免。札剌勒丁乘機撫諭，還其舊職，且賜錦袍一襲以悦之。疾返帖弗利司，進圍孤尼城及伽兒斯城，又聲言伐黑海東之阿勃哈齊部，而潛回攻凱辣脱，仍不克。凱辣脱酋阿釋阿甫先與其兄達思馬格酋謨阿襍姆不相能，至是歸誠於兄，謨阿襍姆爲之和解，兵始退。

札剌勒丁有部將屯甘札，爲木剌夷人所殺，札剌勒丁怒，欲東伐木剌夷。時大軍已抵塔密干，前鋒爲札剌勒丁所敗，多所斬馘。未幾，阿特耳佩占人厭札剌勒丁之暴虐，密召凱辣脱守將忽桑兒丁，蔑里克亦以歸札剌勒丁爲恥，乞援於忽桑兒丁。於是忽桑兒丁以兵至，連拔哥伊、買兒蘭、那黑察哇三城，挈蔑里克而去。札剌勒丁不得已，再回攻凱辣脱。大軍遂徑至阿剌黑之地。

札剌勒丁以四千騎偵敵，爲大軍所卻，退守亦思法杭。大軍亦築壘於亦思法杭東，相距僅一日程。凡五隊，領隊者曰托海，曰巴康，曰阿薩徒干，曰台馬司，曰台納耳。札剌勒丁軍中有星者，卜四日内戰不利，過此則吉。札剌勒丁用其言，閉城不出。大軍疑札剌勒丁怯，議進攻，分遣二千人掠羅耳之糧。札剌勒丁遣部將據險要之，獲四百人，臠其肉以飼鷹犬。觀星擇日，定期出戰。吉亞代丁以前殺一文士，與其兄齟齬，及是，率所部去之。

札剌勒丁兵分左右翼，相距遠，大軍亦分右右翼當之。日暮，右翼敗大軍之左翼，逐北至柯傷，左翼猶未遇敵。札剌勒丁意氣甚逸，頓兵憩於谷口，部將伊蘭不花請亟進。札剌勒丁從之，麾左翼搏戰。大軍以突騎衝之，乘高而下，左翼奔潰，走中軍，中軍陣亦動，遂大敗，札剌勒丁單騎遁。右翼聞左翼敗，亦潰。然大軍雖勝，所亡失乃過於敵。太祖疾大漸信至，遂退北趨合拉耳，又東至你沙不兒，行甚疾，棄所虜户口，渡阿母河而去。

札剌勒丁不敢入城，匿於羅耳，八日始出。亦思法杭已謀立托干太石爲主，札剌勒丁歸，人心始定。遣兵躡大軍後，覘其所向。賞右翼將士，罰敗將有差。

吉亞代丁駐義昔斯單，謁傳札剌勒丁戰没，遣使請於哈里發復其位，哈里發饋以五萬的那。既而知札剌勒丁審不死，乃奔於木剌夷。札剌勒丁索之，木剌夷酋不與，吉亞代丁又奔於克兒漫。薄拉克欲妻其母，吉亞代丁不得已從之。未幾，薄拉克左右密勸吉亞代丁襲殺薄拉克，事覺，薄拉克以弓弦縊殺之，從者五百人盡死。

角兒只聞札剌勒丁新敗，圖復仇，聚高喀斯山南北各部族，曰阿昧尼亞，曰阿蘭，曰賽而里耳，曰勒斯克，曰奇卜察克，曰蘇散，曰阿勃哈齊，曰苦，凡九部，四萬餘人，屯於阿而俺之北。札剌勒丁兵少，大將舍里弗烏兒蔑里克請堅守，俟敵糧盡自退。札剌勒丁以爲怯，罰舍里弗五萬底那〔一〕，贖其妄言之罪。明日，兩軍相遇，札剌勒丁登山瞭敵，見奇卜察克人最衆，居敵之半，乃遣使告曰：「昔者我父欲伐汝，以我勸釋得免，今相迫何無情義？」奇卜察克遂引去。又告角兒只：「汝所仇者惟我，請單騎鏖戰，勿多傷士卒。」角兒只允之，迭遣驍將出，皆爲札剌勒丁所殺。乘勝麾軍進擊，大敗之。於是阿尼忒、麻而頓、愛而西楞三部皆降。

哈里發遣使來議和，要以二事：一，毛夕耳、哀而陛耳、阿蒲亦、哲瀉耳四部，本屬哈里發，不得脅爲屬地；一，禱祝文仍用哈里發名。札剌勒丁從命，遂受波斯可汗之封。造大墓於亦思法杭以葬父，先迎其櫬，置於哀阿特汗堡。

凱辣脱人侵奪阿特耳佩占之地，並挾蔑里克去，興兵圍凱辣脱，逾半年，克之，納阿釋阿甫之妻。初，達思馬格酋謨阿雜姆卒，其子納薛兒嗣，埃及蘇爾灘奪其地以畀阿釋阿甫。至是，阿釋阿甫在達思馬格，聞札剌勒丁陷凱辣脱，而納其妻，大怒，遂與埃及蘇爾灘、羅馬蘇爾灘並毛夕耳、阿勒波諸部，連兵來伐。戰於愛而靖占城，札剌勒丁病新愈，兵又未集，爲所敗。回至凱辣脱，載所得軍俘及阿釋阿甫之妻，往阿特耳佩占。阿釋阿甫既入凱辣脱，貽書舍里弗烏兒蔑里克，謂：「有札剌勒丁，可以東禦蒙古，我誠不願戕害，請再勿相擾。」舍里弗以告札剌勒丁，許之，甫欲議和，而大軍至。時太宗二年也。

帝以西域未定，命綽兒馬罕統三萬人西征，由伊斯法楞至合拉耳。札剌勒丁方在台白利司，以天寒，大軍未必驟至，遣小校率十四騎向阿剌里，詗敵行。至贊章、阿八哈耳兩界之地，與大軍前鋒遇，從騎盡没，小校疾馳獲免，歸報。札剌勒丁即棄台白利司，倉卒走莫干徵兵。

是年冬，札剌勒丁駐莫干北設里汪之地，晝出獵，夜歸縱飲，帳下僅衛卒千人。大軍乘夜襲之，衛卒潰散，札剌勒丁奔於阿剌黑。大軍疑其渡阿母河，北向追之，故不及。

先是，札剌勒丁釋阿釋阿甫之弟，修好於阿釋阿甫，使舍里弗偕往涖盟。舍里弗怨札剌勒丁之罰己也，承命不行，以傔人代之，使反，盡修好之詞。及札剌勒丁走莫干，其妃俠重寶居台白利司，舍里弗遷之於阿剌温之辛忒蘇克寨，奪其貲。聞札剌勒丁自莫干出奔，舍里弗遂以甘札叛，傳檄各城，毋納莎爾灘。札剌勒丁聞之，不以爲意。

明年春，札剌勒丁由莫干突至甘札，遣使召舍里弗。舍里弗倉卒不知所爲，乃繫頸以組，出迎請罪。札剌勒丁陽爲不知其事，賜宴慰諭之。大臣賜宴，貨勒自彌之殊禮也。及將赴札納阿卜秃，始召舍里弗至，數其叛逆之罪，拘之。札剌勒丁去，守者乃縊殺舍里弗。

是時，札剌勒丁遣納薩斐乞師於丹馬斯克、阿尼忒、麻而頓等部，皆不應。與諸將議往亦思法杭，議已定，阿尼忒酋馬素忽脱遣使者至，勸西取羅馬，用其衆，可以禦敵，且願發四千騎以從。札剌勒丁信之，乃改赴阿尼忒。中道張幕，夜飲大醉。土人來告，昨夕有兵隊過此，形狀不類，宜爲備，札剌勒丁不謂然。黎明，大軍奄至，圍已合。部將窩勒汗突圍而入，扶札剌勒丁上馬，宿醒未解，猶謂左右善護法兒思公主，札剌勒丁之次妃也。大軍急追之，使窩勒汗力戰，趨别道以誤敵，自率百餘騎至阿尼忒，門者不納。又迂道向小亞細亞，至梅而法定，爲大軍所邀截，從者盡死。札剌勒丁單騎入阿兒忒山中，土人劫之，自言：「我貨勒自彌蘇爾灘也。」乃送於酋長家。札剌勒丁謂其酋曰：「能送我至哀而陛耳者，必獲厚賞，官爵、土地惟所擇，否則送我歸貨勒自彌。」酋喜，謂願送蘇爾灘歸，使其妻護視，自出求馬。俄頃，有一曲兒忒人入見之，詢知爲貨勒自彌莎爾灘。其人曰：「彼誠爲蘇爾灘，則攻圍凱辣脱時殺我兄者，乃我之仇人也。」遂以槍刺殺之。貨勒自彌亡。

札剌勒丁軀幹不踰中人，性沈毅，寡言笑，臨陣決機，雖衆寡不敵，而意氣自若。然自恃其勇，過示整暇，飲酒作樂，往往敗事。又馭下嚴，將士多怨之。蓋戰將才，非人君之度也。或謂札剌勒丁實未死，被刺者乃其廄卒云。

角兒只，亦譯爲谷兒只，在裏海、黑海之間，高喀斯山南。太祖二十年，哲別、速不台由阿特耳佩占侵角兒只，敗其兵。

札剌勒丁入阿特耳佩占，以角兒只奉天主教，屢與天方教争，遂來伐，破土並城，敗其兵七萬。角兒只大將意萬迺遁於克格里堡，攻之，分兵圍其台白利司都城，天方教人爲内應，遂克台白利司，部衆降於札剌勒丁。後札剌勒丁爲大軍所敗，角兒只圖復仇，徵兵於高喀斯山南北各部，與札剌勒丁戰於阿而俺之北，復爲札剌勒丁所敗。

綽兒馬罕既滅札剌勒丁，太宗七八年間，由莫干伐角兒只，女主魯速檀遁於烏治訥特堡。太宗十年，綽兒馬罕部將分下阿拉斯河、庫耳河中間角兒只各屬地。嘎達罕克聞達巴古城、法而沙拏速忒城，謨拉耳克商喀耳城，綽兒馬罕弟笠拉克喀程城，察格塔克羅黎城。圖格塔攻蓋恒城，其守將阿拔克爲意萬迺之子以城降。

太宗十二年，阿拔克偕其女兄湯姆塔入朝。湯姆塔者，凱辣脱部長阿釋阿甫之妃，札剌勒丁陷凱辣脱，娶爲婦者也。太宗厚撫之。既歸，詔綽兒馬罕盡返角兒只侵地。未幾，又諭綽兒馬罕：「角兒只國及其屬地，歲貢外勿苛斂。」

乃馬真皇后稱制四年，貝住取凱辣脱城，遵太宗之命，使湯姆塔主其地。是時，魯速檀仍居烏沙訥忒部，貝住招之不出。拔都亦遣使招之，魯速檀以子達比特爲質於拔都，求自附。貝住聞之，怒。魯速檀夫弟私於外而有子，亦名達鄙忒，魯速檀嫁開廓蘇，挈以俱往，拘於羅馬者十年。至是，貝住令商喀耳酉索之歸，使主角兒只國，即位於麥兹他起耳之禮拜堂。以兵向烏沙訥忒堡，魯速檀仰藥死。

定宗即位，貝住令達鄙忒入朝，拔都亦令達比特入朝。定宗乃以達鄙忒主角兒只東境，達比特主西境，皆封王號，而達鄙忒位次在上。

羅馬，在黑海南，本東羅馬屬地，古拂菻國也。宋神宗元豐三年，塞而柱克王瑪里克沙之弟素立蠻沙率突厥人、古斯人八萬帳自撒馬爾干西來，奪其地，建都於枯尼牙，仍東羅馬之名，名其國曰羅馬。第八世國主開廓蘇嗣位五年，而大將貝住兵至，以礟毁愛而西楞城，復陷其内城，兵民盡死，惟工匠及婦女獲免。開廓蘇率二萬騎至舍挖司城，有佛郎兵二千人爲助，復乞師於小阿尼亞國與希姆斯、梅法而定二部，皆不至。開廓蘇與貝住戰於愛靖而占城，大敗，棄輜重而遁。貝住恐有伏，不追。翌日，乃追至舍挖司，民乞降，貝住宥不殺，惟隳其城而去。西北略塔略特城，西南至愷撒里牙城。開廓蘇遣其大將來議款，納歲貢金錢四十萬的那，他物稱是，貝住許之。

又二年，開廓蘇卒，國人立其子亦思哀丁開喀而甫司，以弟屋肯曷丁開立凷阿思蘭與阿拉哀丁開柯拔脱爲執政。國人有欲立開立凷阿思蘭者，其宰相社姆薩丁娶開喀而甫司之母，故助其子嗣位，令開立凷阿思蘭入貢和林，既行，誅其黨羽。開立凷阿思蘭從官巴海曷丁台而朮滿訴於定宗，言社姆薩丁有三罪：一娶王妃，一妄殺，一立嗣君未請命於可汗。定宗令開立凷阿斯蘭爲王，而廢開喀而甫司。

定宗崩後一年，還至羅馬，貝住以兵衛之，殺社姆薩丁，令開喀而甫司與開立凷阿思蘭分國而治，以舍挖司河爲界。兄弟仍不相下，乃議兄弟三人三分其國。

憲宗二年，召開喀而甫司入朝，畏其弟不敢行，令開柯拔脱代往，以二使從之。繞黑海而北，先謁拔都，然後至和林。開立凷阿思蘭之黨僞爲開喀而甫司書，遣二使持謁拔都，謂先所遣二使，一殘疾，恐其失儀，一藏毒物，恐不利於可汗。拔都考驗無實，乃令後二使爲從官，前二使賫貢物，分道以往。開柯拔脱道卒。四使至，各譽其主。憲宗仍命分治其國，歲賦亦均爲二，詔書未至，兄弟已開戰，開立凷阿思蘭被禽下獄。

憲宗五年，貝住以羅馬歲貢不入，興師問罪。開喀而甫司奔東羅馬，貝住出開立凷阿思蘭於獄，使主全境。

旭烈兀至西域，開喀而甫司上書求内附。旭烈兀遵憲宗前命，分其國爲二焉。

至東羅馬，不與元通使命，惟定宗即位和林，天主教王遣使來賀，旭烈兀建國波斯，與東羅馬修好，欲娶其王女，東羅馬王以私生女瑪里亞許字之。事具《旭烈兀傳》。

小阿昧尼亞，在阿昧尼亞國西南。貨勒自彌末代，阿昧尼亞分裂，各部酋長皆受封於角兒只，小阿昧尼亞尚爲貨勒自彌屬國，貝住攻羅馬，羅馬乞師於小阿昧尼亞，王海屯第一畏蒙古兵强，觀望持兩端。及貝住敗羅馬，乃介喀程堡酋札剌爾，納款於貝住，載幣而行。初，羅馬國王開廓蘇之妃與其子避兵於小阿昧尼亞。至是，貝住令獻，以爲信。海屯第一如約，貝住乃允其降。

定宗即位，遣其弟生拔特入朝。小阿昧尼亞有數城，先爲羅馬所奪，定宗令貝住返其地。海屯第一請拔都達其誠款，拔都勸使入朝，憚道遠，又恐内亂，不果往。阿兒渾爲行省，定小阿昧尼亞賦則重，民不堪命。海屯第一欲入朝申訴，其妃卒，又不果。

憲宗三年，始來朝，先見貝住於喀而斯城，又往見拔都及拔都之子撒里答。既至和林，憲宗優禮之。居五十日，辭歸，取道撒馬兒干以返。

阿特耳佩占在貨勒自彌西北，都城曰台白利司。其先世本塞而柱克王之僕，後爲阿特耳佩占、阿而俺兩部長官。塞而柱克亡，遂自立爲國，稱阿塔畢，下於蘇而灘，并下於沙。

哲别、速不台追貨勒自彌蘇而灘，乘勝入阿特耳佩占。其阿塔畢曰鄂思貝克，衰老，遂迎降，並遣其將阿庫世導哲别等攻角兒只。後哲别等欲攻報達，聞有備，回至哈丹馬城，縱兵大掠。復北行，破愛而達必爾城，皆阿特耳佩占之屬城也〔二〕。進至台白利司，鄂思貝克出奔，守將納幣獲免。蒙古遣使招降阿而俺之貝列堪城，城人殺使者，及城破，無男婦悉屠之。阿而俺都城曰甘札，望風納款。

太祖二十年，札剌勒丁來攻，鄂思貝克奔甘札，留其妃蔑里克守台白利司。城民降於札剌勒丁，已而復叛。札剌勒丁自往平之，娶蔑里克爲婦，遣别將攻克甘札。鄂思貝克遁走，阿特耳佩占遂亡。後其地復爲綽兒馬罕所取。

克兒漫，本貨勒自彌屬地。太祖平西域，克兒漫守將薄拉克據其地，自爲一國，請命於報達哈里發，封爲蘇而灘。薄拉克爲西遼故將，故又稱黑契丹。大軍敗札剌勒丁，薄拉克先納款於蒙古。及吉亞代丁來奔，薄拉克娶其母倍魯克阿伊爲妻。已而薄拉克近侍二人謀殺薄拉克，奉吉亞代丁爲主。事覺，薄拉克磔殺二人，以弓絃縊吉亞代丁，殺之。倍魯克阿伊往救，并遇害〔三〕。函吉亞代丁首，遣使獻於太宗。

及岱爾巴圖用兵於昔義斯單，招薄拉克，趨其入朝。薄拉克以年老，遣子洛肯哀丁火者代往。未至，而薄拉克卒，其兄弟之子庫特貝丁嗣位。太宗封洛肯哀丁火者爲克兒漫蘇爾灘，使歸國，徵庫特貝丁至和林，命隨牙剌瓦赤赴漢地治事。

定宗即位，庫特貝丁謀返國，未果。及憲宗立，牙剌瓦赤爲言於上，治事有功，且無罪被廢。乃封庫特貝丁爲蘇爾灘，遣歸。洛肯哀丁火者奔羅耳避之，後又奔報達。尋入覲，自言。憲宗召庫特貝丁至，使質對，不直洛肯哀丁火者，令庫特貝丁殺之。

旭烈兀西征，庫特貝丁迎至氈的城，從旭烈兀討木剌夷。

海拉脱〔四〕，本郭耳國屬地歇薩爾城。郭耳國王封其大將之弟台朮哀斯鑾，卒，子屋肯納丁嗣。札剌勒丁滅郭耳，歇薩爾城以險固，獨堅守自保。屋肯納丁自結於蒙古，常率其子入覲。

太祖卒，子射姆斯哀丁嗣。定宗元年，偕撒里諾延與木而灘、拉火耳二部議和，定貢獻數：木而灘金錢十萬的那，拉火耳三萬、布三捆、奴僕百名。蒙古他將嫉之，誣以與印度得里部酋交通，得里兵至，則爲內應。射姆斯哀丁懼，往見岱爾巴圖，遂留於岱爾巴圖營中。二年，岱爾巴圖卒，射姆斯哀丁申訴於察合台後王也速蒙哥，爲所逐，乃往依拔都。

憲宗即位，入覲和林。帝欲藉其力以撫定郭耳之地，北至阿母河、東南至印度河，皆畀之。稱臣納貢，錫以命服、寶劍、刀斧。又命阿兒渾畀以金錢五十萬，爲建國之資。

旭烈兀西征，姆斯哀丁迎謁於撒馬爾干，從討木剌夷，招降賽耳塔石堡，因屬於旭烈兀。傳國百餘年，後爲帖木耳所滅。

土耳基，又名倭斯曼利，語譌爲倭士曼。地在黑海之南，波斯之西，地中海之北。其部族初居土耳基斯坦。王師西徇，其酋色婁曼沙乃由波斯入於亞美尼亞，而立國焉。

色婁曼沙卒，子尼爾土國羅耳，繼領其衆。時木剌夷王阿拉愛丁方與大兵拒戰，將敗矣，尼爾土國羅耳援之，大敗王師。於是阿拉愛丁賜以近東羅馬之地，有二名城：曰色格德愛司，曰基希黑爾。

尼耳土國羅耳卒〔五〕，子倭斯曼立。小亞西亞王遂封之爲王，賜用馬尾纛旗，備王禮。乃自號其族曰倭斯曼利，建都於葉尼希黑爾〔六〕，與東羅馬戰，大敗之，取其六部。時武宗與東羅馬修好，以詔書諭之。倭斯曼利不答，侵掠彌甚，復降其大將馬吉耳。既而王師來伐，馬吉耳與倭斯曼子奥爾汗合兵敗之，遂攻白魯撒城。八年，白魯撒降。未幾，倭斯曼卒，時年七十。倭斯曼善於治國，持法廉平，爲倭斯曼利之令主。相傳東羅馬國人有襁負而至者。

子奥爾汗立。先是，大兵既下小亞西亞而棄其地，於是小國蠭起。至奥爾汗時，遂漸併吞之，土爾基益彊大。

奧爾汗卒，子摩招德立，爲敵人所刺，死，子貝葉西德立。貝葉西德善戰，時人號之曰「霹靂」，從父西征。既嗣位，又盡滅諸小國。佛郎西諸國恐其再西略也，先之。貝葉西德急歸，敗之。帖木兒乘虛入其名都西伐司，貝葉西德迴軍與戰，大敗被擒，逾年卒于囚所。或謂帖木兒獲貝葉西德，置諸鐵籠中以死。然自是土耳基人席其數世之武烈，浸以强大矣。

印度，東北與波斯界，西瀕阿剌伯海，西南瀕大海。都城曰得里，亦譯爲鐵利。其酋曰哥撻伯亭，篡其主麥尼而自立，始遷都於得里。太祖平西域，別將以兵侵印度，取數城而返。自此至憲宗，大兵屢伐印度，皆不得志。叛王篤哇子庫脱洛克火者，入印度東界，自立一國，旋爲得里酋所逐。

及世祖時，得里酋曰巴林，察合台後人，來奔。蒙古兵渡印度河，巴林子謨罕默德敗之。次年，諸王帖木兒復引兵至拉火耳，又失利，然謨罕默德亦陣歿。

大德初，得里酋只拉兒哀丁非魯慈敗諸王兵於比拉母小河邊。又五年，篤哇兵至火拉耳，爲得里酋阿來曷丁合勒赤之弟伊立施所敗。未幾，庫洛脱克火者引軍直至得里，印度將昔費爾不能禦。阿來曷丁哈勒赤以象軍衝之〔七〕，庫洛脱克敗走。大德七年，察合台後王土爾該引兵圍得里城，逾兩月不能克，乃退。明年，諸王阿里與火者塔失率四萬騎伐印度，至阿母羅失，爲印度將士克洛克所邀獲，置阿里、火者塔失於象足下，斃之。已而篤哇將葛貝克復仇，躪木而灘，直至西瓦而克而退。及渡印度河，又爲土克洛克所敗，蒙古兵逃入沙漠，皆渴死，騎兵五萬七千，僅餘三千人，爲印度所俘，盡斃於象足下，葛貝克亦死，印度人聚其首爲塔，以識武功。是年，土克洛克又敗蒙古別將，獲三千人，亦置象足下斃之。自是蒙古兵不復入印度。

泰定帝末，篤哇子合爾迷失攻印度，盡取其北邊諸城，進圍得里。時得里酋爲奇克洛卜之子謨罕默德，與議和，納女於合爾迷失。國內空虛，始行銅幣焉。

其後駙馬帖木兒攻印度，戰於得里城下，大敗之，直至古直拉德，印度全境俱爲所躪。事具《帖木兒傳》。

【校勘記】

〔一〕「底那」，本卷上下文均作「的那」。本書卷一五〇《岱爾拔都傳》、卷二五四《外國六·西域傳上》作「底那」，本書卷一〇八《太祖諸子傳三》、卷一〇九《太祖諸子傳四》作「的那」。

〔二〕「阿特耳佩占」，原作「阿特耳佩古」，據本卷上下文及本書卷一〇七《太祖諸子傳二》、卷一〇九《太祖諸子傳四》、卷二五四《外國六・西域傳上》改。

〔三〕「遇害」，原作「遇宫」，據文意改。

〔四〕「海拉脱」，原作「海拉特」，據本卷目録、本書卷三《太祖本紀下》、卷一〇七《太祖諸子傳二》、卷一〇九《太祖諸子傳四》、卷二五四《外國六・西域傳上》改。

〔五〕「尼耳土國羅耳」，上文作「尼爾土國羅耳」。

〔六〕「於」字上，原有「于」字，疑衍，删。

〔七〕「衝」，原作「沖」，據文意改。

新元史卷之二百五十六　列傳第一百五十三

外國八

木剌夷　報達　西里亞

木剌夷，非國名也，譯義爲「舍正路」者，蓋其同教之人詆之如此。其人自稱則曰「伊思馬耳哀」。伊思馬耳哀者，天方教主阿里之後，其父曰札非而沙。卒，伊思馬耳哀嗣位，以嗜酒爲教民所黜。十葉教民又奉伊思馬耳哀之子別爲教主，是爲伊思馬耳哀之教，其後遂爲國名。

北宋中，伊思馬耳哀教民相率至波斯之地，其酋曰哈山沙巴哈，居於低楞，自稱爲東方之伊思馬里惕，即後來之木剌夷也。宋哲宗五年，逐阿剌模忒堡酋，而奪其堡。西域塞而柱克王馬里克沙，使鹿忒巴耳堡酋阿兒蘭阿旭就近討之，不克。未幾，馬里克沙之相尼匝姆烏兒蔑里克被刺死，馬里克沙亦中毒卒，皆哈山沙巴哈爲之。又築堡於裹海西南，及裏海東南苦亦斯單之地，聲威始盛。

哈山沙巴哈教規：其徒黨必殺教主仇人，陰謀行刺，殺其人而後已。馬里克沙之子散者耳嗣位，屢遣兵攻苦亦斯單諸堡。夜寢，有人卓刃於地，遺書於案上，散者耳見之大恐，始罷兵。

哈山沙巴哈死，傳位於倫白塞而堡酋曰基牙布速而克烏米特，蓄刺客益衆。於所居堡内築宫室苑囿，務極華麗，供張豪侈，爲出力殺人者乃得入。蓄童子自十二歲至二十，擇其有膽勇者，日諭以天堂福地享用之樂，既而醉以酒，乘昏迷時載之入，恣所欲爲，俟飲醉仍載以出。其人醒，詢所遇，則告以謨罕默德所云天堂福地也。乃命往殺某某，事成復其故處，不幸身死，靈魂升天，樂亦如是。故人人踊躍用命，或爲商賈、爲奴僕，不遠千里以行其志焉。

宋寧宗慶元四年，復取可斯費音附近之阿斯蘭堡。貨勒自彌王喀塔施以兵至，僞請降，而夜從地道入，盡殺其兵。及兵再至，又乞降，請分先後行，以納還侵地。先行者不被殺，則以次出堡，否則死守。許之。迨前隊去後，無繼者，詗之，則已盡行矣。其詭譎類如此。

基牙布速而克烏米特死，子基牙謨罕默德嗣位。死，子哈山第二嗣位。哈山第二性放誕，多嗜欲，且獎誘同惡者，於是教徒始有「木剌夷」之名。哈山第二爲其妻弟刺死，子謨罕默德第二嗣位，中毒死，子札拉兒哀丁哈山嗣位。

太祖西征，大軍渡阿母河，札拉兒哀丁哈山遣使來送款。明年，又中毒死，子阿剌愛丁嗣位。時貨勒自彌王札剌勒丁建國，使其將士而堪侵掠木剌夷，爲刺客所殺。蒙古五將西伐之役，木剌夷乘機取塔密干城。札剌勒丁將伐之，木剌夷使者至。其相飲使者酒，及醉，使者曰：「公等軍中皆有我國人，特公等不覺耳。不信，請證諸從者。」呼其五僕至，一爲印度人，具言某月日某地，左右無他人，即可加刃，以未奉命，故不敢。其相大懼。札剌勒丁聞之，投五僕於火，議用兵，以輸賦納貢獲免。

憲宗二年，以木剌夷凶悍無道，使皇弟旭烈兀討之。乃蠻人怯的不花率萬二千人先行。次年，怯的不花至苦亦斯單，攻下數堡。復進至塔密干，攻吉兒都苦堡。其地高據山巔，爲矢石所不及，怯的不花築壘兩重，使其將布里守之，自引兵攻附近城堡。未幾，吉兒都苦人潛出，陷其壘，殺布里，傷士卒甚衆。怯的不花聞之，引還，攻益急。吉兒都苦堡病疫，木剌夷酋阿剌愛丁謨罕默德遣精鋭百餘人，持療疫藥，突圍入，仍堅守不降。

五年冬，阿剌愛丁謨罕默德死，子兀克乃丁庫沙嗣位。阿拉愛丁謨罕默德之立甫九歲，既長，有心疾，清狂不慧。十八歲，生兀克乃丁庫沙，定爲嗣，衆望屬之。而其父忌兀克乃丁庫沙得衆，待之虐，兀克乃丁庫沙告於部人：「我父不能理事，故民心渙散，致蒙古之兵禍。」衆然之。一日，阿剌愛丁謨罕默德醉卧，爲人所殺，咸謂其子弑之。未幾，兀克乃丁庫沙遷居梅門迭司堡。

六年，旭烈兀至西域，命怯的不花、庫喀、伊而喀分攻苦亦力斯單各城堡，遂克枯姆城。旭烈兀至噶部姍，遣使諭降。其相火者納昔兒哀丁，及數醫士，皆勸兀克乃丁庫沙降，乃遣其弟薩恒沙偕使者來謁。旭烈兀諭以「盡隳城堡，親來納降，則汝父從前虐待蒙古人之咎，可以恕」。已而兀克乃丁庫沙不至。旭烈兀進至波斯單，復遣使求寬期一歲，兀克乃丁庫沙當自來請命，吉兒都苦堡及他堡均諭以納款。旭烈兀知其意在緩兵，仍進攻各堡，抵迭馬温脱城。再遣使招降，兀克乃丁庫沙始諭吉兒都苦堡出降，而仍不自至。梅斤迭司、阿剌模忒、倫白賽耳三大堡，仍堅守如故。旭烈兀命布喀帖木兒、庫喀、伊而喀自馬三德蘭進，爲北軍；台古塔兒、怯的不花自胡瓦耳、西姆囊進，爲南軍；旭烈兀將中軍自塔勒干進。兀克乃丁庫沙又使其幼子來請降，尚未及十歲，旭烈兀遣歸。

六年冬，進軍至梅斤迭司。諸將以冬寒，馬乏食，請班師。布喀帖木兒不從，復遣人諭兀克乃丁庫沙，限五日内出降，許以不死。兀克乃丁庫沙計窮，遂與火者納昔耳哀丁等出降，盡獻其金玉寶貨。旭烈兀命兀克乃丁庫沙遣人偕蒙古官諭下四十餘堡，盡隳之。

而阿剌模忒、倫白賽耳二堡猶拒命。旭烈兀自至阿剌模忒，攻之，始降。阿來曷丁阿塔瑪里克志費尼，得其内藏書籍、測量儀器。分遣諸將圍倫白賽耳，久始克之。木剌夷人居於西里亞者，亦來降。兀克乃丁庫沙從旭烈兀至哈馬丹，復遣至西利亞説降伊思馬里哀諸堡。

事定，旭烈兀欲殺之，恐負約爲天下笑，遲未發。兀克乃丁庫沙内不自安，請入朝。既至，憲宗拒不見，遣歸。行至通噶脱山，並其從者皆爲蒙古官所害。

旭烈兀之出師也，憲宗諭盡除木剌夷人。故旭烈兀分其人隸於各營，俟其酋入朝，下令無少長悉行誅戮。在苦亦斯單，殺一萬二千人，他處亦如之。間有得脱者，皆竄匿山谷以自活。其居西里亞者，不曰木剌夷，曰哈施身，能以麻葉釀酒迷人。其葉名哈施設，故稱其人爲哈施身，又譌爲阿殺辛。西域人稱謀殺者曰阿殺辛，語本於此。

木剌夷建國傳七世，共一百七十六年而滅。

報達，直波斯海灣西北，臨體格力斯河，天方教哈里發之都城也。天方教創於阿剌比人謨罕默德。其族分二派：一爲柯勒奚施，一爲倭馬亞。謨罕默德則系出柯勒奚施。謨罕默德卒，其妻阿夷舍之父阿部倍壳耳嗣爲教主，始名曰哈里發，譯言代天治事也。阿部倍壳耳立二年，卒，倭馬亞人倭馬爾嗣爲哈里發，十年，爲刺客所殺。謨罕默德之女婿奥自鑾嗣，十二年，爲其僚婿阿里所殺，阿里遂嗣爲哈里發。阿夷舍與奥自鑾同族大怒，集奥自鑾舊部，與阿里戰於蒲斯拉，不勝。丹馬斯克大酋謨阿費牙起兵助之，與阿里戰於西芬，相持不下。二人遂分國而治：謨阿費牙治達馬思格，阿里治苦法。未幾，阿里爲阿孛賭阿滿所害，子哈山嗣。甫半年，部衆潰亂，哈山遜位，還居默德那。謨阿費牙乃獨握政權。謨阿費牙爲倭馬亞人，故稱爲倭馬亞國。十五傳至末而換第二，逐其兄伊孛拉希母，而奪其位。旋爲謨罕默德族人阿蒲而阿拔斯所殺，稱爲阿拔斯國。是時，西里亞、埃及、阿非利喀、阿剌比、波斯、小亞細亞、阿昧尼亞等部，皆爲哈里發屬地。阿拔斯衣尚黑，唐人所謂黑衣大食是也。自末而換第二以前，則爲白衣大食。唐代宗時，嘗借兵於大食，以平兩京之亂。至德宗貞元二年，哈里發哈里突以謨薩，始遷都於報達，故又以報達爲國名云。哈里突以謨薩卒，三子：曰阿敏、曰麻謨訥、曰謨阿塔遜，分國而治。阿敏攻謨阿塔遜，爲其將他海爾所殺，立麻謨訥爲哈里發，卒，謨阿塔遜嗣，以土而基人爲左右親軍。寖久，爲親軍所挾制，其後哈里發之廢立，率出於親軍大將之手，紀綱陵替，國勢日衰。

太祖平西域，哈里發東方屬國存者無幾。時哈里發爲那昔兒纍丁，與西域主阿剌哀丁謨罕默德有隙。西域主以兵侵報達，至呼耳汪，阻風雪而退，那昔兒纍丁怨之，構於蒙古。太祖征西域，阿剌哀丁謨罕默德竄於海島，死後五年，那昔兒纍丁亦卒。子哀脱塔海壁拉立，一年卒。子木司丹錫爾壁拉嗣，十六年卒。子木司塔辛壁拉嗣。

乃馬真皇后稱制四年，大將貝住攻克羅哈你夕班等部兵，及舍海而蘇耳城，距報達僅八日程，鴿書告於哈里發，報達大震。值盛暑，駝馬多斃，貝住遂班師。五年，貝住攻牙庫拔城，爲報達兵所敗。定宗崩後一年，貝住復攻克達枯克城，殺報達所置官吏。是時蒙古屢侵其境。

木司塔辛壁拉之十五年，憲宗即位六年也。旭烈兀既滅木剌夷，謀攻報達。木司塔辛壁拉嗜音樂，嘗患頭痛，伶人作新琵琶七十二絃，聽之，病頓愈。其國事皆決於羣臣。屬國若羅馬，若法而斯，若克而漫，盡降於蒙古；若哀而陛耳，若毛夕耳等，尚依違不定。報達有十葉教人，聚居一地，木司塔辛壁拉縱親軍掠之。其用事大臣謨牙代丁亦奉十葉教，怨哈里發殘其同類，遂輸誠於旭烈兀，願爲大軍向導。旭烈兀懲貝住之失利，疑報達不易攻，又恐謨牙代丁爲誘敵之計，貽書責以要約。謨牙代丁復其書，具以虛實告之，勸旭烈兀亟進兵，又勸哈里發裁兵以省餉，有警則徵屬國之兵入衛。木司塔辛壁拉吝於財，從之。哈里發之相曰低瓦答兒，置正副各一人，低瓦答兒之副名哀倍克，與哈里發不協，謀廢立。謨牙代丁知其謀，哀倍克亦知謨牙代丁通蒙古，各言於木司塔辛壁拉，皆不問。

旭烈兀遣使以書諭之曰：「我征木剌夷，令汝助兵，非有他意，欲締好也，而汝之兵終不至。汝席祖業爲哈里發，但日入之後，月始有光，日出則月没矣。我蒙古自我祖西征，滅貨勒自彌，服塞而柱克，平低楞，收撫諸阿塔畢。凡此諸國逃人入汝境者，汝開門納之。我蒙古人至，則稱兵以拒。今我自至，汝如見機，毁平城堡，親來納降，或先遣將相大臣來議，汝位得保，我兵自退。如欲戰，則速集衆以待。屆飛走路窮，汝無後悔。」

木司塔辛壁拉復書曰：「汝以偶然得志，便藐視天下。自西自東，凡信上帝崇正教者，皆我管屬。我一震怒，則義而闌之人皆羣起逐汝，特我不願衆庶罹於鋒鏑，故相容耳。汝安得令我平毁城堡？」蒙古使者出城，報達人皆怒目視之，欲加刃，謨牙代丁以兵護之，始獲免。

旭烈兀得書，議進兵。木司塔辛壁拉問計於謨牙代丁，勸以納賄行成，而哀倍克不允。久之，始命其大將素黎曼沙集兵。謨牙代丁管財賦，不急籌兵餉，踰五月兵始集，而餉仍遷延不發。木司塔辛壁拉復遣二使往言，自來攻報達者無不受天譴，歷引列國故事爲證。旭烈兀斥其妄。

報達東界有山，爲義拉克阿剌比部分界之地，有得而屯克堡守將曰勿姆姗哀丁，以事怨哈里發。旭烈兀知其事，招之，果來降，使攻奪旁堡，爲大軍前驅。忽姆姍哀丁歸而悔之，旭烈兀聞其中變，使怯的不花誘擒忽姆姍哀丁，命招堡中人出降，怯的不花悉殺之，并殺忽姆姍哀丁。

憲宗遣星者窪殺哀丁至軍前，詢攻報達事。窪殺哀丁曰：「如攻報達，日不出，雨不降，士馬亡，年歲荒，風霾地震，國有大喪。」旭烈兀問奉釋教人及將士，皆曰：「吉。」詢納昔兒哀丁，則素仇哈里發，力言無此六殃，引往時哈里發爲人致死之事，以折窪殺哀丁。納昔兒哀丁者，爲木剌夷酋近侍，以書獻哈里發，報達之相致書木剌夷酋，謂其交通鄰國，乃拘納昔兒哀丁於阿剌模忒堡，後從木剌夷酋降於旭烈兀者也。

旭烈兀乃決計深入。以貝住爲右翼，自羅馬涉毛夕耳，自報達西北境進。不花帖木兒、蘇袞察兒，偕朮赤孫三人曰布而嘎、曰土拉爾、曰庫里，將別隊佐之。以怯的不花、庫圖遜爲左翼，自報達東南羅耳之境進。旭烈兀將中軍，自報達東境進，庫喀、伊而喀、鄂勒克圖、阿而袞阿喀、喀而拉克筆帖齊、賽甫曷丁、火者納昔兒哀丁、阿拉哀丁阿塔瑪里克志費尼皆從，法而斯之阿塔畢遣其姪謨罕默德率兵助之。

七年冬，大軍躪乞里茫沙杭城。召貝住等東渡體格力斯河上游，來議軍事。以羊胛骨卜之，吉。旭烈兀進至呼耳汪河，貝住等仍西渡體格力斯河，率所部進發。是時，哈里發遣哀倍克、費度曷丁、喀拉辛酷耳等，守體格力斯河東之牙庫拔城及八奇賽里城，聞貝住軍已在河西，行漸近，亦引兵西渡。遇前鋒將蘇衮察克於盎瓦拔耳城，蒙古軍敗退。費度曷丁老於軍事，持重不輕進，哀倍克不從。追及於堵者耳河，蒙古軍背水爲陣，戰竟日，無勝負。及暮，兩軍皆營河上。報達營地低下，大軍夜決堤淹之。次日進攻，覆其衆，費度曷丁、喀拉辛酷耳死之，哀倍克逃歸報達。

貝住等至報達西城外，據其街市。是時，怯的不花已平羅耳，與貝住會兵城下。旭烈兀中軍進駐報達城東，圍遂合。報達跨體格力斯河，分東、西二城。西城有子城，東城壁尤峻厚，城上築敵臺百六十三。中軍營於阿鄭門，怯的不花等營於開而拔提門，布而嘎等營於蘇克蘇而灘門，皆圍東城軍也。西則不花帖木兒、貝住等軍於體格力斯河上下游，列礮船上游，以防其逸。築壘掘濠，一晝夜工畢，取居民屋甓爲礮臺，攻具亦備。

哈里發懼，遣謨牙代丁等見旭烈兀，乞如前議納降。旭烈兀曰：「此我在丹馬時之議，今我在報達城下矣。速令素黎漫沙、低瓦菩兒來見我。」遲日，又遣使至旭烈兀，拒不見。攻克阿鄭門敵臺，城遂陷。哈里發先後遣長子、次子出城乞降，旭烈兀拒之如前。遣人召低瓦菩兒及諸將出城，哈里發來否聽之。哀倍克、素黎漫沙不得已，乃出謁，旭烈兀悉誅之。越日，哈里發挈其三子暨官吏三千人出降。時憲宗八年正月也。

旭烈兀置哈里發父子於怯的不花營，兵入城大殺掠，至第七日，居民求免，乃下令停刃，死者已八十萬人。旭烈兀至哈里發宫内，命畢獻庫藏，復詰窖金，目於井而出之，黄金珠玉充牣其中。旭烈兀以城中伏尸積穢，移駐郊外。遣使招諭庫昔斯單。木斯塔辛壁拉自知不免，請沐浴就死，同死者其長子及宦者五人，皆裹以氈，置衢路，驅戰馬蹴踏而斃。木司塔辛壁拉在位十六年，報達阿拔斯傳三十七世而滅。

次日，又殺其次子及親族等。幼子謨拔來克沙以倭而采哈屯乞免，得不死，後娶蒙古女，生二子焉。

自謨罕默德創立天方教，從者風靡。招徠不至，濟以兵力。闢地萬餘里，東西各國頫首臣伏，莫敢抵抗。有國者非受其册封，即無以自立於臣民之上。册封之禮，哈里發遣人賜以纏頭巾一、約指一、刀一、騾一，鞍轡備，飾以珠寶。使者至，官吏郊迎，國主迎於國門之内，以口嘬使者手背，如卑幼見尊屬，或云以口嘬騾蹄云。使者宣命，首以護衛其教爲勖，國主聽命惟謹。曆六百餘年，而哈里發之位始絶。

先是，哀脱塔海而壁拉之子阿卜而喀辛阿黑昧脱逃至阿剌比，旋至西里亞境。世祖中統二年，埃及國王迎至國中，立爲哈里發，受其策封爲蘇而灘，謀復報達。以騎兵二千及阿剌比兵護以東行，遇其族人哀而哈勤，以衆七百人會之，攻克歇拉城。蒙古將喀拉布哈與報達守將阿里巴圖皆以兵至，戰於盎拔城，大敗之。阿卜而喀辛阿黑昧脱走死，哀而哈勤遁歸埃及，嗣爲哈里發。然竄號一隅，託人宇下，不復能自立矣。

西里亞，埃及屬國，以他木古斯爲都城。埃及與蒙古隔絶，不通使命。憲宗初，西里亞酋納昔兒商拉哀丁耶思甫取埃及之塔木司古司之地，後爲埃及蘇而灘哀倍克所敗，納昔兒乃割基納斯列母克渣及納蒲列斯海岸以請平。

初，埃及蘇爾灘散里卒，瑪蔑里忽之長哀倍克代立。「瑪蔑里忽」，波斯語傭兵也。散里之先祖曰散拉赤，有騎兵一萬二千，皆購突厥之奴以供役，稱爲瑪蔑里忽。至散里，爲第六世，乃重用瑪蔑里忽，由是瑪蔑里忽之威權日重。至哀倍克，遂代散里爲蘇爾灘。

已而哀倍克之部下七百騎，及所統巴阿里亞兵，逃於西里亞。巴阿里亞兵官見納昔兒巽懦不足恃，乃約埃及别部酋摩黑德阿馬兒攻哀倍克殺之。摩黑德阿馬兒，埃及前蘇而灘阿札兒之子也。

是時，納昔兒以蒙古强盛，遣其宰相塞伊哀丁耶兒哈甫基來貢方物。及旭烈兀平報達，納昔兒愈恐。憲宗七年，遣其幼子阿基斯，並乞毛夕耳酋貝特累丁羅魯，奉書於旭烈兀，爲之和解。旭烈兀問：「納昔兒曷不自來？」答以納昔兒出境，恐鄰國乘虛襲之。旭烈兀命阿基斯等返，以書諭納昔兒降，不應。

旭烈兀乃進兵攻西里亞，以毛夕耳酋篤老，使其子蔑里克散里伊思馬哀從行。怯的不花率沙古魯人爲前鋒，貝住將右翼，蘇衮察克將左翼，旭烈兀自將中軍。

八年，由巴喀克山入赤烏魯俾克，攻拔札基勒圖。旭烈兀子台古塔兒牙世摩特別將攻拔蔑雅爾克。伊思馬哀攻阿兀忒，不下，去之。旭烈兀進至哀甫拉特，西里亞人大震。納昔兒方與摩黑德搆兵和議，甫成，返他木古斯。旭烈兀至哈兒納，會諸將尅期決戰。納昔兒兵雖衆，内有阿刺伯人、突厥人，實不用命。其宰相勸納昔兒降，大將哀密伊耳卑伊巴兒斥之，議未決。納昔兒與其弟撒魯屯於他木古斯城外，西里亞之瑪蔑里忽乘其無備，圍之。卑伊巴兒遣使告於埃及蘇爾灘，又求援於摩黑德及加伊羅。會瑪蔑里忽將綽馬哀丁等復請降，圍始解。

是時，旭烈兀已拔哀而陛忒，乃於瑪納札亞克爾烏脱羅姆、哀而陛忒及吉爾札亞造橋梁，濟師進掠瑪勒忽，遂圍阿列婆城。大軍至阿列婆附近之沙米哀特城，以城中無兵，引去。敗西里亞兵於巴庫遜山，拔阿列婆北之阿沙司城。旭烈兀諭阿列婆守將降，不從，攻七日，克之，殺戮五日，隳其城。其内城後一月始下，獲納昔兒之母及其子。

當旭烈兀入哀而陛忒，其酋瑪斯爾謨罕默德奔他木古斯，代治木剌夷。及大兵克阿列娑，乃逐謨罕默德後裔哈瑪脱之貴族，至阿列娑請降。旭烈兀以波斯人木司列烏沙爲哀而陛忒長官。

納昔兒聞阿列娑已失，退至加札耳，復求援於埃及。埃及蘇爾灘爲哀倍克之子瑪司兒，僅遣將守他木古斯，令城人携家貲避兵於埃及。納昔兒至半途，爲大軍所襲敗，乃奔於哀而阿庫奚。其宰相塞伊哀丁里列伊瑪伊布阿里，以他木古斯降，返旭烈兀之使者。旭烈兀受其降，下令城中安堵無恐。

九月，旭烈兀率大軍入他木古斯，其内城仍堅守不下，久始克之。又諭降哈列姆城。旭烈兀返阿列娑。明年，聞憲宗大漸，乃班師，以怯的不花留鎮西里亞，甫魯哀丁爲阿列娑長官，貝特那爲他木古司長官。

後旭烈兀與朮赤後王伯勒克相攻，埃及蘇爾灘遂與伯勒克連合。旭烈兀卒，阿八哈嗣位，埃及復以兵奪西里亞濱海之地。阿八哈與埃及搆兵十年，屢失利，事具《阿八哈傳》。

新元史卷之二百五十七　列傳第一百五十四

外國九

斡羅斯　欽察　康里　馬札兒　波蘭

斡羅斯，其族曰司拉弗哀。北齊末，日耳曼人南侵羅馬，日耳曼之地遂爲司拉弗哀人所據。唐以前爲西北散部，屬於柔然、突厥。

唐末，司拉弗哀人柳利哥兄弟三人皆有智勇，侵陵他族，爲衆部之長。其所居之地曰遏而羅斯，遂以此爲部落之名。遏而羅斯急讀爲斡羅斯，亦譯爲兀魯斯，又曰厄羅斯。柳利哥建國在唐咸通三年。其部初無城郭，至是，築諸物哥羅特。「諸物」謂新，「哥羅特」謂城也。

柳利哥亦譯爲魯立克。其弟曰西納非，曰忒魯博爾，分據倭齊羅湖之北與伯拉斯之地。後西納非、忒魯博爾皆卒，無子，柳利哥收其地，自立爲斡羅斯王。在位十七年，卒。

子依哥爾幼，其相阿列克攝政，拓地而南，遷都於計掖甫。阿列克爲毒蛇所齧而卒，依哥爾始親政，以兵四十萬、船萬艘伐希臘，泝泥泊河渡黑海，至君士坦丁，希臘人敗之。依哥爾至屬部徵餉，爲部人所殺。

子薩威亞得司拉夫亦幼，王后哦輵聽政。后有智略，始分立郡縣，設官徵稅，國中大治。薩威亞得司拉夫年長，乃歸政焉。薩威亞得司拉夫再伐希臘，又大敗，歿於陣。

子雅爾波拉克嗣，後爲其弟弗拉得莫爾所殺。弗拉得莫爾自立爲王，時宋太平興國五年也。

弗拉得莫爾卒，子斯昧挨多彼睦嗣，其弟雅兒阿司拉夫與之争，分爲兩部。兄卒，雅兒阿司拉夫始有全國之地。卒，子衣士埃阿司拉夫嗣。卒，弟威司埃烏拉嗣。卒，衣士埃阿司拉夫之子斯昧埃多彼睦嗣。卒，威司埃烏拉之子弗拉得莫爾第二嗣。卒，子斯的斯拉嗣。自後諸部皆擁兵自立，壤土分裂，斡羅斯王國僅有物拉的迷爾。歷十餘王，至威司埃烏拉第二，與諸部連和，兵争始息。卒，子攸利第二嗣。

時太祖已平西域，斡羅斯鄰部曰奇卜察克，納蒙古逃人，太祖索之，不與。十六年，命哲別、速不台進軍裏海之西，以討奇卜察克，殺奇卜察克酋霍灘之弟玉兒格及其子塔阿兒。十七年，遂自阿索富海踏冰以至黑海，入克勒姆之地。霍灘遁入斡羅斯境，乞援於其壻哈力赤王穆斯提斯拉甫。

穆斯提斯拉甫能用兵，屢勝同族，視蒙古蔑如也。允其妻父之請，遣告計掖甫王穆斯提斯甫拉羅慕諾委翅，集列邦議兵事。於是扯耳尼哥王穆斯提斯甫拉司瓦托司拉甫勒委翅與南境諸王皆至計掖甫議，出境迎擊，勿待其至。並告於首邦物拉的迷爾士攸利第二，請出兵爲援，分軍自帖尼博耳河、特尼斯特河以至黑海東北。

哲別、速不台聞斡羅斯起兵，遣使十人來告：「蒙古所討者奇卜察克，夙與斡羅斯無釁，必不相犯。蒙古惟敬天，與汝國宗教相若。奇卜察克素與汝有兵怨，盍助我攻仇人？」諸王謂：「先以此言餌奇卜察克，今復餌我，不可信。」殺其使。二將復遣使至，謂：「殺我行人，其曲在汝。天奪汝魄，自取滅亡。今以兵來，請決勝負。」霍灘又欲殺之，斡羅斯人釋之歸，刻期約戰。

哈力赤王先以萬騎東渡帖尼博耳河，敗蒙古前鋒，獲裨將哈馬貝，殺之。蒙古軍退，追至喀勒吉河，遇二將大軍。時斡羅斯兵八萬二千，分屯南北，南軍爲計掖甫、扯耳尼哥等部之兵，北軍爲哈力赤等部及奇卜察克兵。哈力赤王輕敵貪功，不謀於南軍，獨率北軍渡河，戰於孩耳桑之地，勝負未決。而奇卜察克兵怯敵先退，陣亂，蒙古軍乘之，斡羅斯人大敗。哈力赤等王得脱，渡河而西，即沈其舟。後至者不得渡，悉被殺。南軍不知北軍之戰，亦不知其敗。蒙古軍猝至，攻其營，三日不下，誘令納賄行成。俟其出，疾攻之，殲馘略盡。獲計掖甫、扯耳尼哥等部之王，縛置於地，覆板坐其上，飲酒歡會，多壓斃者。哲別令曷思麥里檻致扯耳尼哥王於太子朮赤，誅之。是役也，斡羅斯亡六王、七十侯，兵士十死八九。

攸利第二得請兵信令，其姪遏羅斯托王瓦西耳克康斯但丁諸委翅率兵往援，至扯耳尼哥，聞軍敗，亟引退。是時，列城無備，不能爲戰守，惟俟兵至乞降，舉國大震。而哲別等西至帖尼博耳河，北至扯耳尼哥城、諾拂郭羅特、夕尼斯克城而止。是冬，大軍東返。

斡羅斯雖敗於蒙古，境内未遭蹂躪，迨兵退，各部内鬨如故，不復慮外患。

太宗七年，以奇卜察克、斡羅斯諸部未服，遣諸王出師，以拔都爲統帥，速不台副之。八年，速不台首入不里阿耳。九年，入奇卜察克。是年冬，遂入斡羅斯。

自孩耳桑之戰至是，已十有四年，斡羅斯人久不以蒙古爲意。毛兒杜因人與斡羅斯有兵怨，導大軍自東南入，取勃欒思克、別兒郭羅惕等城。南境諸王呦里與其弟羅曼分主列也贊、克羅姆訥二城，乞援於攸利第二，兵不亟至。蒙古軍招降列也贊，令出民賦什一爲歲貢，呦里不從，城陷，呦里闔門殉之。攸利第二遣子務賽服洛特帥衆來援，而列也贊已破，乃援克羅姆訥，戰於城下。羅曼陣没，務賽服洛特逃歸物拉的米兒，大軍遂攻拔克羅姆訥。

進至莫斯科，長驅直入，獲攸利第二之孫。東趨物拉的米兒。時攸利第二令其子務賽服洛特木思提思老弗哀居守，而自引兵北駐錫第河，以待計掖甫王牙羅思剌弗哀、珀列思剌弗哀勒王士委阿脱思剌弗哀之援兵。大軍至，令攸利第二之孫在城下，招降不肯下，乃殺之。分軍下蘇斯達耳城而歸。

十年春，合圍物拉的米兒，凡七日，城陷。連拔攸利、計掖甫、遏羅斯托弗哀、雅洛思剌弗哀、喀辛特弗哀耳、的彌特洛甫勒、佛洛格的赤等城，所至成墟。時攸利第二尚軍錫第河上，大軍至，攸利第二與二姪皆戰没，兵士得脱者才什二三。拔都益北趨諾物哥羅特，未及城百餘里，阻潦而退。是爲斡羅斯極北境，始立國時定都於此。

一軍攻禿里思哥城，其王瓦夕里堅守不下，殺蒙古軍數千，閲四十九日始克，屠之，流血成渠。獲瓦夕里，投血渠中，斃之。謂其城曰卯危八里。是冬，圍阿速蔑怯思都城。

十一年春正月，攻拔之。略不里阿耳北境，直至烏拉嶺西北地。計掖甫者，斡羅斯舊都，南部之大城也。攸利第二王既戰歿，其弟計掖甫王牙羅思剌弗哀往援不及，乘大軍退，遂入物拉的米兒，嗣其兄位。而扯耳尼哥王米海勒，亦乘其北行，轉據計掖甫。

十二年，拔都至珀列思剌弗哀勒城，降之。攻下扯耳尼哥城，東掠戞魯和城，至於端河。既絶計掖甫旁援，而帖尼博耳河不得渡，蒙格駐河東，遣人諭降計掖甫，使者被殺。冬，帖尼博耳河凍合，大軍渡河，米海勒逃往波蘭，令其將狄米脱里居守，設備甚嚴。大軍晝夜環攻，克之，釋不誅。復下哈力赤城，達尼耳王亦遁。進攻波蘭、馬札兒，分軍西循奥斯大里亞境，直抵地中海北維尼斯國界。又一軍擾奥斯大里亞之柯倫城、韋兒乃斯達特城，皆旋退。會太宗崩，壬寅春，凶問至軍中，拔都下令班師。時斡羅斯北部已盡降，其列邦並受蒙古封。

定宗即位，召物拉的米兒王牙羅思剌弗哀、扯耳尼哥王米海勒入覲。米海勒至，以不肯拜跪，被殺。牙羅思剌弗哀歸而道卒，或謂在和林中毒。拔都立其子安德累第一主斡羅斯北部，歲入貢賦。其南部哈力赤王達尼耳，乘拔都入馬加，仍回所部，計掖甫等地皆爲所屬。拔都歸後，遣使諭降，達尼耳乞援於天主教王。教王脅以去東教，入西教，乃肯援。達尼耳從之，而援仍不至，復返東教，臣服蒙古。

定宗元年，自至斡兒朵，謁拔都。二年，又來謁拔都，厚禮之，使主南部，納歲賦。

拔都卓帳亦的勒河下游，曰薩萊，其頂用金。凡斡羅斯諸王嗣位，必先至金斡爾朵謁見，再至上都朝覲，錫以册命。路遠，往返經年，所部或叛亂，不能猝制，咸憚苦之。

憲宗七年，拔都弟伯勒克嗣爲金斡兒朵汗，始遣官吏括斡羅斯户口，計出賦，每丁歲輸狐皮一、白熊皮一、黑貂皮一、常貂皮一、獺皮一。以八思哈三人總其事，一治蘇斯達爾，一治勒治贊，一治謨洛姆。田賦十取一，牛羊馬百取一，教士皆免賦。諾拂郭羅特城不服，他城應之。斡羅斯王阿拉克三德知不能抗，鎮撫其民，復謁伯勒克，請減賦。伯勒克拘之，旋遣歸，卒於中途，或謂爲伯勒克所毒。

伯勒克不受朝廷約束，斡羅斯諸王乃朝覲於薩萊，不復至上都。既而哈力翅王達尼爾逐蒙古官吏，吞併他部之衆。伯勒克遣忽侖薩赫來討，以兵弱不敢輕進，復以布侖台代之。布侖台者，從拔都征馬加之舊將也。布侖台諭達尼爾歸命，助攻力拖部，達尼爾畏而從之，使其弟瓦西里克從布侖台平力拖。時憲宗八年也。

逾年，拔都諸弟諸垓等伐波蘭，達尼爾之子弟復從征，平森他米爾以至克拉克。

及忙哥帖木兒嗣爲金斡爾朵汗，斡羅斯諸王互相譏構，洛斯多王喝來伯瓦夕里克委特，譖勒治贊王羅曼倭爾格委特信回回教。至元十六年，忙哥帖木兒召勒治贊王至，殺之。洛斯多王之子又譖勒治贊王子於諸垓，引兵伐勒治贊。是年，阿剌叛，徵兵於物的米爾王狄迷特里，遣其弟安得累從軍，平阿速之亂，焚高喀斯山北脱甲柯甫城。

十七年，哈力赤王勒輔從金斡爾朵兵，攻波蘭柳勃林城，進至森地米爾，爲波蘭人所敗。既而物拉的米爾王之弟安得累阿來三德勒委特，訴其兄之逼於金斡爾朵汗脱脱蒙哥。十九年，脱脱蒙哥出兵，攻物拉的米爾，直至諾拂哥羅特，狄迷特里奔於諾坎。二十年，諾坎仍立狄迷特里爲物拉的米爾王，時庫爾斯克王附於脱脱蒙哥，諾坎怒伐之，又殺配思克服洛郭爾王士委托司拉拂哀，皆斡羅斯之諸王也。

二十七年，斡羅斯諸王又訴物拉的米爾王狄迷特里之過，金斡爾朵汗脱脱討之，狄迷特里奔於諸物奇羅特。是年，狄迷特里卒，其叔父彌海勒第二嗣。莫斯科王克攸利第三欲得首邦之位〔一〕，脱脱以彌海勒第二年長，不允其請。未幾，月思别爲金斡爾朵汗，攸利第三娶其妹孔察哈，遂與蒙古將喀瓦惕，攻物拉米爾，彌海勒第二退於持威亞之地。攸利第二追之，兵敗，孔察哈及蒙古將士皆爲彌海勒第二所俘。知爲貴主，禮而歸之，中道卒。攸利第三乃以鴆殺公主訴於金斡爾朵汗月思别。月思别本庇彌海勒第二，及聞鴆殺孔察哈，大怒，召彌海勒第二至，囚之。已而知其無罪，遣歸。攸利第三賄月思别左右，矯命殺之，襲位受封。

至治三年，攸利第三貢不如額，月思别召而讓之，中途爲彌海勒第二之子德彌特里所殺。月思别以其擅殺論抵，而封其弟阿來克三得爲特威爾王，以雪其父之寃。阿勒克三得嗣位，三年，欲盡殺蒙古人之居忒菲爾者。事聞，金斡爾朵汗命攸利第三弟伊葛爲王，諸藩盡受約束。進討阿勒克三得，伊葛率諸藩之衆，攻陷忒菲爾，械送阿勒克三得及其子於金斡爾朵，殺之。伊葛知欲滅蒙古，非聯合諸藩同心禦之不爲功，以人心未一，故奉蒙古之命惟謹。又以各城賦稅皆由蒙古官徵收，乃以計紿之，請變通稅法，由莫斯科王額徵轉輸蒙古。於是利權在握，益富强，諸藩之貧乏者售其地爲己有。國人以伊葛喜牟利，稱爲界利帶云。時希臘教最盛，其至貴者曰主教長。凡主教長所居之地，即爲都城。伊葛欲以莫斯科爲都，賂金斡爾朵汗，命主教長由弗拉得莫爾移居莫斯科，供張甚盛，以動諸藩之觀聽。伊葛卒於至正元年，子西面嗣。卒，其弟伊葛第二嗣。卒，子底米丟嗣。時至正二十一年。與宗族立約，王位以父子相承，著爲令，違者以兵討之。

時金斡爾朵與白斡爾朵、藍斡爾朵諸汗相攻，不能兼顧斡羅斯諸部。底米丟乃下令曰：「凡藩部皆吾一本，宜共相和協，以翦仇敵。凡軍國諸務，宜禀命於吾。若恃蒙古爲援，抗不遵命者，諸藩共討之。」於是諸王咸奉底米丟之號令，國勢始振焉。

其後金斡爾朵汗集兵六十萬來伐，至敦河，斡羅斯兵二十萬陣於北岸。底米丟詢於衆曰：「候彼濟而攻之，與我渡河迎擊，孰利？」皆曰：「願渡河一戰。」衆遂渡。既登岸，斬纜沈舟，誓無退志。陣甫合，殺傷相當。底米丟密以奇兵從上流濟，抄蒙古兵之後，蒙古兵望見，疑爲援兵大至，遂潰走。是役也，斡羅斯人雖幸勝，然死傷亦衆。

越二年，白斡爾朵帖米斯汗乘其不備，進圍莫斯科，忒菲爾叛降蒙古，底米丟乃遣使乞和，貢獻如初。

欽察，其先爲武平北折連川按答罕山部族。唐以前稱其種曰庫莫奚，後徙西北，居玉里伯里山。本遊牧之國，與蒙古同。其酋有曲出者，號其部爲欽察，亦曰乞卜察克。曲出生唆末納，唆末納生亦納思。

太祖討平蔑兒乞，蔑兒乞酋之子忽都西奔欽察，亦納思納之。太祖使人往索曰：「汝奚匿吾帶箭之麋？亟以相還，不然禍且及汝！」亦納思曰：「逃鸇之叢薄，猶能覆之，我顧不如草木耶？」不予。太祖乃命者別、速不台移軍討之。

時亦納思已老，國內大亂，其子忽魯速蠻與欽察別部酋庫灘弟玉兒格、子塔阿兒及阿速、撒耳柯思等部來拒。大軍入高喀斯山，迫於險，乃甘言誘其諸酋曰：「爾我同類，無相害意，何爲助他族？」忽都速蠻引軍退，哲別、速不台敗阿速等部，又追襲玉兒格、塔阿兒，殺之。其别部酋八赤蠻竄亦的勒深林間，太宗命拔都等討之，禽殺八赤蠻。忽魯速蠻率其子班都察舉族迎降。

康里，亦曰康鄰。古高車之後，赤狄之餘種也。或曰其先爲匈奴之甥。無總汗，各有君長。遷徙隨水草，衣皮食肉，牛羊畜牧與蠕蠕同，惟車輪高大，輪輻至多。後徙於鹿渾海西北。或謂其部侵掠他族，虜獲騎不勝負，有部人能製車高大，勝重載，故以高車名其部云。

蒙古初，康里之名始著其地，直鹹海北，而西及於裏海，與欽察爲鄰。太祖十六年，命哲別、速不台討欽察。十九年，乘勝東入，康里部衆迸散，與欽察並爲皇子朮赤封地。

馬札兒，亦曰馬加。與波蘭俱在斡羅斯之南，兩國相依如輔車。馬札兒之境，三面環山，形勢尤爲險固。初爲匈奴別部，北宋時，馬札兒人循北海之南，據其地有之。

太宗十二年，拔都平斡羅斯，遣貝達爾等進攻波蘭、馬札兒二國。時波蘭王波勒斯拉物卒，分地與四子。昆弟構兵，波勒斯拉物之孫波勒斯拉物第四爲克拉考部主，娶馬札兒王貝拉第四之女，屬地有珊特米而。波勒斯拉物之子康拉忒爲庫牙費部主，都城曰孛洛此克，屬地曰馬速費。又有一子曰亨力第二，爲昔來齊部主。其東南鄂噴拉諦波，而部主爲昔斯拉物，都城曰拉諦波。

拔都五道分進，前鋒入路孛林城，退還。是冬，又至費斯倫而河，履冰而渡，掠珊特米而，進至克拉考。其大將物拉狄米而與大兵戰於潑蘭尼也之地，敗潰。大軍分爲二：一往倫昔斯克、庫牙費，一留珊特米而。於是珊特米而、克拉考之兵合攻大軍於昔奪洛城，又大敗。波勒斯拉物第四與其母、妻遁入喀而巴脱山中，大兵遂入克拉考，進克珊特米而。

時亨力第二集衆三萬，分五軍：第一軍爲日耳曼人，謨拉費牙王子波勒斯拉物領之；二軍爲波蘭人，克拉考將蘇立斯拉物領之；三軍亦波蘭人，米昔斯拉物領之；四軍日耳曼人，其部長泊破渥斯台倫奥耳領之；五軍亨力第二自將。戰於乃寒河邊瓦而司達忒之地。日耳曼人先進，大敗。亨力第二馬傷，欲易馬，爲我兵所刺殺，懸首竿上，以徇各部。南至倭忒莫捌甫城，駐軍十五日，西攻拉諦波而，又移屯波勒昔斯克。西南入奥斯大里亞國，至白吕門部之謨拉費牙城。白吕門王曰文測斯拉物，懼大兵至，以重兵守白吕門及勞昔司二城，以五千人往援拉謨費牙。其將爲日耳曼人斯德姆貝而克，有勇名。文測斯拉物戒以平地勿與蒙古戰，但守鄂而謀次、白倫二城。既至白倫，分城兵千人與己兵往鄂而謀次。斯德姆貝而克入城，大兵已傅城下，城中縛草爲人以守陴，須臾，矢蝟集草人上。大兵誘以出城，不肯應。貝達克以爲怯，不設備，斯德姆貝而克乘夜襲之，我軍失利，貝達克歿於陣，遂解圍。東南入馬札兒，以應拔都之軍。

初，拔都自將攻馬札兒，其王爲貝拉第四，在位五年，拔都遣使招降，不應，又不設備，僅遣部將守喀而巴脱山口，伐木塞塗。馬札兒都格蘭城，亦曰布達城，濱杜惱河，河東爲丕思城，王宫在焉。欽察王庫灘來奔，從者四萬家。貝拉喜於得衆，而馬札兒人怨其王納庫灘以致寇，乃大譁。貝拉不得已，下庫灘於獄。

十二年春三月，拔都至，斧其塞塗之木，長驅而入。貝拉下令徵兵，集西北部之兵於丕思，以俟諸路之援，送妃嬪輜重於奧國。拔都從東北喀而巴忒山，踰達羅斯門。貝達克所部，從西北謨拉費牙，踰馬札兒門。合丹、速不台從東，至莫而陶，踰山以進，直抵丕思城下。貝拉堅守不出，有教士烏哥領以爲怯，率所部出戰。大兵退，誘入淖中，馬札兒人被重鎧，陷於淖不能出，盡爲大兵所殪。烏哥領僅以身免，怒貝拉不出援兵，讓之。馬札兒人以兵禍由於庫灘，大軍中又多欽察人，疑其與庫灘通，遂殺之。庫灘餘衆渡杜惱河，奔於布噶而牙。

貝拉在丕思城俟援兵，大兵破丕思北之委琛城。貝拉兵既集而出，大兵退，貝拉從之，屯於賽育河西，以千人守河橋。大軍在河東，出其不意，夜攻之，以砲兵逐守橋兵，又由上游泅渡。天曉，圍貝拉營。貝拉弟廓落鑾與烏哥領力戰，不能出，俱負重傷。晡時，大軍故開一路，使之出。馬札兒人潰走，大軍逐於後，斬馘略盡。烏哥領戰歿，廓落鑾逸歸丕思西南，入地中海，創發亦死。貝拉以有良馬，奔至土洛斯，遇其壻克拉考王波勒斯拉物第四。

大兵攻丕思城，民堅守不降，逾三日，克而屠之。合丹自莫而陶逾山，入脱蘭吾西而伐尼，襲破路丹城，選日耳曼人六百爲嚮導，至滑拉丁，爲馬札兒要害之地，外城爲木城。大兵至，即破之，又以砲攻破内城。城民入教堂，盡焚之，有遁入林中者，出覓食，又爲邏者所殺，殆無噍類焉。别軍入札納忒城，又至丕勒克，以斡羅斯、欽察、馬札兒人爲先驅，蒙古人自後督之，踐積尸登城。前無堅堡，與定宗軍合於拔都。

拔都渡杜惱河，攻格蘭，使合丹追貝拉。貝拉自土洛斯入奥斯大里亞境，至勒泊斯波而克，遇奥王勿來特吕希第二，勸以過杜惱河，貝拉從之。復乘機索賄，以國界三城爲質。貝拉擕其孥至阿格拉拇城，伺敵動静，復往塔而馬西之司巴拉城，其妃自往克立薩堡，後與貝拉俱入地中海島中。合丹追貝拉不及，乃引軍東趨塞而維亞，旋奉拔都命班師。是時，太宗凶問至軍中，乃馬真皇后稱制元年也。拔都與合丹東返杜惱河，諸軍亦退。

明年，貝拉始返丕思。初，貝拉屢求救於日耳曼王勿來特吕希，以與教主構兵，不能赴援，令其子嚴兵守境上。又以書告英吉利諸國：「若塔塔兒來，我兵不能禦，則各國皆危，不能保，請併力敵之。」值太宗崩，拔都亟率兵東返，故日耳曼諸國皆未受兵禍云。

後金斡耳朵汗屢伐波蘭，焚珊特密而。至元二十二年，脱脱哥王伐馬札兒，敗績而歸。次年，復入波蘭無城堡之地，焚掠殆徧，以病疫班師。

【校勘記】

〔一〕「莫斯克王」，下文作「莫斯科王」。本書卷一〇六《朮赤傳》附月思別傳亦兼作「莫斯科王」、「莫斯克王」。

新元史考證

《新元史考證》整理説明

柯劭忞《新元史考證》五十八卷，民國十六年國立北京大學研究院文史部鉛印本。原本有雙行小字夾注，注明「句」、「闕」等情形，此次整理均改爲單行夾注。原本中又偶有訛字、缺字、誤倒，此次整理均予改正，正字用方括號〔　〕標出，同時用圓括號（　）標出誤字。如原本《楊惟忠傳》，「楊惟忠」當作「楊惟中」，即整理作「《楊惟〔中〕（忠）傳》」。

考證一　卷一　本紀第一　序紀

據《元秘史》、洪侍郎《元史譯文證補》。以後省稱《譯史》。凡卷内用《秘史》、《異史》之文，俱不標出處，惟標其事有異同者，他仿此。

蒙古之先出於突厥　《譯史》：「自東突而屈各族以及蒙兀爾。」洪侍郎曰：「突而屈爲突厥之本音。西域史列蒙古於突厥族類中，從其朔也。」劭忞案：孟珙《蒙韃備録》謂蒙古出於沙陀別種，正與西域史合。《蒙古源流》謂爲吐蕃贊博之季子，無稽之説，不足據也。黄東發《古今紀要逸編》謂韃靼與女真同種，亦非。《譯史》：「太祖攻撒馬兒罕突而屈兵，自以與蒙古同種，開門出降。」尤爲蒙古出於突厥之確證。

蒙古哩　據《契丹國志》。

「有黑達達」至「計牙特博兒濟錦」　據《蒙古部族考》。按拉施特分黑達達、白達達、野達達三部種，最爲詳晰，實他書所未及。《部族考》，《譯史》有目無篇，劭忞據未譯本輯補。

本稱蒙兀爾　《舊唐書·室韋傳》有蒙兀室韋，即《大金國志》之朦骨子，爲契丹之種類，與達達異族，洪侍郎誤合爲一。

博兒濟錦氏　據《蒙古部族考》，與《蒙古源流》正合。《秘史》與《譯史》均作孛兒只斤，下文又作孛兒只吉歹，皆一音之轉，譯音無定字也。

亦譯爲郤特　據《蒙古源流》。

孛爾帖赤那豁阿馬闌勒　據《蒙古秘史》。《譯史》作孛兒特郭斡馬特兒。按《秘史》譯爲狼鹿相配生人，《部族考》亦有此言，拉施特述太祖先世之事獨不取之，以爲夫婦二人之名，真可謂信史矣。

斡難河源不兒罕山　今爲敖嫩河必兒喀嶺。李侍郎《秘史注》以八剌合黑河爲不兒罕山所出之河，名不兒罕河，傅主事學濬駁之，以爲臆改不根之名，懸擬古地是也。

巴塔赤罕　《譯史》作必特赤汗。《蒙古源流》作必塔察汗。劭忞案：《秘史》譯音較審，今從之，下文仿此。

塔馬察　《譯史》作特馬徹，《蒙古源流》作特墨撤克。

豁里察兒蔑兒干　《蒙古源流》作和哩察爾。洪侍郎曰：西書譯爲乞楚，誤。

阿兀站孛羅温阿　《譯史》作古津博郭羅兒，《蒙古源流》作阿固濟木博郭羅勒。

撒里合察兀　《蒙古源流》作薩里噶勒濟固。

也客你敦　《譯史》同，《蒙古源流》作尼格尼敦。

撏鎖赤　《譯史》作珊鎖赤，《蒙古源流》作薩木蘇齊。

哈兒出　《譯史》、《蒙古源流》均作哈里哈爾楚，《譯史》哈里哈生朵奔巴延，較《秘史》、《蒙古源流》少二代。洪侍郎曰：多桑書亦引《蒙古源流》以證異説。阿卜而嘎之書則哈里哈之下又多四代，尤不可解。劭忞案：蒙古世系，《譯史》、《蒙古源流》與《秘史》互有異同，今從《秘史》。

孛兒只吉歹蔑兒干　《蒙古源流》作博爾濟吉台墨爾根。劭忞案：即博兒濟錦之異譯。

忙豁勒真豁阿　《蒙古源流》作蒙郭勒真斡哈屯。

脱羅豁勒真伯顔　《蒙古源流》作都喇勒津巴延。

孛羅黑臣豁阿　《蒙古源流》作博囉克沁郭斡哈屯。

都蛙鎖豁兒　《蒙古源流》作多斡索和爾。劭忞案：《秘史》稱鎖豁兒額上生一目，語殊詭誕，蓋因鎖豁兒譯義爲一目，而演此妄説耳，今不取。

多奔蔑兒干　《舊史》作脱奔咩哩犍，《蒙古源流》作多博墨爾根。

阿蘭豁阿　《舊史》作阿蘭果火，《譯史》作阿蘭郭斡，《蒙古源流》作阿掄郭斡，譯義美女也。

生三子　《舊史》作二子，誤。

秃馬敦　亦作秃馬惕，又作土馬特，白達達十五部之一。

豁里剌兒台　《蒙古源流》作郭哩岱。

夜有白光　《舊史》作夢白光自天窗入，《蒙古源流》同，《秘史》、《譯史》則云見有白光，今從之。

衆疑之　據《譯史》。《秘史》作阿蘭豁阿告其子之言，日本田中萃一郎《蒙古史》作朵奔之父母詰之，《蒙古源流》則謂告其妯娌侍婢等。

不忽合塔吉不合秃撒勒只　《譯史》作不衮哈塔吉不固撒兒只，《蒙古源流》作布固哈塔吉博克多薩勒濟固。

多兒勒斤　即塔立斤。

乘一青白馬　《蒙古源流》作貉皮馬，《秘史》作短脊黑青馬。

黃鷹搏雉　《蒙古源流》作青色鷹攫野鴨。

阿勒敦阿剌　《舊史》作八里屯阿剌。李侍郎曰：《西域水道記》回語下山出口曰阿剌。阿剌，山口也。日本那珂通世《成吉思汗實録》譯阿剌爲河中島。按《蒙古源流》作獨向鄂諸江東去，則那珂通世之譯得之。

鄂郭爾察克部　據《蒙古源流》。

把林失亦剌秃合必赤　《舊史》作八林昔里秃合必畜，畜乃赤字之誤。劭忞案：《譯史》孛端察兒二子，長布格，次布克台，布格子土敦邁寧。《蒙古源流》孛端察兒既娶布丹哈屯將伊子名爲巴噶哩台之後哈必齊，哈必齊之子名伯格爾巴圖爾，伯格爾之子名馬哈圖丹，均與《秘史》不合，今從《秘史》。又《蒙古源流》將伊子名爲巴噶哩台之後裔，語不可解，審爲翻譯之誤。洪侍郎據多桑引《蒙古源流》，孛端察兒生三子曰巴噶哩台，曰亦察郭兒圖，曰哈必齊，文義較順，或不誤也。

蔑年土敦　《舊史》作咩撚篤敦，《譯史》作土敦邁寧，《蒙古源流》作馬哈圖丹。

那莫倫　《舊史》作拏倫，《譯史》作莫奴倫，《秘史》以那莫倫爲蔑年土敦子，合赤曲魯之妻，誤也。《舊史》與《譯史》均以那莫倫爲蔑年土敦之妻，情事較合，從之。

與契丹相拒　《蒙古史》作金軍，誤。

生七子　《舊史》同，《譯史》作九子。

匿於酒甕中　據《部族考》。拉施特書又云匿於積薪之下，《蒙古史》譯多桑書亦云乳母機智，匿海都於薪材處。

巴兒忽真土窟姆　《舊史》作八剌合黑河。傅主事曰：即俄羅斯境拜噶勒湖之巴爾古精。

伯升豁兒多黑申　《舊史》作拜姓忽兒，《蒙古源流》作星和爾多克新，《譯史》作拜桑克兒。

屯必乃薛禪　《舊史》作敦必乃，《蒙古源流》作托不巴該，《譯史》作托邁乃。

生九子　據《譯史》，《秘史》則云二子，《舊史·世系表》作六子。《譯史》屯必乃諸子之後，《秘史》皆屬於葛年土敦之子，殊誤。塔塔兒之難，葛年土敦惟餘一孫及幼子納臣，《秘史》之誤明矣。

合不勒　《舊史》作葛不律，《蒙古源流》作哈布勒。《大金國志》：皇統七年蒙古敖羅孛極至，自稱祖元皇帝。那珂通世《成吉思汗實録》注：敖羅即合不勒。劭忞案：祖元皇帝乃附會之説，當日無此事也。

合丹把阿秃兒　《舊史·世系表》作合丹八都兒，《秘史》作合答可，今從《譯史》。把阿秃兒即拔都勇士稱。

嫁女於塔塔兒　據《秘史》。《譯史》則云娶婦。

布勒格赤　《秘史》作八剌合赤。《譯史》俺巴該使告金主，《秘史》則云使歸告忽圖剌。按俺巴該被執，忽圖剌尚未爲汗，不應獨告忽圖剌，今從《譯史》。

金熙宗皇統七年　洪侍郎曰：多桑書在西曆一千一百四十七年，《續綱目》據《大金國志》所紀在金熙宗皇統七年，與西史正合。

金大定間童謡　據《蒙韃備録》。

阿勒壇　《舊史》作按彈。

把兒壇　《舊史》作八里丹，《蒙古源流》作巴爾達。按把兒壇、也速該，《秘史》均稱拔阿秃克，不嗣汗位，《舊史》誤。

也速該　《蒙古源流》作也蘇凱。

「部衆議立汗」至「屢爲泰兀赤部所困」　據拉施特書，爲洪侍郎所未取者。按也速該爲罕，《譯史》未載其事，拉施特詳加辨證云：忽都剌死後，他之姪也速該爲汗爲是，亦屬懸揣之詞。《蒙古史》謂烈祖爲尼倫族長，最合情事。《秘史》稱烈祖爲把阿禿兒，無汗號也。

捏坤太子 《譯史》作太石，《世系表》作聶昆太司，《蒙古源流》作訥袞泰實。

蒙力克 《蒙古源流》作莽古里克。

太祖年九年 《秘史》作九歲，《譯史》作十三歲。

考證二 卷二 本紀第二 太祖上

據《元秘史》、《譯史》。按《秘史》紀太祖攻討諸部年分，多前後訛舛，《譯史》較爲可據，今從之。

訶額倫 《舊史》從《親征録》作月倫，《譯史》作諤倫額格，《蒙古源流》作烏格楞，今從《秘史》。

帖木真兀格 《親征録》作帖木真斡怯。

迭里温孛勒答黑 據《秘史》。《譯史》作迭温布兒答克之地，《親征録》作迭里温盤陀孛勒答黑，譯言邱陵也。洪侍郎曰：俄羅斯人訪其地，在斡難河右岸，今地名如故。

宣懿皇后 按世祖至元二年，命平章趙璧等製尊謚廟號，烈祖神元皇帝，宣懿皇后爲第一室，是追謚訶額倫爲皇后，無太后之稱，《舊史》稱爲宣懿太后，殊乖典要。今改正。

是歲爲乙亥 案楊維楨《正統辨》，謂宋祖生於丁亥，我太祖之降年與宋祖同。維楨此文上於史館，以本朝人述太祖之生年，必無訛謬，此最爲確據。《舊史》本紀據《親征録》太祖丁亥崩，年六十六逆推之，當生於壬午，不可從。

脱端火兒真　《秘史》作脱朶延吉兒帖。洪侍郎曰：下三字音未確。今從《譯史》、《親征録》。

秃克　譯言旄纛。

察剌合　《舊史》、《親征録》作察剌海，《譯史》作察勒哈額不干。

腦中流矢　據《譯史》。《秘史》則云中槍。

合剌只魯格山青海子　《秘史》又作合剌主魯格地闊闊納浯兒海子。

脱里脱阿答亦兒兀孫　《譯史》作托克塔帶亦兒兀阿，《親征録》脱黑脱阿作脱脱。

駙馬孛圖　《舊史》有傳，《秘史》作不圖，《譯史》作孛徒。

請帝稱罕　此與丙寅年即皇帝位、共上尊號爲成吉斯罕爲二事，《秘史》此處即稱成吉思罕，固誤，洪侍郎並以稱汗爲妄，亦非。

皆汝等之離間　按阿勒壇二人離間札木合，其事不見《秘史》，或阿勒壇等棄札木合而歸太祖，故札木合疑其離間耳。阿勒壇、忽察兒雖前後反覆，然實有擁戴之功，殆猶鄭譯之附楊堅矣。

札木合弟紿察兒　《親征録》作札木合部人秃台察兒，《譯史》亦作部人紿古察兒。按僅殺其部人札木合，不至糾衆來攻，今從《秘史》。

斡列該不剌合　《譯史》作烏拉該布拉克，蒙古謂泉曰布拉克，《秘史》之布拉合即布拉克，《親征録》作玉律哥泉，可證。

答兒馬剌　《譯史》作拙赤塔兒蔑勒，《親征録》作搠只。

巴魯剌思人木勒客脱塔黑　據《譯史》。《秘史》不云揑坤所遣，又作亦乞别思人，其名則作木勒客脱塔里(句)。孛羅勒歹，《親征録》作卜奕台慕哥。其云揑坤所遣，則與《譯史》同。何主事改《親征録》「揑辟」爲「揑群」，不知乃「坤」字之誤。

答蘭巴勒主惕　《親征録》作答蘭版朱思。

帝與宣懿皇后爲第一翼　按十三翼，《譯史》所載最爲詳明，《親征録》人名多譌字，今不取。

軍失利　《譯史》、《親征録》皆謂太祖勝，爲帝諱敗也。《秘史》獨得其實。《舊史》以此戰爲太祖沖年之事，尤誤。

哲别納牙來降　《秘史》在塔兒忽台等被誅後，今從《譯史》。

照烈　《譯史》作朱里。

哲兒們山　《親征録》作斡斡札勒馬思之野。

異日汝兵車所至　據《親征録》。

烏魯克塔海答魯　烏魯，《親征録》作玉律。

爲泰亦兀赤所殺　《親征録》作爲族人忽敦忽兒章所殺，即泰亦兀赤人也。西史爲蔑兒乞人所殺，誤。

察罕忽失亦文秣驪　據《譯史》哲别補傳。

主兒乞　《親征録》、《譯史》均作月兒斤，即主兒乞之異譯。

蔑古真薛兀勒圖　《譯史》作摩勒蘇里圖，《親征録》作兀真笑里徒。

札兀惕忽里　據《蒙文秘史》。《親征録》作察兀忽魯，《譯史》作察兀特忽里，《成吉思汗實録》譯爲百户長，《蒙古史》譯爲大將軍之義，《親征録》原注　若金招討使。今從那珂通世譯義。

帖列格秃之隘　《親征録》作帖列徒，《成吉思汗實録》引俄羅斯地圖作祖里格秃，爲車臣汗牧地。

帝大怒　《親征録》謂帝麾下爲乃蠻所掠，徵兵起衅，《秘史》謂老營被掠起衅，與《譯史》均不合。今分著於紀傳，以附傳疑之義。

完顔襄討塔塔兒　洪侍郎曰：襄討塔塔兒，以《金史》紀傳考之，是丙辰年事。案《大金國志》塔塔兒寇邊事在甲寅年，未可執《金史》以訂西書之誤。

額兒克合剌　《親征録》作也力克合剌。

王罕奔西遼　《秘史》載此事於辛酉，誤。

古薛兀兒海子　《親征録》作曲薛兀兒汗，《譯史》作庫思克兒淖爾。洪侍郎曰：當在克魯倫河南或在西。

宴於土兀拉河　《譯史》作宴於河上，注：多桑謂是土拉河。與《親征録》、《秘史》合。

塔海速客該　《譯史》作秃該蘇該，《親征録》作雪也該。

霍拉思布拉思之地　《親征録》作發兵哈喇哈河。

乞失泐巴失海　徐星伯《西域水道記》即噶勒札爾巴什淖爾，《親征録》作黑辛八失之地，乃乞失泐巴失之異譯。

謙謙州　《譯史》作侃侃助特。

可克薛古撒卜剌黑　《親征録》誤作二人。

巴亦答剌黑之地　洪侍郎引拉施特説，昔乃蠻主娶汪古部女拜答剌黑，結婚於巴勒赤列之地，蒙古遂並人名地名爲稱，或僅稱拜答剌黑。

王罕至土兀剌河　據《親征録》。《譯史》作塔塔兒土霍勒。洪侍郎曰：恐《譯史》誤。

金們呼兒　譯言大杯。

再伐乃蠻　據《親征録》。此事《譯史》、《秘史》均無之。

不魯古厓　《親征録》「古」字誤作「告」，今改正。

捕魚兒海子　《親征録》：作盃亦烈川。

徹徹兒山　《譯史》作察哈察兒。

又敗塔塔兒酋　《譯史》作蔑兒乞泰兀赤酋，誤。

泰亦赤兀酋盎庫庫楚等會於斡難河　按《秘史》此役在札木合稱汗之後，今從《譯史》。盎庫庫楚，《秘史》作阿兀出。

斬牛馬爲誓　《親征録》作斬白馬，《譯史》殺牛一、羊一、馬一。按《秘史》無此事，其後叙立札木合爲汗事亦多舛略。《譯史》叙次與《親征録》事事符合，今從之。

特因　《親征録》作迭夷。

刋河　《親征録》作犍河，《秘史》作刋沐漣河。按沐漣，蒙古語河也。

戰於海拉兒帖尼河　《秘史》誤以此戰爲闊亦田戰，今從《譯史》。

火力台　據《譯史》。《舊史·抄吾兀傳》及《親征録》載此事均與《譯史》不合，今《紀》、《傳》兩存其事。

卯温赤敦山　洪侍郎曰：即《舊史》之阿蘭塞。

桑昆　《親征録》作亦剌哈，《譯史》作鮮昆。
察罕塔塔兒按赤塔塔兒二部　《秘史》作四部察罕作察合安。
奎騰之地　蒙古語冷也。
札木合掠諸部而去　《譯史》繼乃歸於帝，殊誤。札木合與帝交已絶，無緣復歸也。此事《親征録》不誤，何主事以爲難解，何也？
阿剌兒　譯言水島。
阿兒邻宏哥兒之地　《親征録》作阿不禮闕忒哥兒。洪侍郎引多桑書，在沙漠中，離哈喇温赤敦不遠。《蒙古史》宏哥兒湖在阿兒邻山發源，故兩名合稱。
桑昆僞許婚　《親征録》作王罕事。
蒙力克　《親征録》作蔑里哥，《秘史》、蒙文《譯史》均作蒙力克額赤格。蒙古語額赤格，父也。
巴歹　《親征録》作把帶，《舊史·木華黎傳》作拔台。
卯温都山　《親征録》作莫運都兒山，張明經《蒙古遊牧記》：克什克騰旗西南有漠海恩都爾山，即此山。卯，蒙古語不好也。温都爾，蒙古語高也。
巴兒渚納　《親征録》作班朱尼河，《秘史》作巴兒渚納納兀兒。

飲水誓衆　《親征録》班朱尼飲水在遣使後，《譯史》在遣使前，今從《譯史》。

帖兒格阿蔑勒　《親征録》作帖木真阿亦。

阿剌忽思的斤忽里　《蒙古史》：阿剌忽思本名的斤。忽里，部長之稱。

斡兒訥兀山　《親征録》作建忒該山，《秘史》作客勒帖該合答，譯義爲山之半崖，非山名。

甲子春正月禡牙　據《譯史》。洪侍郎曰：哀忒鑾謂回回曆六月十五日，西曆則在二月十九日，中西曆相差至多四十餘日，至少十餘日，當爲中曆正月望日。《秘史》四月之説不足憑。

再議進兵　《秘史》誤二役爲一。

杭海山之哈兒只兀孫河　《秘史》作康合兒山，《譯史》作阿勒台河與杭海山之間。今據《親征録》。

古出魯克　《親征録》作屈出律。

乞鄰古散城　《親征録》作塔思城。

札木合伏誅　《秘史》云：今札木合不出血而死，仍厚葬之。西書則云截其手足而死，未詳孰是。恐《秘史》非實録也。

考證三 卷三 本紀第三 太祖下

元年　《黑韃事略》：韃之本俗只是草青則爲一年，人問其庚甲若干，則倒指而數幾青草。那珂通世謂太祖建元爲世祖時所追定，是也。

建九斿白纛　洪侍郎曰：以白馬尾九爲旄纛，非旗也。《蒙古源流》作九烏爾魯克。

成吉思合罕　據蒙文《秘史》。《蒙古源流》作青吉斯。云有鳥，鳴聲似青吉斯，集方石，於石中得玉印。按《蒙古源流》多誣誕之辭，今不取。又《秘史》太祖與札木合分營後即已稱成吉斯罕，亦誤。蓋此時雖稱罕，乃一部之長，至丙寅，群臣始共上成吉思之號也。錢詹事謂先稱罕、後稱皇帝，未確。

古兒汗　又作局兒罕，譯義衆罕之長。日本田中萃一郎《蒙古史》：蒙古語古兒，總體之義。

國語成爲氣力强國吉思爲多數　洪侍郎曰：西人薈萃衆書，以考成吉思稱名之義。一曰：成，大也；吉思，最大也。一曰：即天子之義。別有蒙古人云：即位時有孔雀飛至，振翅有聲，似「成吉思」，遂以爲罕號。拉施特修史有譯義，則云：「成」爲氣力强固，「吉思」爲多數。拉施特親見國史，其言宜可信也。按《蒙古史》：「成」，蒙古語强健；「吉思」，複數之詞，正與拉施特之譯義合。有元一代有天生氣力的皇帝之稱，即沿此而起。

札兒忽　《百官志》作札魯忽赤。

入兀剌海城　兀剌海，唐古特語萬里長城也。《舊史》作斡羅孩，下文作兀剌海斡羅孩，乃兀剌海之異譯。蒙古伐西夏，再入長城，非一事兩書，特《舊史》不知斡羅孩即兀剌海耳。《譯史》作威剌哈。

阿勒壇布剌　《親征録》作按彈不兀剌。

「斡亦剌部長」至「望風納款」　洪侍郎《譯史》注：《本紀》斡亦剌之降在三年，乞力吉思之附在二年。考之西圖，應從《秘史》。先定斡亦剌東，由而西，軍程乃合。劭忞案：洪説得之，惟太祖遣使諭乞兒吉思，與朮赤之受降當爲二事。

也迪亦納勒(句)。阿勒迪額兒　《舊史·本紀》作野牒亦納里阿里替也兒。《親征録》作斡羅思亦難阿忒里剌。此人名，《舊史》誤爲部名。

皇子朮赤征和林西北部族　《親征録》事在十一年戊寅，與《譯史》、《秘史》不合。

「失必兒」至「塔思巴只吉」　據《譯史·朮赤補傳》及那珂通世書。

以斡亦特部長爲嚮導　據《譯史·朮赤補傳》。《舊史·本紀》作斡亦剌遇我前鋒，不戰而降，《譯史·太祖本紀》同，與《朮赤傳》牴牾。按《舊史》依《親征録》，以朮赤北征斡亦剌降附爲十一年事也，今從《秘史》，以北征爲二年事。斡亦剌爲嚮導，則從《朮赤補傳》。斡亦剌，《譯史》作衛拉特。

斡列別克的斤　據《成吉思汗實録》，與《朮赤補傳》合。《譯史·太祖本紀》：先至一部受降，又至一部。野牒鄂倫酋曰斡羅思亦納兒，與《朮赤傳》及《秘史》、《親征録》皆不合，今不取。

直魯古以女妻之　洪侍郎曰：拉施特謂古兒汗以女嫁古出魯克，他書有謂孫女者。哀忒鑾譯乃是外孫女，恐譯誤。

真河　《親征録》作嶄河，《秘史》作垂河，《舊史·速不台傳》作蟾河，又作檐河。阿惕乞剌黑（句）、答兒伯　《譯史》作阿勒潑魚土克迭兒拜，《録》作柯力也奴奴答拜，又作安魯不也女答兒班。

「遠辱天使」至「犬馬之勞」　據《親征録》。

賜大紅衣金帶　據《成吉思罕實録》。

水決壞其堤　據拉施特書，正與《舊史》合。

再伐西夏　《親征録》事在庚午，《大金國志》、《西夏書事》均在辛未。按太祖午未二年方用兵伐金，不應再有事於西夏，今從《舊史》。又《西夏書事》戰敗失其公主，《舊史》則云納女，未詳孰是。

「分屯山後」至「與金絶」　據《兩朝綱目備要》。

「納哈買」至「始釋之」　據《續通鑑綱目》。拉施特書亦有此人，作阿哈塔買住。《綱目》釋買住在六年四月，按太祖五年已與金絶，則買住之言驗矣，豈有遲至明年而始釋之？今改正。

阿勒敦　《録》作也立可敦。

哈剌魯　《譯史》作柯耳魯克。

粘合合達求和　據《續綱目》。

獨吉千家奴完顔胡沙　《金史》作獨吉思忠完顔承裕。

帝解衣置帶於頂　據《親征録》。按太祖伐金歲月，以耶律楚材進《庚午歷元表》「歲在庚午，決志南征，辛未之春，天兵南渡」之言爲确證。《親征録》秋上始南征，《金史·衛紹王紀》又載於四月，均誤。

復拔烏沙堡　《舊史》此年二月有敗金於野狐嶺之事，又以敗金於貛兒觜皆爲壬申年事，分野狐嶺、貛兒觜爲二役，又誤移辛未於壬申年。按烏沙堡在野狐嶺之北廢興和城，元兵安能先攻野狐嶺、後至烏沙堡乎？又元兵兩攻烏沙堡，一爲庚午，一爲辛未，《親征録》及《金史》獨吉思忠諸傳俱云辛未取烏沙堡，略庚午之役不書。那珂通世遂謂庚午取烏沙堡爲《舊史》之誤載，亦非。

「克烏沙堡」至「圍西京凡七日」　據薛應旂《宋元通鑑》。

會河堡　《譯史》作會河堡，《大金國志》作灰河，爲七月事。

九月完顏胡沙遁　據《金史》本紀。

閏九月進克宣德州　據《親征録》。

入居庸關　《兩朝綱目備要》、《宋史全文》均作七年事，誤。

糺軍來援　據《大金國志》。

哲别克東京　《秘史》作東昌，譯者之誤。那珂通世疑爲東勝。按六年朮赤等已克東勝，則東勝非堅城可知，何至難以衆克、必俟用計取之？今不取。《金史》本紀大安三年大元已定桓、昌、撫三州，徒單鎰請置行省於東京備不虞，帝不悦，未幾東京果陷，可爲哲别取東京之確證。又《譯史》係此事於庚午，亦誤。

喀台布札　《舊紀》作可忒薄刹，《録》作怯台薄察喀台，即九十五千户内之客台布札，即八札，見《趙柔傳》。

繞出紫荆關　據《親征録》。

乃徹圍　《舊史》此下有九月察罕克奉聖州一事，按德興府遼爲奉聖州，金人陞爲府，改名，八年帝尚圍德興府，乃前一年已爲察罕所克，無此事決矣！今不取。

哈台　即九十五千户内之合歹。

遣乙里只入城　據《金史・宣宗本紀》。

寅答虎　《舊史》作寅答虎烏古倫。烏古倫，寅答虎之氏也，《舊史》誤倒。《東平王世家》正作烏古倫寅答虎。

乙里只諭金主　據《金史・宣宗紀》，在二月，且有辛丑勑宰臣燕乙里只之事，《舊史》本紀誤爲七月。

十二月張鯨伏誅，鯨弟致叛　據《木華黎傳》，《舊史・本紀》誤爲四月事。

高琪拒戰，敗之，進至居庸北口　《舊史》誤作古北口，《譯史》亦誤，《親征録》可證。又《舊史》有大兵趨涿鹿、忽沙虎敗遁之事，按《金史》忽沙虎未嘗守涿鹿，李廣文《金史紀事本末》謂因高琪之敗而誤，得之。

循太行而南　《親征録》蒙古三道所取州郡與《舊史》不合，今從《舊史》。

駐蹕中都北郊　據《親征録》。

金粘罕營中都城　據《南遷録》。蒙古攻城事，《大金國志》所載亦略同。

圍太原府　據《宣宗紀》。

張開復取河間　同上。

「撒木合趨關中」至「圍平陽府」　據《金史·宣宗本紀》。按撒木合伐金之役，《金史》最爲詳核，可據。《譯史》載撒木合攻西京事，誤甚。西京久爲蒙古所有，安有遲至丙午年撒木合始取之耶？畢尚書《續資治通鑑》、何主事斠《親征録》，俱云蒙古兩由西夏入關中，亦誤。

耶律六哥　李齊賢《高麗世家》作金山王子，當是六哥僭號。《東國通鑑》作噉捨王子。

札剌　《舊史》作禮剌。

「趙冲以兵來會」至「百餘人」　據《高麗世家》。《東國通鑑》以克江東城爲十四年正月事。

木華黎圍北京　《譯史》誤作西京，守將又誤爲撒木合事。洪侍郎據《譯史》以改定《親征録》，非是。史秉直九年從木華黎攻北京，又史進道從木華黎圍北京，十年城降，均可證也。

自稱大真國　《舊史》僭號東夏，「夏」乃「真」字之誤。

木華黎覲帝於土拉河　據拉施特書。此事《譯史》所無。

速不台討蔑兒克　《秘史》以爲乙丑年事，誤。河，《譯史》作真河，《親征録》作嶄河，《速不台〈傳〉》作蟾河。

忽都赤剌温奔欽察　《譯史》有呼圖罕蔑兒根被殺之事。呼圖、忽都一音，無兄弟同名之理，恐《譯史》有誤。

察罕敗金將　《大金國志》謂元人患苗仙、郭忠元等聚兵，言於金，遣夾谷討之，仲元賜死，軍遂潰散，北軍歸。按金人雖愚，不至自戮其將以縱敵。《大金國志》多誣妄之詞，不足信也。

歹都忽勒莎豁兒　據《成吉思實録》。西書又作塔秃剌克速喀兒，《親征録》作都剌莎合兒，李注《秘史》本漏「莎豁兒」三字。

張柔擊敗之　《舊史》此下有伐西夏一事。按《秘史》，帝將伐回回國，徵兵於西夏，西夏阿沙敢不語不遜，太祖怒，謂回來時卻定征他。是此年並未出師，《舊史》此條實爲虚造。

以木華黎爲太師　《譯史》、《親征録》均爲戊寅事，《舊史》作丁丑事，今從《舊史》。《秘史》以封國王爲元年事，尤誤。

「金中山府」至「以城降」　據《史天倪傳》。《金史·宣宗紀》元兵徇中山，下磁州，正與《傳》合。

木華黎率步騎數萬自太和嶺〔徇〕河東　《金史·宣宗本紀》。

十四年己卯會師於也兒石的河　據《譯史·西域補傳》。《舊史》耶律楚材傳己卯夏六月帝親征回回國，駐也兒石的河，正與《西域補傳》合。《譯史·太祖本紀》以馳也兒石的河爲十五年，與《親征録》同，非是。也兒石的河即今之額爾齊斯河。

貨勒自彌蘇而灘　亦作貨勒自彌沙蘇爾灘，譯言皇帝，即《舊史》之算端沙，譯言部長也。貨勒自彌，蒙古謂之烏爾鞬赤，又作花拉子模，本城名。其酋滅賽而克之蘇爾灘而代之，詳《貨勒自彌傳》。《舊史》謂之回回國，又謂之西域，魏源《元史新編》則誤爲西遼。

阿力麻里　洪侍郎曰即伊犂，《西游録》作阿里馬，西史作阿而麻力。

波合拉　即《秘史》之兀忽納。《秘史》爲其殺使臣兀忽納等百人，則誤合遺畏兀兒人與波合拉爲一事。

訛脱剌兒城　《舊史》據《親征録》作訛答剌。

伊那兒只克　據《西域補傳》。《譯史·本紀》作哈伊兒汗，《舊史》作哈只兒蘭秃。

岱爾巴圖　《譯史·本紀》作塔亦兒把阿秃兒。

夏五月進至撒馬爾干　據《西域補傳》。《譯史·本紀》則云春征撒馬兒干，《本紀》誤並十四年事於十五年，歲月均舛誤不可據，今不從。

「春張柔」至「三十餘城悉降」　據《續通鑑綱目》。惟《綱目》作五月事則誤。

布哈爾　《舊史》作蒲華城。撒馬爾干，《舊史》作尋斯干，又作薛米斯干，又云駐蹕也的石河。洪侍郎曰：也的石河必也兒的石河之誤，在尋斯干東北數千里。此是十四年事，《元史》誤從《親征録》，遺脱己卯而從庚辰年起，此後編年紀事遂盡移下一年。

康里兵波斯兵　據《譯史》引志費尼書。按《譯史》康里自以與蒙古同類，無鬥志。康里，突而克種，蒙古出於突厥，突而克即突厥之異譯，故云同類。

蘇爾灘母土而堪被獲　《譯史·西域補傳》序在蘇爾灘卒之後，誤甚。《本紀譯證》：蘇爾灘聞妻女被獲，幼子已飲刃，旋卒。可爲的證。

十二月蘇爾灘心悸而卒　洪侍郎曰：他西書考得王卒爲西一千二百二十一年正月十一日，合之中歷爲十五年十二月間。《耶律楚材傳》：庚辰冬大雨雪，楚材曰：回回主當死於野。時序正合。《舊史》繫之壬午，誤。

金主使烏庫里慶端　據《金史·本紀》。《舊史》係於十七年。按是年九月、十月，帝兩遣使於金，均見《金史·本紀》，則此事在十五年明矣。

渴石　即《西游記》之碣石。

莫圖克堪　又作莫圖根。

巴而黑　《舊史》作班勒紇。

塔里堪山　《舊史》作塔里寒。

札拉勒丁　又作只拉兒哀丁，《親征録》作札蘭丁。

阿敏瑪里克　阿敏，名也；瑪克里爲王爵之稱。《舊史》作滅里而，即瑪里克，惟不應加「汗」字耳。

帝欲從印度經唐古特而歸　《親征録》繫於十九年甲申，《譯史·太祖本紀》繫於十八年癸未，均誤。《西游記》長春於壬午四月還自欣都庫施山中行在所，五月五日達邪米斯干，八月十五日渡(河)〔阿〕母河，二十二日至行宫見上，二十七日車駕北回，年月最確，可證諸書之誤。

巴魯俺　《譯史》又作八米俺，又作巴蠻，《親征録》作八魯灣。

或曰左右見一角獸　《舊史》：帝至東印度，有一角獸作人言。帝問耶律楚材，對曰其名角端云云。蓋據宋子貞所作《耶律楚材神道碑》。按太祖西征，未至東印度，楚材亦未從行。考《湛然居士集》楚材在西域惟及尋斯干，未嘗出鐵門也，何由與太祖問答，其爲虛罔顯然。惟「角端」雖非實事，元人皆侈爲奇瑞，今仍書之，以附傳疑之義。

「十八年春駐蹕赤兒赤克」至「不出獵」　據《西游記》。

十九年夏駐蹕阿勒馬克城　據《西游記》。

皇孫忽必烈旭烈兀來迎　《太祖本紀譯證》：時忽必烈十一歲。按世祖生於太祖十年乙亥，十一歲當爲乙酉年事。蓋甲申冬來迎，乙酉春從太祖東歸耳。

乙酉春帝至和林行宮　《秘史》作乙酉秋，《舊史》作春二月，《親征録》、《譯史・太祖本紀》均作乙酉春。那珂通世疑《秘史》過遲，是也。

分封諸子　多桑書但言太祖東歸，定諸子封地。那珂通世叙於還行宮之後，今從之。那珂通世曰：拖雷得蒙古地，窩闊台得乃蠻故地，察合台得西遼故地，朮赤得貨勒自彌康里乞卜察克故地。

西夏主陰合漠北諸部爲拒守計　據《西夏書事》。《舊史》謂西夏納仇人翔昆帝，遂自將伐之。此事已二十餘年，不應今始尋仇，《舊史》誤也。

十一月帝駐蹕畏兀兒　據《湛然居士集・辨邪論》。

西夏率兵來援　《舊史》作嵬名令公，今從《譯史》。

「貢金佛」至「九九之數」　據《成吉思汗實録》。

孛魯遣李喜孫　據《木華黎傳》。《舊史》是年有李全來降一事，按全降在丁亥四月，《舊史》誤。

李睍率五十營來援　《舊史》作遣嵬名令公來援。

五月克臨洮府　《舊史》作二月，誤，今從《金史》改正。臨洮府，金地，非西夏地。

壬午帝疾甚　按《秘史》。帝於阿兒不合之地出獵，墜馬致傷。李侍郎注據《西游記》證爲十八年二月事，是也。《秘史》紀事得之傳聞，今不取。

己丑崩　《舊史》在七月，《譯史》則在八月。洪侍郎曰當依《舊史》，中西歷法不同，易於舛誤。

臨崩　《秘史》謂西夏主來朝，帝殺之，在未崩之前。《蒙古源流》又謂太祖納西夏之后致疾，皆失實，今不取。

年七十有三　《舊史》作六十六，誤甚。詳見洪侍郎《太祖年壽考》。

考證四 卷四 本紀第四 太宗

窩闊台 《秘史》作斡哥歹。

朮赤察合台攻烏爾鞬赤至班師 據《譯史》。

皇弟拖雷監國，帝留於霍博之地 《舊紀》作自霍博之地來會葬。那珂通世謂太祖崩時，太宗從軍居左右，葬畢始還霍博之地，《舊紀》誤。案那珂君糾《舊紀》會葬之誤，是也。惟據多桑之説，謂葬後皇子諸王各還分地，拖雷攝國事。考之拉施特書，既無確證，揆之當時情事，亦有不合。太宗已奉太祖之命爲嗣矣，何必再還分地，俟諸王百官總會於大斡兒朵然後即位乎？按《舊史·拖雷傳》，拖雷監國，太宗留於霍博之地，較爲近理。太宗分地在葉密爾河。《耶律希亮傳》：中統二年夏抵葉密里城，冬至火孛之地。火孛即霍博，當亦在太宗分地之内。太祖崩後，拖雷奉梓宫歸葬，太宗自往分地安輯部衆，以國遭大喪，恐新附之地易生變亂也。迨人心大安，始至太祖大斡朵行即位禮，視多桑説較合情事矣。

闊迭額阿剌勒 據《秘史》。《舊紀》、《親征録》作曲雕阿蘭，下文又作庫鐵烏阿剌里，一地誤二，不知爲譯文之異。闊迭額阿剌勒，那珂通世曰客魯連河中州。

木亦堅合罕　據《蒙古部族考》。

「察合台持右手」至「東向拜日」　據《蒙古部族考》。

金主遣完顔麻斤　據《哀宗本紀》。

完顔訥申　據《哀宗本紀》。《舊紀》作阿虎帶，據〔《金史》〕，阿虎帶爲天興元年之講和使，事在太宗四年，《舊紀》誤。

勅宿衛等依前番直　據《成吉思汗實録》。

復遣完顔訥申　據《哀宗本紀》。

獵於斡兒寒河　《舊紀》此下有遣兵圍京兆、金主率師來援敗之一事。按是時金哀宗在汴，並無自將援京兆之事，不審何以譌誤至此？今删。

盧鼓椎有不遜語　《舊史》本傳譌爲金主之言，今據《金史》改正。又《舊史》速哥使金，金主亦有拒戰之言，亦因此事附會之。

綽馬兒罕討札剌哀丁　據《異史》。

與完顔彝戰於大昌原　《金史·本紀》作正大六年，爲太宗元年。《忠義傳》作正大五年。其時太宗尚未即位，俱不合。《布哈》、《約赫德傳》作七年正月，今從之。《舊紀》：夏，朵忽魯及金兵戰，敗績，時亦誤。

以楊妙真爲山東行省　據《平都州重建真武廟碑記》。

四月克鳳翔府　《舊紀》作二月，今從《金史·哀宗紀》。《舊紀》又云攻洛陽河中，按蒙古未渡河，不能至洛陽，拔河中在十二月，亦非二月事，今並不取。

九月圍河中府　《舊紀》作十月，今從《金史》。

元兵渡漢水　據《金史》。

搠不罕使宋總制張宣殺之　《秘史》作主不罕，謂爲太祖時事。高寶銓《秘史補注》謂金人殺之，諉爲宋殺。按張宣爲宋青野原統制，紹定四年以宣戰青野原有功，授沔州都統，則宣殺蒙古使者爲太宗時事明矣。陳桱誤以宣爲金將，高君從之，尤非。

初皇叔斡赤斤遣著古與使於高麗　據《東國通鑑》。

綽馬兒罕追札拉勒丁　據《譯史》。

「拖雷敗金將完顏兩婁室於襄城」至「援南京」　據《哀宗本紀》。

丙戌帝自河清縣渡河，三日軍畢渡　《舊紀》作戊子，《哀宗紀》作丙戌，蓋丙戌渡河，戊子畢渡。

拖雷使者至　拖雷於三年十二月渡漢江，其使者今始達行在也，《舊紀》誤。

李平降　據《哀宗紀》。

撒里塔班師　據《高麗史》。

金兵不戰而潰　據《哀宗紀》。

以其弟之子曹王訛可爲質　據《哀宗紀》。《舊紀》作金主遣其弟，誤。

「金主遣楊仁乞和」至「詔諭金主」　同上。

金曹王訛可歸　據《哀宗紀》。

高麗叛　《舊紀》云殺所置官吏，《高麗傳》亦云殺達魯花赤七十二人以叛。那珂通世曰：《高麗史》所載，惟有七月王遣尹復昌往北界，奪達魯花赤弓矢，被達魯花赤射殺，及謀殺達魯花赤不成一事，而無盡殺七十二人之事。《高麗傳》載太宗五年詔數高麗王五罪，亦不及此事，其爲妄傳無疑。按那珂君説得之，《舊史》誤采，今不取。

高麗奉表謝罪　據《高麗史》。

「遣王檝使於宋」至「歸河南地」　據《宋季三朝政要》。按《宋史》，是年蒙古再遣使於宋，《舊史》無徵，恐《宋史》誤也。

撒吉思卜華敗白撒　據本傳。《金史・哀宗紀》繫此事於丁巳。

梁王從恪，荆王守純　《舊史》作荆王恪，梁王守純，誤，今從《金史》。

詔諭高麗王　據《高麗傳》。

速不台克洛陽　據《哀宗本紀》。《舊紀》在上年三月。

王檝使於宋　據《哀宗本紀》。

畢賢甫殺鄭毅　據《高麗史》。《東國通鑑》作鄭顗。

承麟爲亂兵所殺　《舊紀》據《親征録》作獲承麟，殺之，今從《金史》。

追殺抹撚兀典　據《哀宗紀》。

武仙奔澤州　據《金史·武仙傳》。

頒大札撒以令於衆　《親征録》作宣布臺章札撒，譯言法令也。《舊史》書於即位之下，殊誤，《親征録》可證。

全子才自合肥趨汴　據《宋季三朝政要》。

宋制置使趙葵陷泗州　據《宋季三朝政要》。

遣王檝使於宋　據《宋史·理宗紀》。

「春帝居永安宫」至「率以爲常」　據《成吉思汗實録》。

居揭揭察哈殿　《舊紀》作迦堅茶寒殿，此以揭揭察哈澤得名。《舊紀》一卷之内既作迦堅茶，又作揭揭察哈，譯字參差，致讀者誤爲二地，今改。

闊闊腦兒　亦曰軍腦兒。闊闊，譯言青，「軍」字疑「庫」字之譌，庫庫、闊闊譯音之轉，

《舊史》奪一「庫」字，又訛「庫」爲「軍」。

汪吉河　亦曰翁奇河，耶律鑄《雙溪醉隱集》作旺結河。

「帝以欽察斡羅思諸部」至「皆從行」　據《譯史》。

全子才、劉子澄皆遁　據《宋季三朝政要》。

「敗宋趙范」至「引還」　《三朝政要》繫此事於十一月，《續資治通鑑》作七月，誤。

承制授汪世顯原官　《舊紀》作闊端攻石門，汪世顯降，據世顯本傳書之。按《金史·郭蝦蟆傳》：世顯得蔡州凶聞，即殺金行省粘葛完屠，送款於蒙古，遣使諭郭蝦蟆以禍福，蝦蟆不從。是世顯已早降矣。《元史》本傳乃謂金亡，世顯猶城守，闊端問何爲不降？世顯對以賣國市恩之人，諒所不取，庫端大悦。儼然節義之士，虚誣至此，可爲歎息。蓋採世顯碑狀之諛詞不暇審訂耳，今改正。

三月王旻、李伯淵等以襄陽來附　據《宋史·理宗本紀》。

夏四月曲出克隨、鄧二州　據《宋史·理宗本紀》。

「九月闊端攻武休關」至「斬友聞」　據《宋史》。

冬十月郭蝦蟆自焚死　據《金史·郭蝦蟆傳》。《舊史·按竺邇傳》事在甲午，誤。

速不台討布而嘎而部　據《譯史》。

斡魯朵　即拔都兄鄂爾達，見《譯史》。

茶合帶　即察合台。

孛魯古帶　即別里古台。

古與克　即貴由。

果魯干　即闊列堅，拉施特書亦作果爾干。

鍜真　朮赤台孫，本傳作端真。

折那顔　即《食貨志》之折米思卻兒，此與端真、按只那顔、火斜朮思等並屬於（本）〔木〕華黎，所謂五投下也，故皆於東平府内撥賜。或以折那顔爲折別，失之。

蒙古寒札　疑察罕之誤倒。察罕賜姓蒙古，《元史本證》以蒙古即畏答兒孫忙哥，恐非。

火斜朮思　即《食貨志》之和斜温。

波爾塔斯三部　據《譯史》。

自七歲以上未嫁之女得四千人　據《成吉思實録》引多桑書。

斡赤斤領地　據《秘史》。

宋知安豐軍杜杲　據《宋季三朝政要》。

拔都入斡羅斯　據《秘史》。

闊列堅中流矢卒　據《蒙古部族考》。

拔都克物拉的迷兒城　據《譯史》。

二月遣王檝使於宋，宋通好使周次説來　據《理宗本紀》。

杜杲拒戰，兵失利，引還　據《宋季三朝政要》。

綽馬兒罕再入義拉克　據《譯史》。

孟珙復取信陽軍　據《宋史·孟珙傳》。惟《珙傳》以取信陽、光化與取襄樊爲一年事，《舊史》宋取襄樊在十年，與《宋史》不合，今分年繫之。

冬十一月蒙哥圍蔑怯思城　《譯史》作十一年春。按《舊史·昔里鈐部傳》載此事年月最詳，《譯史》誤也。

塔海與宋兵戰於大埡砦　據《宋史·孟珙傳》。

金降將王榮　據《舊史·〔史〕天倪傳》。

綽馬兒罕分兵攻角兒只　據《譯史》。

「奥都剌合蠻」至「乃免死」　據《成吉思汗實録》。

拔都遣使奏捷　按《秘史》拔都自乞卜察遣使奏古余克不里，因筵會詈拔都事，斡哥歹大怒，詔古余克拜見責訓，蓋因拔都之奏召古余克還，非定宗已歸。《舊紀》皇子貴由遣使奏捷，即拔都遣使之事。

八月宋余玠以舟抵汴　據《宋史·理宗紀》。
拔都入波蘭馬加　據《譯史》。
「阿拔克入朝」至「不得額外苛斂」　據《譯史》。
拔都等敗波蘭兵（至）　據《譯史》。
田世顯　《舊史》作田顯，今從《宋史》。
敗宋統制王温　同上。
大兵攻叙州　同上。
右丞相鎮海罷　據《譯史·定宗本紀補異》。
克資州　據《宋史》。
「貝住征羅姆」至「開廓蘇納款」　據《譯史》。
「壽春兵掠膠密」至「堅守不下」　據《宋史·理宗紀》。
劉整襲陷鎮平縣　據本傳及《宋史》。
貝住克凱（竦）〔辣〕脱　據《譯史》。

朕有四功四過　據《秘史》。
朵豁勒　即朵忽魯。

考證五　卷五　本紀第五　定宗

貴由　《秘史》、《譯史》均作古余克，又作庫裕克。古余、庫裕、貴由譯音相近，「克」字蒙古語之尾音。

太宗五年以皇子從按赤帶討蒲鮮萬奴　據《舊史》太宗本紀。《定宗本紀》則云命諸王按只帶伐金帝，以皇子從，虜其親王。誤以討遼東爲伐金之役，今改正。

七年拔都速不台討奇卜察克斡羅思諸部　據《譯史・拔都補傳》。

「太宗以敵據堅城」至「俱從行」　據《秘史》及《拔都補傳》。

帝與蒙哥攻阿速部之蔑怯思城　據《譯史》。《舊史・本紀》作攻圍木栅山寨，即蔑怯思城。

選死士十人躡雲梯而上　據《曷思麥里傳》，《舊史・本紀》作以三十餘人與戰，帝及憲宗與焉，未得其實。

「與拔都大軍會於杜惱河」至「爲後援」　據《拔都補傳》。

春三月太宗凶問至　據《拔都補傳》。

「癸卯諸王斡赤斤」至「引衆還」　據《譯史・定宗憲宗本紀補異》。洪侍郎曰：《耶律楚材傳》事在癸卯夏正，西北軍還之時，時序亦合。薛氏《宋元通鑑》：議立帝，久不決，諸王將謀作亂，會雷雨大作，帳水深數尺，遂各散去。按太宗崩，皇后即議立定宗，無久不決之事，薛氏所言殊乖情實，今不取。

「拔都遷延不行」至「與其子來會」 據《拔都補傳》。

「帝與拔都大宴軍中」至「事始解」 據《秘史》。

諸王忙該及阿勒赤歹、晃豁兒、台掌吉等諫曰 據那珂通世《成吉思汗實録》。《秘史》李注本無晃豁兒、台掌吉二人，又李侍郎以忙該爲蒙哥，尤誤。

「斡羅斯姆」至「宥斡赤斤不問」 據《定宗憲宗本紀補異》。

皇后乃馬真氏崩 同上。《舊史·后妃傳》作至元二年崩，誤甚。《舊史·本紀》帝雖御極，而朝政猶出於六皇后，亦臆撰之辭。

始申令禁止之 《舊史·本紀》諸王徵求貨財，民力益困，乃六皇后攝政時事，與定宗無涉，宜據西書正之。

阿不都拉蠻伏誅 據《本紀補異》。此事《舊史》失載。

楊惟中宣慰平陽 據《楊惟（忠）〔中〕傳》。

以察罕經略江淮，賜貂裘一，鑌刀十 據《察罕傳》。

軍前左右司李楨表言　據《李楨傳》。按定宗即位，楨有此表，不應至庚戌皇后攝政時始以楨爲襄陽萬户，恐庚戌年有誤。

抽諸王部衆十之二　據《本紀補異》。《舊史》作率搠思蠻部兵，《親征録》太宗與太上皇共議搠乃蠻復征西域，疑即搠思蠻也。以語不可解，改從《譯史》。

柔帳下吏夾谷顯祖　據《張柔傳》。

「諸王拔都」至「揑迷思部平之」　據《兀良合台傳》。此事《譯史》無之。

「屬國如斡羅斯」至「以汝爲前鋒耳」　據《本紀補異》。

「西域婦法瑪克」至「亦誅之」　同上。

「西巡葉密爾河」至「未至别失八里，疾大漸」　同上。

秋七月帝西巡，郝和尚朝於行宫　《舊史·本紀》作西巡，《續資治通鑑》改爲西巡太原，以無确證，今不從。畢尚書曰：《郝和尚傳》爲甲辰事，定宗尚未即位也。本傳還治太原在戊申，則入朝當在前一年。又《郝和尚傳》作朝於宿瓮都之行宫。那珂通世《成吉思汗實録》謂宿瓮都即斡爾朵。劭忞案：「昔剌」急讀爲「宿」，「斡爾朵」急讀爲「瓮都」，「宿瓮都」即「昔剌斡爾朵」之異譯。《舊史》誤爲地名。

「帝嚴重有威」至「委鎮海、喀達克二人裁決之」　據《本紀補異》。

皇后斡兀立海迷失臨朝稱制　《舊史·后妃傳》：皇后立失烈門，垂簾聽政，誣妄殊甚。畢氏《續資治通鑑》從之，非是。

「己酉皇后遣使者帖木兒」至「皆不悦」　同上。

「宋制置使余晦攻興元」至「據階州以叛」　據《按竺邇傳》。《宋史·理宗本紀》同。

考證六 卷六 本紀第六 憲宗

莊聖皇后 《舊紀》作莊獻。汪龍莊曰：《后妃傳》：追謚莊聖皇后，至大三年加謚顯懿莊聖皇后，《舊紀》誤。

「從拔都討奇卜察克」至「寬田吉思海島」 據《譯史・拔都補傳》。

「八都蠻請受刃於帝」至「盡屠其衆」 同上。

遣使者帖木兒 《舊紀》作八拉，今據《譯史》作帖木兒，其人爲和林總管。

阿克塔隆 殺阿克塔隆事，《舊史》無之，其人見《公主表》。

忽必烈曰 《舊紀》作末哥詰八剌之言，《忙哥撒兒傳》又作忙哥撒兒之言，傳聞互異，今兩載。

「太祖分部衆」至「以國法從事」 據《本紀補異》。

別里古帶 洪侍郎曰：別里古台孫滅里吉歹，見史表，或即別里古帶。劭忞案：「古」字當是「吉」字之誤。

「即位之日」至「九白之貢」 據《本紀補異》。

車中藏甲 《忙哥撒兒傳》作刳車轅藏兵其中，事不近理，今不取。又云察合台之子及按赤台等之謀，亦誤。

野里知吉帶之二子皆坐誅　據《本紀補異》。

總治漢南諸路兵民　蒙古分漢人、南人爲二，「漢南」謂漢人、南人。

以孛爾該爲大必闍赤　據《本紀補異》，即《舊紀》之孛魯合。

賽典赤匿昝馬丁　當即瞻思丁之異文。

察罕　據本傳。《舊紀》作茶寒，《舊紀》又有葉丁千，乃葉不干之誤，即也不干，察罕其名也。不干譯言元帥。

封克薛傑爲荅剌罕　據《本紀補異》。

「依太祖、太宗舊制」至「五千錠」　同上。

顆顆腦兒　又作潤潤腦兒。那珂通世謂顆顆腦兒即軍腦兒，是也。本是「庫庫」，奪一字，又誤作「軍」字。

帝聞西夏人高智耀　據《廟學典禮》。

拔都誅野里知吉帶　《舊紀》作合丹，今從《譯史》。

命旭烈兀討木剌夷　據《譯史·木剌夷傳》。《舊史》：遣乞都不花攻末來吉兒都怯寨，末來即木剌夷，乞都不花即怯的不花，乃旭烈兀之前鋒也。下文七月乞都不花攻没里奚，没里奚亦即木剌夷，一事誤分爲二，今改正。

命諸王也苦征高麗　《舊紀》作耶虎，不知即上文之也苦也。今改正。

命萬户嚴忠濟　據《祭祀志》。

謫忽察於蘇里該之地，腦忽於没脱赤之地　據《本紀補異》。洪氏疑没脱赤即探馬赤，非是。《舊史》有也速孛里，誤甚。孛里即不里，爲拔都所殺。也速即也速蒙哥，爲忽剌旭烈妻所殺。

定太宗子孫之分地　據《本紀補異》。洪侍郎曰：此皆在太宗之分地，並未遠徙，特爲之分定疆域耳。泥於《元史》文義，一若盡投之遠方也者，未爲是也。

忽剌旭烈未至而卒　據《譯史》。《舊紀》合剌卒，即忽剌旭烈，又載旭烈卒，一事重出，今改正。

定宗用事大臣喀達克等並伏誅　《譯史》殺喀達克、鎮海二人，《舊史・鎮海傳》不言被殺。今但書喀達克，以附傳疑之義。

「八月庚申」至「以太祖、睿宗配」　據《舊史・祭祀志》。

掌斡脱　即斡爾朵。《舊史》此下有孛魯合掌闍必赤事，一事兩載，今削之。

「夏六月兀良合台」至「忽必烈征大理」　《舊史》作六月命諸王旭烈兀及兀良合台等

征西域。按兀良合台從忽必烈征大理，見《世祖本紀》、《兀良合台傳》，無再從旭烈之理，《舊紀》誤甚，今改正。

是年也的不花攻吉兒都苦堡　據《譯史·木剌夷補傳》。《舊紀》繫於二年正月，誤。吉兒都苦堡即《舊紀》之吉兒都怯寨。

皇弟旭烈兀征報達　《舊紀》作征西域哈里〔發〕、八哈塔等國。按八哈塔即報達，哈里發爲教主之稱，非國也，《舊紀》誤，今改從《譯史》。

城利州閬州　《宋史》作二年事，今仍從《舊紀》。

宋將余晦城紫金山　據《汪德臣傳》。

釋宋使王元善　據《宋史全文》。《宋史》本紀作王善。

忽必烈至自大理　據《世祖本(□)〔紀〕》。□□□□□□入覲之事，以《世祖紀》考之，無此事也，今不取。

攻烏鑾赤押城：據《兀良合台傳》。

城光化軍：據《續資治通鑑》。

「定漢民科差」至「顔料等物」：據《舊史·食貨志》。

兀良合台至三十七部：據《兀良合台傳》。

會都元帥察罕：《舊紀》作會大帥，今據《察罕傳》。

帝以宋人違命囚使者月里麻思：據《月里麻思傳》。

兒滅怯土：即昔剌斡兒朶，《舊紀》又譯爲欲兒陌哥都。

「旭烈兀分三道進（共）〔兵〕」至「殺之於中途」：據《譯史・木剌夷補傳》。

賜銀五千兩，綵帛二萬四千匹：據《本傳》。《舊紀》作五十兩萬、二百匹，均誤。

始建城郭宮室：據《劉秉忠傳》。

「命阿藍答兒」至「入覲」：據《世祖本紀》。此事《舊紀》繫於十一月，按世祖以十二月見帝於行宮，阿藍答兒等必不以十一月至陝西明矣，今從《世祖本紀》繫此事於七年春。

董文蔚與宋將高達戰於白河：據《宋史・高達傳》。

「兀良合台奏請」至「還鎮大理」：據《兀良合台傳》及《宋史》。

十一月陳日煚遁入海島：□□□□□。

駐蹕於玉龍棧赤：即烏爾韃赤。□□□□□□□□，皆譯音之異。《舊紀》。

旭烈兀克乞里茫：□□□□□。

陪臣阮學士：據《安南□□》。

禽其哈里發木司塔辛：據《報達補傳》。

紐鄰敗宋〔帥〕〔師〕於靈泉山：《舊紀》作宋蒲擇之攻成都，紐郊與戰，敗之。按是時成都尚爲宋守，蒲擇之來援成都，非攻也。《舊紀》誤，今改正。

帝殺洪福源：據《洪福源傳》。

明安答兒：即石抹明安。

以大淵爲都元帥：《舊紀》作四川侍郎，今從大淵本傳，《舊紀》誤也。

考證七 卷七 本紀第七 世祖一

帝射一兔，旭烈兀射一山羊　據《譯史·太祖本紀譯證》。

「邢州爲帝分地」至「益以儒者爲可用」　《舊紀》叙此事殊舛，今據劉秉忠、張文謙諸傳正之。

脱兀脱及張耕爲安撫使，劉肅爲商榷使　《劉秉忠傳》作耕爲安撫使，肅爲副使，《張文謙傳》作近侍脱兀脱、尚書劉肅、侍御李簡三人往。彼此互異，今從《舊紀》。

孛蘭奚　《舊紀》奪「奚」字。

命姚樞裂帛爲旗　據《姚樞傳》。按大理殺蒙古使者，世祖入大理不戮一人，真王者之師，《舊紀》略而不言，今稱之。

「祥不屈」至「帝曰忠臣也」　據（揚）〔楊〕慎《滇載紀》。慎書高祥作高太祥。

「千户董文炳」至「舉鞭上指曰天也」　按《舊紀》叙此事殊失實，此役文炳先期請於世祖，渡江又力戰先登南岸，《舊紀》乃謂諸將以爲未可渡，帝不從，何也？

高達引兵入城　據《宋季三朝政要》。《宋史·理宗紀》亦言高達守鄂州，《舊紀》作吕文德事，誤。《三朝政要》謂張勝登城，紿蒙古以子女、玉帛皆在將台，北兵遂退。按世祖軍令嚴明，必無此事，今不取。

高麗世子倎來迎　據《高麗史》。

哈丹阿只吉　《表》作合丹，太宗弟六子阿只吉察合台孫。按朮赤後王尚未至，以《譯史》考之，世祖即位時，朮赤後王爲伯克勒，《譯史》謂其素附世祖，阿里不哥自立，伯克勒不從叛。其時方與阿里不哥相持，不暇至開平勸進也。

塔察兒也，先哥，忽剌忽兒，瓜都　塔察兒，斡赤斤孫也。先哥，《表》作移相哥，哈薩兒子。忽剌忽兒，《表》作忽烈忽兒，哈赤温孫。瓜都，《表》作者多，别里古台子。此太祖同母弟四人之後。

略舉其切實便民者條列於後　據《元典章》。

「一諸軍每年征進」至「歲時致祭」　據《元典章》。此五條《元典章》分隸各門，標云「欽奉詔書内一款」。按《廟學典禮》所載諸條件俱云「一某事」、「一某事」，是當日文書之式如此，《元典章》删「一」字，改爲「欽奉詔書内一款」耳。

是月中書省奏　據《元典章》。

轉都兒哥　都兒哥即斡兒朵之異譯，非地名。

以信苴段實爲大理國總管　《舊紀》訛謬，據《滇載紀》改正。

「秋七月癸酉立中書省」至「張易爲平章政事」　據王惲《中堂事記》。按《舊紀》中統元年、二年除拜宰執，訛誤叢出，當由官書缺略之故。惲書逐日記事，必無錯誤，今據訂《舊史》之訛。

賜倎國王印及虎符　據《高麗史》。《舊紀》作賜國王封册、王印及虎符。按《舊紀》誤，《高麗史》所載僅賜國王印，無封册也。至次年六月，始封倎爲高麗國王。

先朝皇后帖古倫、皇后斡者思　帖古倫即后妃，《表》之帖木倫。斡者思即《表》之斡者忽思，皆太祖皇后。

兀魯忽乃妃子　即《表》之業里訖納妃子，太宗妃也。

宋兵攻漣水，李璮失利　據《宋史・理宗紀》，惟《宋史》事在前年十月。

中書省奏差發宜從實科徵　據《元典章》。

「丁酉詔行中書省丞相」至「赴開平」　據《中堂事記》。

丙午車駕幸察罕腦兒　據《中堂事記》。

己未車駕幸開平府　同上。

祀天於舊桓州　同上。

金齒蠻來貢方物，遣劉芳諭金齒蠻　據《中堂事記》。《舊記》作以劉芳使大理等國，誤甚。

命王文統舉讀史一人　據《中堂事記》。

丙寅命姚樞赴省同議軍須調度

戊辰發浪國來貢方物

封昌童爲永寧王　並同上。

「乙亥罷東平路嚴忠濟」至「封木苑大王爲建昌王」　據《中堂事記》。《表》有建昌王，軼其名。

丁丑以大司農左三部尚書賽典赤爲中書平章政事　《舊紀》事在八月丁酉，作燕京撫使賽典赤。

庚子封王倎爲高麗國王　據《中堂事記》。此事《高麗史》不載，諱之也。

詔曰諸路學校久廢　據《廟學典禮》。

「阿魯不哥復叛」至「踰沙漠而西」　據《譯史》。

「合丹等與阿里不哥戰於昔木土」至「棄和林西遁」　據《譯史》。按世祖待阿里不哥深，合緩追逸賊之義。《舊史》乃云帝親率大軍以躡其後，誣莫甚矣。

以尚書怯烈門等從塔察兒北上　稱世祖以前不設備，使阿里不哥入和林，故阿里不哥敗後，雖不使諸將窮追，仍嚴兵備之。

賜高麗國歷，且責其欺慢之罪　據《東國通鑑》。

享列祖於中書省　《舊紀》享太廟。按四年始建太廟，此年十二月安有廟享之事？今據《祭祀志》改正。

召商挺、趙良弼入覲　《宰相表》是年挺拜參知政事，本傳挺爲參政在至元元年，未詳孰是？

三月己酉高麗王禃遣使入貢　《東國通鑑》：中統三年十二月遣高汭如蒙古，仍獻方物。春三月，高汭還自蒙古。即此事。三月己酉，據禃表至之日書之。

十二月高麗王禃遣使貢方物，仍上表請免置馹、籍户口等事　據《東國通鑑》。《高麗史》禃四月遣使，八月使還，《舊紀》繫此事於十二月，誤也。然《高麗史》何時至燕，不可考，姑仍《舊紀》書之。《舊紀》謂謝免置馹等事，尤誤，今據《高麗史》改正。

考證八　卷九　本紀第九　世祖三

命忻都鄭温征耽羅　《耽羅傳》鄭温作史樞，《高麗史》史樞、鄭温俱不載。

阿不合　即阿八哈，旭烈兀長子。

師子國　即錫蘭。

落羽蠻叛　《舊唐書·南蠻傳》：烏蠻分七部，一曰阿芋路，落羽即阿芋之轉音。《舊紀》亦作羅羽，又誤作牢魚國。

其探馬赤等户　據《元典章》。

副使卜云失　《舊紀》有劉源，無卜云失，或一人二名。

丁未吕文焕以城降　《舊紀》上文克樊城，下云吕文焕懼而請降。按正月己未文焕已請降，豈有至二月丁未，歷四五十日始以城歸附之理？揆之情事，殊屬不合，其爲虚妄明矣。

立河南等處行中書省　《舊紀》十一月升襄陽府爲路，最舛。

立光州招討司　《舊紀》此上有劉整與阿里海涯不相能、分軍爲二之事。按是時阿里海涯在襄陽，劉整在正陽，無合軍之理，《舊紀》所言乃樊城未拔以前之事，誤載於此。

六月戊申耽羅平　《東國通鑑》事在四月，《舊史》據奏到之日書之。
伐宋詔　據《元典章》。
七月癸巳高麗王禃卒　《東國通鑑》在六月癸亥。
九月癸巳朔伯顔、史天澤視師於襄陽　據《經世大典·叙録》。
忽敦等敗日本兵於博多　據《元寇紀略》。
召征日本諸將　《舊紀》此下有安童劾阿合馬、帝命窮治之一事。按《阿合馬傳》，帝委任如故，是帝並未用安童之言。《舊紀》虚妄，今删。
乙酉伯顔克陽宿堡
左衛指揮副使鄭温　本傳作右衛。
拔渠州禮義城　據《宋史·瀛國公本紀》。
丁丑管景模遣使請降　據《宋史》。《舊紀》誤。
來興國以城降　《舊紀》誤書於十一年十二月。
置合剌章民官　《元史本證》：《賽典赤贍思丁傳》奏合剌章、雲南壤地均也，而州縣皆以萬户主之，宜改置令長，從之。是置令長專爲合剌章，《本紀》失書(地)〔也〕。按汪説是，今據改。

二月癸卯范文虎以城降　《宋史》作正月戊戌事。
博魯歡爲淮東都元帥　即博羅歡，《舊紀》作淮南(設)〔誤〕。
丙午池州張林以城降　《宋史》作庚戌。
戊辰知和州王善降　《宋史》作壬戌。
知無爲軍劉權以城降　據《宋史·瀛國公本紀》。
知滁州王文虎降　《宋史》作王應龍。
計議官撒都魯丁　據《元寇紀略》。
甲申潛説友並以城降　據《宋史》。《舊紀》載於二月甲子，誤甚。
嚴忠範爲宋人所殺，執廉希賢送臨安　據《宋史》。
改順天路爲保定路　《舊紀》作順天府保定府，誤。
都統領使司　據《百官志》。下文十三年正月又書都院領司，爲通政院誤衍。
杜世忠等爲日本人所殺　據《元寇紀略》。
省重慶府隆化路　《舊紀》作重慶路，汪龍莊曰：重慶爲路在十六年，此不得稱路。
判官劉槃以城降　《舊紀》作知府，誤，據《宋史》改正。
立諸路都轉運司　《舊紀》作轉運司，上文八月庚午復立都轉運司，一事誤分爲二。

據《典章》，各路都轉司省文稱轉運司，非二官。

遣柳岳乞和　據《宋史・本紀》。

宋知隨州朱端履以城降　據《宋史》。

己巳伯顔次嘉興府　己巳日，據《宋史・本紀》。

宋主㬎遣其宗正少卿陸秀夫等至軍前　據《宋史・本紀》。《舊紀》載此事舛甚，《平宋録》：宋使劉廷瑞賫陳宜中書，未嘗賫《稱藩表》也。又《舊紀》下文有伯顔以降表不稱臣往易之一事，按《舊紀》載降表於前，已稱臣矣，何舛誤如此？檢《平宋録》，乃是換宋主降帝號表，《舊紀》誤爲降表不稱臣耳。

乞存境土以奉烝嘗　據《宋史・本紀》。

「戊子知建德軍方回」至「皆以城降」　《舊紀》誤書乙亥下。同上。

歸附州城至騷擾百姓　據《元典章》。

徐應鑣子琦、崧，女元娘，同赴井死　據《昭忠録》。

丙申召見㬎於大安殿　按㬎以乙未至上都，丙申召見，《舊紀》與《宋史》均不合。《山居新語》五月二日拜見世祖皇帝，正與《宋史》合，丙申即五月二日也。

改兩浙大都督府爲宣慰司　《舊紀》作立行尚書省於鄂州、臨安，訛謬最甚。

泰州知州孫良臣　據《昭忠録》。

闊闊帶、李庭征海都、篤哇　上文十二年敕追海都八剌金銀符，時八剌已卒，其子都哇從海都叛。

奥魯赤爲荆湖行省參知政事　《舊紀》無行省，據本傳增。

置元江府以羈縻阿僰諸蠻　《舊紀》作改雲南葡甸爲元江府路。按十三年置府，二十五年置元江路，《舊紀》已誤，又在阿僰諸蠻之地置府，非改也。蘿葡即阿僰之轉音。

張珏走涪州，獲之　按《昭忠録》，珏終不肯降，《舊紀》作張德潤以舟邀之，遂降，殊爲虚妄。

十二月甲子益王昰奉表請降　《舊紀》在十五年三月，今從《宋史》。《百家奴傳》亦作十四年十二月事。

十四年春正月癸巳　此下《舊紀》有高麗金方慶作亂，命高麗王討之，最爲誣妄。《高麗史》及《東國通鑑》具載其事，今削之。

阿剌罕攻處州，知州李珏以城降　據《宋史·度宗本紀》。《舊紀》以李珏與壽庚同爲漳泉守臣，誤。

戊辰蒲壽庚與田真子以城降　據《宋史》。〔《舊紀》〕爲十四年三月乙未事，誤。

戊申知潮州馬發以城降　據《宋史・度宗本紀》。

是月宋文天祥陷梅州　據《宋史・本紀》。

五月淮民張德興起兵　同上。《舊紀》載此事於七月，誤。

鄭鼎墜水死　同上。鼎本傳祇云鄿、黄二州叛，鼎將兵討之，戰於樊口，溺死，不言討張德興。

考證九　卷十　本紀第十　世祖四

斡端城　斡端今和闐，亦見《曷思麥里傳》。

以諸路管民官兼領收括闌遺　闌遺亦作孛闌遺，又作孛闌奚，譯言罪没爲奴者。此因收括闌遺官也，先闊闊出等擅易官馬及闌遺人畜，故使管民官兼領之。

張德潤克涪州　據《宋史・度宗本紀》。《舊紀》作大敗涪州兵。

别失八里　回回語，五爲别失，城爲八里。今烏魯木齊地，戍此以備海都。

宋張世傑以宋主昰奔磵州　《舊紀》作廣王昺，誤。是四月卒，始立昺。

江淮行省參知政事史弼　據《史弼傳》。弼一名塔剌渾，是卷前書史弼，後書史塔剌渾，參差不一，今改。

戊辰宋益王昰卒於磵州　據《宋史・本紀》。

張世傑等以衛王昺徙於崖山　據《宋史・本紀》。

湖廣行省左丞崔斌爲江淮行省左丞　據本傳。《舊紀》分命崔斌至揚州行省，張守智至潭州行省，叙事未明。

收括蘭遺　《舊紀》作中興等路。案天曆二年始改江陵爲中興路，世祖時不得有中興路。

省東西以作樞密院　《地理志》作十六年事，差一年。

詔淮南行省左丞陳巖入覲　《舊紀》此下有政和縣人黄華爲亂、詔行省討之一事。按《招捕總録》至元二十年八月建寧招討使黄華反，據政和縣，十月詔史弼等討之，華敗，自焚死。是華非政和人，事在二十年八月，不審《舊紀》何以誤載於十五年？

大壩都掌蠻内附，以其酋得蘭紐爲大壩都總管　據《地理志》。《舊紀》以其長阿永爲西南番蠻安撫使，按阿永，部名，非酋名，又與都掌蠻各爲一部，《舊紀》誤也。又《舊紀》此下有南寧、吉瑞、萬安三郡内附一事，按吉、瑞爲二州，萬安爲吉州路屬縣，江西諸路無南寧州縣名，《宋史・度宗本紀》是年十二月大軍破南安縣，或南安誤爲南寧也。此條訛謬叢出，今不取。

江南行御史台自揚州徙治杭州　《舊紀》作行中書省，邵二雲學士曰：《地志》集慶路云：至元十四年初立御史台於揚州，既而徙杭州，然則《本紀》所云十五年徙治杭州乃行台，非行省，蓋傳寫誤耳。劭忞案：邵説是，今據改。

張世傑奪港遁去　按《宋史・忠義傳》：世傑還收兵崖山，劉自立擊敗之，世傑復奉楊太妃，求趙氏後立之，俄舟壞溺死。是世傑復至崖山，爲《舊史》所未載。

並懷遠大將軍賜虎符　據《地理志》。

安西府爲安西路　《舊紀》作改京兆爲安西路。案上文七月已改京兆爲安西府，不應復稱京兆。

考證十 卷二十六 本紀第二十六 惠宗四

王奉國寇信州路，伯顏不花的斤敗之　《舊紀》及《明實録》均作陷信州，按《舊史·忠義傳》，信州六月始陷，今改正。

關先生、破頭潘等陷遼陽　《舊紀》但云賊陷遼陽，據《庚申外史》知爲關先生等。

明玉珍兵陷嘉定，左丞相完者都等死之　據《平夏録》。

知樞密院事佛家奴　《舊紀》作中書平章政事，誤。

乙巳常遇春攻衢州　據《明實録》。

總管馮浩死之，執宋伯顏不花　據《明實録》。

國珍已叛降　據《明實録》。

丁卯賊入高麗，陷義州　據《東國通鑑》。

常遇春攻杭州　據《明實録》。

殺中書右丞成遵　《舊史·成遵傳》及《庚申外史》均言成遵等六人誣以贓罪，皆杖死。按六人惟成遵、趙中、蕭庸三人見《舊史》，餘無考。至《外史》謂爲太平所譖，則野史之言，不足辨也。

庚申袁天禄以福寧州叛降　據《明實録》。

是月陽翟王阿魯輝舉兵反　《舊史》無月分，惟太平罷相，留守上都，實皇太子以阿魯輝反，欲置太平於死地之故。畢尚書《續通鑑》據此載阿魯輝反於正月，是也。《庚申外史》載於五月，不足信。

戊午陳友諒弑徐壽輝　據《明實録》。《舊紀》誤書於五月朔日之下。

戊寅胡大海陷信州　《舊紀》誤書於六月。

六月壬子石抹宜孫敗績　據《明實録》。

遣達識帖木兒七十諭察罕帖木兒　《舊紀》祇載七十一人，據《孛羅帖木兒傳》補。

泗州守將薛顯叛降　據《明實録》。

李武、崔德降於李思齊　據《明實録》。《舊紀》：明玉珍陷嘉定路，後書李思齊遣兵擊敗之。按李思齊未嘗入蜀，《舊紀》誤甚，今不取。

關先生、潘誠寇朔州　據《東國通鑑》。潘誠即《舊史》之破頭潘。

是月關先生等陷高麗東都　據《東國通鑑》。

乙丑高麗將鄭世雲等復東京，沙劉等伏誅　據《東國通鑑》。

三月戊辰明玉珍僭稱皇帝　月日據《平夏録》。《明史·太祖本紀》及《明玉珍傳》均作二十二年三月事，《舊紀》書於二十三年正月朔，誤也。

高家奴獲破頭潘　據《東國通鑑》。

賽甫丁、阿里迷丁　據《明實録》。

辛未明玉珍分兵寇興元、鞏昌等路　《平夏録》明玉珍寇興元在二十四年，或前後兩役。

高麗遣使告捷　據《東國通鑑》。

賜高麗王龍衣御酒　據《東國通鑑》。

廢高麗國王伯顔帖木兒　據《東國通鑑》。

遣張昶授朱元璋江西平章政事　據《明實録》。

劉福通爲張士誠將吕珍所殺　據《明實録》。

遣李家奴收高麗王印　據《東國通鑑》。

壬戌陳友諒敗死　據《明實録》。

朱元璋稱吴王　據《明實録》。

崔帖木兒與高麗人戰於定州　據《高麗史》。

徐達陷廬州　據《明實録》。

張士誠殺普化帖木兒　《明實録》張士誠酖殺之，《舊史》則謂其仰藥自殺。今從《實録》。

復高麗國王　據《東國通鑑》。

徐達陷辰州　據《明實録》。

正月己未朔常遇春陷贛州　據《明實録》。《舊紀》作己巳日事，誤。

册高麗王爲太尉　據《東國通鑑》。

胡深陷建寧松溪縣　據《明實録》。

常遇春陷安陸府　據《明實録》。

阮德柔獲胡深，殺之　據《明實録》。

禿堅帖木兒伏誅　本傳與老的沙並伏誅於十二月，今從《舊紀》。

「明玉珍死」至「改元開熙」　據《明實録》。

辛未徐達陷安豐　據《明實録》。

廖永忠殺韓林兒　《明史·韓林兒傳》：太祖爲吴王，又二年，林兒卒。或云太祖命永忠迎林兒歸應天，至瓜步舟覆，林兒沈於江。按明祖奉林兒正朔，至是天下大局將定，授意永忠殺之，《明實録》據掩飾之詞，非實録也。

吴王始稱元年　據《明實録》。

庚子松江守將王立忠叛降　據《明實録》。

丙午上海縣民錢鶴皋起兵　據《明實録》。

九月辛巳徐達克平江路　據《明實録》。

壬午王宣叛，降於達　據《明實録》。

方國珍降於湯和　據《明實録》。

平章政事保保叛降　《舊史》作李老保，《明實録》作保保。

乙亥吴王稱皇帝　據《明實録》。

平章政事陳友定死之　據《明實録》。

何真叛降於明　據《明實録》。

梁王阿魯温叛降　此擴廓帖木兒之父。

也兒自尼死之　據《永樂大典》引《桂林圖經》。

百官扈從者　據張佶《北巡私記》。

車駕次居庸關　據《北巡私記》。

觀音奴知樞密院事　據《北巡私記》。

壬申車駕至上都　據《北巡私記》。
加納哈出太尉　據《北巡私記》。
薛顯出古北口　據《明實録》。
乙丑明兵陷保定府　據《明實録》。
韓札兒敗明兵於韓店　據《明實録》。
擴廓帖木兒與明兵戰於保安州　據《明實録》。
頒新曆於高麗　據《北巡私記》。
晃火帖木兒入衛　據《北巡私記》。
封晃火帖木兒爲威定王　據《北巡私記》。
明兵陷孟州　據《明實録》。
也速率所部屯全寧州　據《北巡私記》。
高麗國遣使貢方物　據《北巡私記》。《東國通鑑》不載此事。
也速圍通州　據《明實録》。
御史桑哥失里等死之　據《明實録》。
詔晃火帖木兒、也速分道趨京師　據《北巡私記》。

明主遣使賫手書來　據《明實録》。

五月朔日有食之　據《明實録》。

也速攻永平路失利　據《明實録》。

明兵陷大興州　據《明實録》。《北巡私記》謂脱火赤迎降，《實録》不言，或傳聞之誤。

車駕幸應昌　據《北巡私記》。

晃火帖木兒死之　據《北巡私記》。

己卯明兵陷上都　據《明實録》。《北巡私記》不載日。

詔脱列伯、孔興攻大同　據《北巡私記》。

脱列伯被執，孔興爲部將所殺　據《明實録》。

哈刺章爲太保　據《北巡私記》。按哈刺章爲脱脱之子，《北巡私記》稱其忠實有父風。

郡王阿憐吉歹統五投下　據《北巡私記》。

丁酉帝不豫　據《北巡私記》。

考證十一 卷五十二 志第十九 河渠上 卷五十三 志第二十 河渠中 卷五十四 志第二十一 河渠下

黄河

至元十七年 《宋史》作二十七年，誤甚。以元人修《宋史》，訛謬至此！以都實爲招討使佩虎符 據柯九思《河源序》。

阿剌腦兒 《宋史》作哈剌腦兒。

撮其大概著於篇 《舊志》載於《地理志》後，殊乖體例。

其治河之法 據贍思《河防通議》。此書《四庫》未收。

二十三年河決 《舊志》漏，今據《本紀》補之。

大德元年 《舊史》作三年，《尚文傳》作三年。今按《五行志》亦作元年，《舊史》誤，今改。

河決蒲口，遣尚書那懷、御史劉賡 孛朮魯翀撰《尚文神道碑》但云勑使，以《本紀》考之，爲那懷、劉賡。

文上言長河萬里 據《神道碑》。

修築之役無歲無之 據《尚文神道碑》。碑文之後卒入巴河乃止，按巴河乃河南官吏所開以分泄水勢者，不能容會河也，碑所言殊失實，今不取。

遵等以爲河之故道不可復　按成遵之議最爲迂謬，《舊志》不載，今特著之，以備參考。

通惠河

元之運河　《舊（忠）〔志〕》通惠河、白河前後羼錯，使元之運河不可考，今改訂。

中統三年郭守敬面奏　據《王忠文集·郭守敬傳》。

御河　《金史·河渠志》　淇水東北流爲御河，是御河爲金之舊名。

兵部郎中李處道　《舊志》誤作尚書。

惠通河

壩河　《舊志》誤別爲一河，今改証。

桑哥建言　《舊志》祇云韓仲暉等上言，今據《本紀》補之。

二十六年引汶水達於御河　《本紀》　二十四年命都水監開汶泗水以達京師，年分殊誤，今不取。

濟州河　《本紀》又名安山河。

膠萊河南流，自麻灣口入海　據《明史》。

姚演建議開膠萊河　據《明史》。

海沙易壅　據《齊乘》。

考證

渾河

孛羅帖木兒、傅佐建言　按二人蓋亦蹈襲郭守敬之緒論，故脱脱信之不疑，而不知守敬前後異議也。

浸没二十餘里，都人大駭　據《庚申外史》。

海塘

遣李家奴　《地理志》作遣都水監張仲仁，誤，當是仲仁亦同往，非獨任之。

泰定四年乃遣使祀海神　《本紀》作元年，誤也，今從《舊志》。《地理志》亦作四年。既而李家奴等　《本紀》作六年事，當是四年遣之，至六年石囤之功始畢，故天曆元年庸田司奏其功效，改州名也。

東西接壘十里　按《地理志》作沿海三十里，下石囤四十四萬三千三百有奇，木柜四百七十所。其言殊失實，前所修僅四千九百餘，今乃百倍之，必無其事也。

天曆元年　《地理志》作二年。

順德達活泉　（撰）〔據〕王忠文撰《郭守敬傳》。《舊史·守敬傳》奪「活」字。

成吾國家之任者　據《王忠文集》。

畿輔水利議　據《虞道園集》。

西台御史王琚　《舊志》作王承德。

渾河　《舊志》分盧溝河、渾河爲二，今併之。

樞密院同知塔失帖木兒　《舊志》作知院，誤。即達識帖睦邇。

滹沱河東抵寧晉縣并入御河　此元滹沱河之故道，後改從武邑縣與滹水合，至青州入海河。

元御史渠非白渠　據王太岳《涇渠論》。

考證十二 卷六十四 志第三十一 選舉一

太宗九年八月詔胡都虎等　據《廟學典禮》。

東平楊奂　《舊志》作楊英，乃傳寫之誤。

其合行事宜　《元典章》每條上冠以「一」字，乃詔書舊式。《舊志》删之，文義轉窒。今據《元典章》改訂。

延祐元年中書省奏定科舉程式目　據《元典章》。

創於太宗，定於至元，議於大德，而後成於延祐　據《至正集》。

李孟言於仁宗　據《至正集》。

徹里帖木兒罷科舉　《舊史·徹里帖木兒傳》詳載此事，多許有壬、伯顏争論之詞。《徹里帖木兒傳》除載此事外，他事寥寥，其人本未足立傳，今删之，而詳罷科舉事於《志》，庶符體例。

考證十三　卷九十八　志第六十五　兵一　卷九十九　志第六十六　兵二　卷一百　志第六十七　兵三　卷一百一　志第六十八　兵四

宿衛

非其部族謂之探馬赤　據《秘史》。

八十人爲宿衛，七十人爲散班　據《秘史》。

赤老温卒　《舊志》赤老温絶無後，誤甚，本傳可證。

云都赤或二人四人　據《輟耕録》。

無云都赤則不敢還　據《輟耕録》。

又以宋將王青爲總管　據《本紀》補。

非朕命不得充他役　據《本紀》補。

四年諭東京等路　據《本紀》補。

又改隆鎮衛　《舊志》作皇慶元年，誤。

皇太后、太子之宿衛　《舊志》羼亂，今改正。

圍宿軍、儀仗軍、扈從軍等　皆衛軍之應役者，《舊志》別出，今改正。

僉軍

十三年忽都虎元籍民户，除逃户外，有七十二萬三千　按《舊紀》。太宗五年括中州户七十三萬餘，八年續括户口得户一百一十餘萬，此三年事宜兼兩次户籍僉之，何以不及續括户耶？又七十二萬，《舊紀》作三萬。

四川行省言宋昝萬壽攻成都　《世祖紀》叙此事較有首尾，《舊志》誤合京兆路僉軍爲一事。

軍户

至元九年樞密院取會諸色軍　據《元典章》。《舊志》作八年事，誤。

四月樞密院奏　據《元典章》。其條畫皆補上件未及者。

十二年萊州酒税官王貞言　據《元典章》。

十四年長清縣尹趙文昌言　據《元典章》。

淮西宣慰使昂吉兒　據《元典章》。

劉萬奴部領　《舊志》作劉萬户，乃翻本之誤。

御史台言　據《元典章》。

二十九年江西行省言　據《元典章》。

十三年樞密院議　《據元典章》。

至大四年頒優恤軍人條畫　據《元典章》。諸條與大德四年重複者俱删之。
撒花人投祥人　據《元典章》。
鎮戍
劉不里剌所統質子軍　《本紀》作統固安、平凉質子軍，小有同異。
忙古帶一萬一千五百人　據《本紀》增「五百」二字。
十三年　《本紀》作十六年事，未詳孰誤？忽别列，《本紀》作「忽必來」。
宣慰司塔海　據《本紀》增。
江浙行省平章卜憐吉帶　據《本紀》增。
河南行省平章孛羅歡言　據《本紀》增。
軍糧　據《元典章》補。
馬政
札木合稱七十二騙馬　據《秘史》。
汪罕欽青馬乳　據《秘史》。下文黑馬乳即青馬乳。
所乘馬於千户百户内取之　據《秘史》。
至元七年立群牧所　《舊紀》作中統四年，誤。

至元十年括諸路馬　按括民馬爲馬政之大者，《舊志》不詳，今補之。

站赤

至元元年中書省奏六部并爲四部　據《元典章》。刊本無年分，據《百官志》補。

良鄉馬站　據《元典章》。

皇慶元年監察御史言　據《元典章》。

急遞鋪兵

三年中書省言　據《元典章》。

至元八年命各處成造軍器　據《元典章》。

二十八年中書省　據《元典章》。《舊志》作江淮行省通爲一緘。按《元典章》兩見此例，一是通行，一是止爲江淮行省，《舊志》失考。

又省部議　據《元典章》。

「應入遞文字」至「不應入遞」　據《元典章》。

「鋪兵每名」至「回曆一本」　據《元典章》。

弓手

中統元年頒建都詔書　據《元典章》。

大德七年以弓手糧應人民包納　據《元典章》。

打捕鷹房

凡捕獵者正月初一日　據《元典章》。

至元八年　據《元典章》。

十六年　據《元典章》。

打捕户折納　據《元典章》。

考證十四 卷一百二 志第六十九 刑法上 卷一百三 志第七十 刑法下

挾私用譎，譎吏自售其奸　據孛朮魯翀《大元通制序》。

中統元年詔書内一款　據《元典章》。

五年詔書内一款　據《元典章》。

至元新頒條件　據《元典章》。

刑部尚書尚文請采用古律　據孛朮魯翀撰《神道碑》。

定改補鈔罪例　據《元典章》。

諭中樞省樞密院頒贓罰十二章　據《元典章》。《舊史》略載於至元二年，誤。

仁宗初命右丞相阿散等纂《大元通制》　據《大元通制序》。

「凡詔制所爲條八十四」至「二千五百二十條」　據《經世大典·叙録》。

流刑二千里　據《元典章》。《舊史·刑法志》作廣南及東北邊三地，《經世大典》同。

死刑二斬凌遲處死　《元典章》作斬絞，《經世大典·叙録》已明言之，《元典章》所載當係舊制如此。

笞杖以七起數　據《經世大典·叙録》。

死刑有斬無絞　據《經〔世〕大典·敘録》。
延祐六年更定諸盜例　據《元典章》。
贖刑之列　據《元典章》。
七年尚書省契勘舊例　據《元典章》。
尚書省臣言在先重囚侍報　據《元典章》。
收括闌遺官也先闊闊帶帶等等　據《元典章》。
刑部尚書呈鞫問囚　據《元典章》。
御史台准中丞崔少中牒　據《元典章》。
河内縣民劉蹺搭　據《元典章》。《舊紀》衹云禁罪人鞭背。
御史脱脱等言　據《至正集》，亦許有壬之言□□名也。
行台御史孔思迪言　據《元典章》。
武昌婦人　據《元典章》。
至元十三年刑部議　據《元典章》。
合鉢　即今之合包，《舊志》作佩帶。
三十年勅管民官　據《元典章》。

考證十五

卷一百十八 列傳第十五

抄思 乃蠻太陽罕傳附

《抄思傳》斷事官忽都忽：《舊史》作内侍忽都留乞。留乞乃别乞之□頭目名，時忽都忽方爲中州斷事官，故□軍之事命抄思共之。

考證十六 卷一百十九 列傳第十六 木華黎

木華黎（傳） 《蒙古源流》作摩合賚，《秘史》作模合里，又作木合黎、木合里，《譯史》作木訶里。

札剌兒氏 《秘史》作札剌亦兒氏。按《譯史》 札剌亦兒部與太祖七世祖土邁敦寧妻莫奴倫爭鬬，並其八子皆殺之，惟幼子海都獲免，後海都攻札剌亦兒人，收爲奴僕。是札剌兒種人爲太祖先世之奴僕，《舊傳》孔温窟哇以戚里，故在太祖麾下，恐出家乘附會之詞，非其實也。觀《秘史》古温兀阿將二子拜見太祖、永作奴婢之事，其素非戚里明矣。元明善《安童神道碑》「親連天家，世不婚姻」，似謂與却特氏同源，非謂戚里。

孔温窟哇 《秘史》作古温兀阿，又作古温豁阿。元明善《安童神道碑》作孔温瓦荅。

太祖馬已憊 據黄溍《拜（往）〔住〕神道碑》。《舊傳》則謂太祖馬斃。

太祖征塔塔兒 據《秘史》。《舊傳》祗謂軍嘗失利。

張氈裘蔽太祖 《秘史》作氈衣，元明善《安童神道碑》作張馬韉蔽太祖。

汪罕信之 《舊傳》汪罕謀襲太祖，其下拔台知之，密告太祖，太祖遣木華黎選精騎夜斫其營，汪罕走死。按《舊傳》誤甚，拔台即《譯史》之巴歹。巴歹密告太祖，太祖移營於卯温都山，汪罕兵至，賴畏荅兒、朮赤台力戰，汪罕始斂兵而退，太祖遂避往班朱爾河，從者僅十有八人。安得有木華黎斫營之事？其後太祖誑汪罕，乘其不備而攻之，汪罕始走死。然則木華黎斫營之事當在太祖襲汪罕之日，與拔台密告事迥不相涉也。今改正。

獨吉思忠僕散揆 《金史》獨吉千家奴一名思忠，此據《舊史·郭寶玉傳》。《金史》則謂築烏沙堡者爲粘合合打與承裕二人。

思忠等遁走 按金築烏沙堡凡二次，一在太祖五年，一在六年。《舊史·太祖本紀》襲敗烏沙堡之金兵係五年事，但以爲哲伯之功。《郭寶玉傳》則云太師木華黎軍忽至，敗其兵三十餘萬，今從之。又畢沅《續資治通鑑》載此事於太祖六年，亦誤。《郭寶玉傳》明云歲甲申，與《本紀》合，是五年事，不得逡爲六年也。

陣野狐嶺北 《大金國志》金將爲獨吉毛吃哈及烏林荅，《譯史》金將爲完顏九斤及斡奴，薛應旂《通鑑》亦作九斤及萬奴。《舊史》不載金將，今仍之。

從太祖伐金，圍撫州 《舊傳》從伐金，薄宣德，遂克德興。壬申，攻雲中、九原，進圍撫州，陣野狐嶺北。《太祖本紀》則云：敗金將於野狐嶺，取大水濼、豐利等縣，九月拔德興府。按《秘史》，太祖伐金先取撫州，經過野狐嶺又取宣德府，與《本紀》略同，叙次最合。撫州爲今蘇格莊地，在張家口外，去宣府三百餘里。宣德州、德興府俱在張家口内，安有越撫州先取宣德、德興之理？

退至會河堡　《舊史》別卷又作澮河，《譯史》作會合舖。《大金國志》　元軍自和龍趨山後，與國兵戰於灰河。又作灰河。

從入紫荆關　《舊傳》　遣別將闍別趨紫荆口，金左監軍高琪引兵來拒，不戰而潰，遂拔涿州。按《舊傳》誤闍別即者別，乃取居庸關者未嘗趨紫荆，誤一；是時太祖自將，木華黎等聽命於太祖，而云木華黎遣別將闍別，誤二；《太祖本紀》次懷來，及金帥完顔綱、高琪，戰敗之，追至古北口，是高琪方在古北口，不在紫荆口，誤三。今不取。

鄂屯襄　《舊傳》作銀青，今從《金史》。薛應旂《通鑑》作二年秋事。

溜石山　《續通鑑綱目》作淄石山。

引兵抵神水縣　據《續綱目》。

拔復州及化成縣　《舊傳》作蘇、復、海三州。按金東京路無海州，蘇州遼所設，金改爲化成縣。

遂定封國王　《本紀》封國王在十二年丁丑，與本傳同。《譯史》作戊寅後一年，《秘史》誤爲元年事，以元年亦虎耳遂致誤。

木勒格哈兒統之　即木哥漢札忽，亦荅兒之子。

吾也而與蒙古不花　《譯史》作烏葉兒元帥、秃花元帥。

遂克平陽府　《舊傳》遂徇平陽，金守將棄城遁。按《金史》，平陽提控郭用死之，行省參政李革等守平陽，城陷自殺。《舊傳》殊失之誣。

武貴亦降　貴爲武仙之兄，爲金安國節度使。

又攻拔代州，斬其守將奥屯醜和尚　據《金史》。至《元史類編》則云木華黎徇延安，經略使奥敦醜和尚戰歿，疑誤。

遇金將武仙遣葛鐵槍　按《續綱目》，張柔率兵南下攻中山，大破武仙將葛鐵槍兵，又以敗葛鐵槍爲張柔事。今從《舊史》。

張琳來降　《舊傳》作金將張琳，誤。琳已降宋，乃宋將。

趨邳州　《舊傳》作奔南京。呼爾噶、王庭玉作忙古。今從《通鑑輯覽》。

遣使來迎　《舊傳》從駐青塚，是謂木華黎從太祖駐青塚也。太祖方征西域，傳誤。

荅海監府　《續綱目》作塔爾海。

塔海　《續綱目》作唐海。

述僕　薛應旂《通鑑》馬蹄寨作馬克戍寨，述僕作瑪爾布。

侯小叔　《通鑑輯覽》作侯孝順。

侯小叔死之　按《舊傳》作侯七復遁去，今據《金史·忠義傳》改正。侯小叔爲金源忠臣，《舊傳》稱爲賊侯七，過矣。

斡可　《續綱目》作烏格。

遂振旅北還　《舊傳》五月還軍野狐嶺，石珪等始來降。攷木華黎謂東平破，可命嚴實、石珪分守，是珪之降實在木華黎北還之先。且木華黎已至野狐嶺，而張琳、鄭遵始乞降於數千里之外，亦非事實。今不取。

考證十七 卷一百二十一 列傳第十八 塔察兒 博爾忽傳附

塔察兒傳　按《舊傳》以塔察兒爲博爾忽從孫，據孛朮魯翀撰《伯里閣不花神道碑》，則塔察兒乃博爾忽子，《舊史》誤甚。胡中丞聘之《許兀慎氏世表》曰：《元史》列傳伯祖父博爾忽，按孛朮魯翀撰《襄懋公神道碑》云：高祖博魯温諾延，曾祖塔察兒博魯温諾延，即博爾忽，爲塔察兒父，非伯祖。張敏《八撒兒德政碑》云：始祖孛□温諾延，曰塔察兒，曰□里胡歹，曰密里察而，曰阿魯灰，曰亦乞里歹，世次秩如。又按孛朮魯翀《河南淮北蒙古軍都萬户府增修公廨碑》，旭申氏自博魯温諾延、塔察兒、别里古台、密里察兒、宋都台、阿魯灰、伯里閣不花、昔里伯吉，六世八襲，蓋自博爾忽至昔里伯吉爲六世，宋都台爲密里察而之弟，伯里閣不花爲阿魯灰之弟，爲八襲，尤碻證也。劭忞案：胡氏據元碑考證甚核，足糾《舊傳》之誤。

燕南斷事官　據孛朮魯翀撰《碑》。

「自河中府渡河」至「取陝州」　《舊傳》誤以取河中府在取陝州、洛陽之後，《碑》誤以降洛陽在圍汴之後，今俱改正。

金西安節度使趙偉　據《金史・哀宗紀》。《碑》稱陝帥趙行省。

鷹揚都尉　據《續資治通鑑》。《碑》稱降洛帥馬行省，不知是否一人？

「玳瑁寨」至「迎降」　據《碑》。

「與金兵戰於南薰門」至「蔡州平」　同上。

「塔察兒奏言」至「養老户」　同上。

別里虎台　《舊傳》：戊午會師圍宋襄陽，逼樊城，力戰死之。按此是其子密里察而事，《碑》云攻襄陽卒是也。《舊傳》以爲別里虎台事，又云戰死，均誤。宜以《碑》正之。

密里察而　據孛朮魯翀撰《伯里閣不花碑》。《舊傳》不載。

宋都台　《舊傳》誤爲別里虎台弟，今據《碑》改正。

劉槃　據《世祖本紀》。《碑》作劉運使。

「奏言江西雖附」至「統之」　據《本紀》。《碑》言十三年正月卒，《本紀》詔益宋都台兵在六月，疑《本紀》月誤。

伯里閣不花　《舊史》無傳，據孛朮魯翀撰《神道碑》。

八撒兒　據張敏撰《德政碑》。

從平章劉國傑討叛寇　按《元史類編》載楊恪《平蠻記》：甲午，今天子龍飛，復命劉公率萬户別里哥不花會奚施溶口入，與《碑》合。

考證十八 卷一百二十三 列傳第十九 速不台

速不台 《舊史》列傳第八速不台，第九雪不台，實一人，誤分二傳。《秘史》作速別額台。

揑里必 《舊史·雪不台傳》作揑里弼。

敦必乃汗 《舊史》太祖本紀作敦巴該，《秘史》作屯必乃，《蒙古源流》作託木巴該徹辰，西史作托邁乃。

合赤温 《雪不台傳》作合飭温。

哈班 《雪不台傳》作哈班哈不里。

忽魯渾 《雪不台傳》作虎魯渾。

與乃蠻酋戰於闊亦壇之野 《舊史》本傳作戰於長城之南。按《本紀》帝移軍入塞，亦以此戰在長城内，皆誤。《元史譯證》作奎騰之地，奎騰即闊亦田之對音。《蒙古游牧記》蘇尼特左翼東北四十里有寒山，蒙名奎騰山，似即此地，決不在長城南也。今從《本紀》。《秘史》作戰於闊亦壇之野，《本紀》謂入塞，誤。謂戰於闊亦壇，則不誤也。

闊亦壇 《秘史》作闊亦田。

擢千户 據《秘史》增。

十一年征蔑兒乞　《秘史》載此事於太祖即位之前一年，誤。《舊史》：己卯，大軍至蟾河，與滅里吉一戰，獲其二將，其部（之）〔主〕霍都奔欽察，速不台追之，與欽察戰於玉峪，敗之。按：蟾河，西史作襜河。戰事在太祖三年，與速不台無涉。蔑兒乞部長脱黑脱阿，太祖三年已殺之，其子忽都即《舊史》之霍都。《元史譯證·木赤補傳》祇載其西奔，不云入欽察。《舊史》謂速不台追至欽察，戰於玉兒峪，尤誤。洪氏謂速不台乃至烏拉嶺西，孤軍深入，必無是理，良然。又按西史，欽察嘗納逃人，索之不與，蓋因此事誤爲忽都。《舊史》土土哈傳誤同。

命密釘鐵釘於車輪　《秘史》：成吉思汗造與速别額台一個鐵車，即此事。《元史譯證》謂據此可證《秘史》之誤，按《秘史》亦未嘗誤也。又《譯證》既載此事於《太祖本紀》，至《朮赤補傳》又載製鐵車以賜速不台，且用何秋濤臆改《秘史》之文云：與汝鐵車，以堅汝志。直謂製鐵爲車，與《本紀》自相刺謬，則真巨誤矣。

進至吹河：《秘史》作垂河，西史作吹河。《譯證》謂吹河即蟾河之轉音，誤。蓋不知蟾河即《西域史》之襜河。

十四年太祖親征西域　《舊史》本傳：壬午，帝征回回國，其主滅里委國而去，命速不台與只别追之，及于灰里河。只别戰不利，速不台駐軍河東，爇三炬以張軍勢。其王夜遁。按壬午爲太祖十七年，傳誤。《太祖本紀》：十四年，西域殺使者，帝親征。《西游記》：戊寅達行在，明年大舉西伐，與《本紀》合，據改。滅里，《秘史》作蔑力克，西史作西域王母弟阿敏瑪里克。《秘史》云篾里克出走，《西域史》云避兵出走，與《舊傳》合，但《秘史》以爲二十年事，西史以爲十六年事。據《秘史》追篾里克，西史追瑪里克，均非哲、速二將，《傳》誤。二將所追者，據西史乃西域主阿拉哀丁謨罕默德，爲十五年事，與《本紀》合。西史：蒙古主與札拉勒丁戰，札拉勒丁以右翼敗蒙古兵，至夕罷戰，蒙古兵多然燈火於營，乘夜去。《譯證》拉施特未言蒙古將何人，訥薩斐謂係朮赤。阿卜而嘎錫但云朮赤攻其中軍札拉而丁，敗，夕罷戰，多爇火以疑敵，未曉馳去。是爇炬之事並非速不台，尤非壬午年之事，《舊傳》誤，今俱改正。

撒馬兒罕：《本紀》作尋思干，又作薛迷思干，《地理志》作撒麻耳干，《西游記》作邪迷斯干，《秘史》作薛米思堅，又作薛米思加，又作馬思罕。今從西史。

十六年太祖命速不台、哲別進討欽察　《舊史》：癸未，速不台上奏，請討欽察。癸未是十八年，誤。

玉兒格　《舊傳》作玉里吉。

塔阿兒　《舊傳》作塔塔哈兒。

奏以蔑兒乞、乃蠻、怯烈、杭斤、欽察諸部　怯烈即克烈，克烈部長與蔑里乞部長合兵拒太祖者。杭斤即康里，亦作康鄰。

二十年太祖親征西夏　《舊》本紀、《秘史》均作二十一年，誤，據西史改正。

與金將完顏彝戰於倒回谷　《舊史》作從攻潼關，誤，據《金史》改正。

我軍四外圍之　《舊傳》謂金兵圍蒙古兵，《金史·合達傳》則謂在三峰山金兵，蒙古兵四外圍之。當是《金史》得實，今從之。

六年蔡州破　《舊傳》進圍蔡州，按圍蔡州乃塔齊爾，速不台未至蔡州，《傳》誤。

太宗以欽察、俄羅斯未定　《舊史》太宗令拔都西征八赤蠻。按八赤蠻乃欽察之别部，太宗興師爲定欽察、俄羅斯全境，不爲區區一部，《舊傳》誤。

十年復從拔都入俄羅斯　《舊傳》：辛丑，太宗命諸王拔都等討兀羅斯部主也烈班，爲其所敗。圍禿里思哥城，不克。拔都奏遣速不台督戰，一戰獲也烈班。進攻禿思哥城，克之。盡取兀羅斯所部而還。按辛丑爲太宗十三年，《傳》誤，據西史改正。也烈班即俄酋攸利第二，禿里思哥即廓在爾斯科。《元史譯證》、俄史謂錫第河之戰，蒙古軍受創，或係先敗後勝。蒙古當日攻俄羅斯各城，無如廓在爾斯科之難下者。《傳》歸功速不台，西史謂合丹原稿以下闕。

考證十九 卷一百二十四 列傳第二十一 伯都 畏荅兒傳附

《伯都傳》 歲飢，奏請以十道贓罰鈔賑之： 據吴澄撰《神道碑》。

拜江南行台御史大夫 《舊傳》作御史中丞，誤。《碑》云復除南台御史大夫，可證。

修除運道 據《神道碑》。

起爲御史大夫 《舊傳》作江南行臺亦誤，此中臺御史大夫也。

二年春來朝 據《神道碑》。

三年賜鈔五萬緡，伯都辭 《舊傳》作千萬緡，叙次前。

謚元獻 據《神道碑》。

考證二十 卷一百二十七 列傳第二十四 耶律楚材

《耶律楚材傳》父履　即《金史》列傳之移刺履。錢詹事曰：移刺、耶律聲相近。陳旅《述律復舊氏序》稱，金人改耶律爲曳剌，述律爲石抹。曳剌謂前馬之卒，石抹謂臧獲也。《經世大典·序録》：守狴犴者曰禁子，追呼逮捕者曰曳剌。則「曳剌」非美名矣。《食貨志》有曳剌中書兀圖撒罕里，即楚材。蓋元初猶沿金之舊稱，後來皆易「耶律」字矣。

「楚材生」至「以爲名字」　據宋子貞撰《神道碑》。

「楚材不就」至「中甲科」　據《神道碑》。《舊傳》：金宰相子，例試補省掾，楚材欲就進士科，章宗詔如舊制。如《舊傳》所言，是楚材欲應進士，不欲試省掾。劭忞謂楚材不試省掾，或知金室將亡，不求仕進。《舊傳》之言，殊乖情實，今據《碑》改正。

謂楚材曰國家尚武而明公欲以文進　據《神道碑》。

「信安咫尺未下」至「從之」　同前。

陛下新登寶祚，願勿污白道子：

中使別迭：

「因從容進説周孔之教」至「漸獲進用」　並同前。

太傅秃花　按《舊史》耶律阿海傳　弟秃花封太傅濮國公，即此人。

苦木思不花　據《神道碑》。《舊傳》作吉思不花。

不如將河南俘户貸而不誅，使充此役　據《神道碑》。《舊傳》作今將征河南，請無殘民以給此役，叙事欠明曉。

四年從帝幸河南　按岳崧撰《郝巨卿墓碣》　天興壬辰，大中書丞相耶律公爲董軍國事適汴。壬辰，太宗三年。《舊傳》車駕幸河南，不云楚材從，今據補。

「皆曰本朝及西域」至「卒從楚材議」　據《神道碑》。

「國朝盜賊充斥」至「七萬七千定」　據《神道碑》。

「又請汰三教」至「始行之」　同前。

「時諸路官府」至「名器始重」　據《名臣事略》引趙衍撰《行狀》。

「天下旱蝗」至「民賴以蘇」　據《神道碑》。

歲銀一萬定　據《神道碑》。《舊傳》作一萬兩，誤。

「楚材曰雖取四十四萬」至「非國之福也」　同前。

多用南朝舊人　按粘合爲金源舊族，鎮海本田氏，邱真人《西游記》稱爲田鎮海，亦漢人也。故咸得卜譖之如此。

「惟憚楚材」至「不受」：

「戒其諸子」至「亦可學也」：

梭里檀當野死　並同前。《舊傳》此下有見角端事，已見《太祖本紀》，不重出。又太宗脈絶，肆赦復甦，事見《太宗本紀》，亦不重出。

親王斡赤斤引兵至　據《譯史》。《舊傳》朝廷用兵事起倉卒，后欲西遷避之，以《譯史》證之，當即此事。《元史類編·定宗本紀》云　議立帝，久不決，諸王將謀亂，會雷雨大作，帳水深數尺，遂各散去。或即斡赤斤此事，而誤移於會議之時耳。

「西域曆」至「行於世焉」　據《神道碑》。

《耶律鑄傳》遷右丞相　據《宰相表》。

遷調六部官吏，尋召還　據《元史類編》。

七年復拜左丞相　《舊傳》作五年，誤，據《宰相表》改正。

「十四年冬無雪」至「一切禁止」　據《元史類編》。

「奏言有司」至「從之」　同前。

黨罪囚阿里沙　按《世祖本紀》，三十年六月，阿里沙坐虚言惑衆誅。《耶律希亮傳》鑄護輜重北歸　按此事《舊史·耶律鑄傳》不載。

從火忽大王　《舊傳》宗王火忽與定宗幼子大名王爲二人，按《宗室表》定宗三子，幼子爲禾忽大王，火忽即禾忽，然則大名王與禾忽爲一人明矣，今改正。

覲世祖於上都　《舊傳》作入覲世祖於上都之大安閣，錢詹事曰　《本紀》至元三年始建大安閣，今希亮中統四年入覲於大安閣，史誤。

詔董文忠讞之　《舊傳》作董文用，錢詹事曰　《文忠傳》及姚燧《集》云：大府監屬盧甲盜剪官布，帝命殺以懲衆，文忠請付有司。盧甲即盧摯也，《舊傳》作文用，誤。

《耶律有尚傳》「祖思忠」至「投濠中死」　據元好問撰《龍虎衛上將軍耶律公墓志銘》。按思忠殉國，《金史》宜附載於其父履傳後，乃略而不書，此與《五代史》不載韓通何異？至明人修《元史》並不知有尚爲思忠之孫，其疏謬更不值一噱矣。

「父鈞」至「謚莊慎」　據姚燧《耶律鈞贈官制》。

王梓、韓思永等　據許文正《國學事蹟》。

考證二十一 卷一百三十一 列傳第二十八 札八兒火者（今本作阿剌淺） 哈三哈赤（今本作哈只哈心） 曷思麥里

《札八兒火者傳》有間道曰紫荆口 《舊史》：日暮入谷，黎明諸軍已在平地，疾趨南口，金鼓之聲若自天下，金人猶睡未知也，比驚起，已莫能支吾，關既破，中都大震。據《舊史》是太祖入北口，復南趨居庸，遂破之。按破居庸是哲别，非太祖自將。至云金鼓之聲若自天下，破居庸於睡夢之中，尤屬鋪張失實。諸軍既在平地，宜仰攻南口，安得云如自天下乎？洪氏《譯史補證》譏其全屬渺茫，信然。第《譯史》載此役甚詳，亦云繞出第二隘曰紫荆口。蓋出紫荆口之計發自札八兒，間道制勝，良爲奇計，惟《舊史》據家乘傳誌文字鋪張失實耳。又《譯史》作追至哈卜察勒，義爲口隘，洪氏遂據《舊史》本紀定爲古北口。按紫荆在居庸之西，居庸在古北口之西，云太祖攻古北口，越居庸，而遠繞紫荆，必無此理。揆之地勢，洪氏誤也。今從《譯史》以正《舊史》之失實，復據此《傳》以訂洪氏之誤，庶與當日情事符合。

隱居崑崘山 《舊史》誤作崑崙。

火者 西域部□名。《西域補傳》 阿里火者，有火者法克哀丁、洛克哀丁火者。火者即火和卓。

《哈三哈赤傳》哈三哈赤　《秘史》作阿三，《譯史》作忽遜哈赤，注：多桑作哈三，爲忽遜變音。今從多桑史，以與《秘史》音合。

《曷思麥里傳》率衆迎城　《舊史》作率可散等城。按可散即可孫，官名，非城名也。《舊史》誤，今改正。

古出魯　《舊史》作曲出律。

若可失哈兒、押兒牽、斡端　可失哈兒即額什噶爾，押兒牽即葉爾羌，斡端即和闐。

西域酋阿拉哀丁謨罕默德先遁　《舊史》帝親征，至薛迷斯干，與其主札拉丁合戰于月亦心竭赤之地，追襲札剌丁於阿剌黑城，戰于禿馬溫山，又敗之。追至憨顔城，又敗之。札剌丁逃入海。按《舊史》誤，太祖至撒馬兒罕，西域主阿拉哀丁已走，後竄入裏海之島中，《譯史》所載極爲詳明。至戰于月亦心竭赤，乃征其子札拉勒丁時事，與此役無涉。月亦心竭赤即烏爾韃赤，阿剌黑即阿格拉黑，乃從札拉勒丁者，人名誤西域名。憨顔城即□□□城，皆在札拉勒丁時事。《舊史》誤阿拉哀丁爲札剌丁，以子當其父，處處舛誤，今改正。

曲兒忒部、失兒灣等城　《舊史》作失兒灣沙等城，按沙爲部長之稱，非城名。曲兒忒即庫兒忒，乃族類名，非城名。《舊史》均誤，今改正。

谷兒只部　即角兒只，《譯史》作谷魯斤。

黑林城　即怯憐之對音，怯憐，馬札兒部長名。

鐵耳山　即《譯史》孩兒桑之對音，地名，非山名。

獲扯耳尼哥酋穆斯提拉甫　《舊史》作獲其國主密只思臘。按扯耳尼哥酋非俄羅斯酋也，《傳》誤。密只思臘即移斯提拉甫。

尋征康里至孛子八里　《譯史證補》蒙古滅康里不知在何年，西史亦失考，似在戰勝俄羅斯之後。按此《傳》明言征康里事在征俄羅斯之後，不必致疑。

軍還　《舊史》尋征康里，與其霍脱斯罕戰，又敗其軍，軍進至欽察，平之，軍還。按平欽察事在前，《傳》誤。霍脱即霍灘，乃欽察酋名，非康里酋，《傳》亦誤。

强伸　《舊傳》作强元帥，《舊傳》稱其圍懷州。按强伸死守濟陽，安能圍蒙古城邑？殊非事實。

考證二十二　卷一百三十三　列傳第三十　牙剌洼赤

《牙剌洼赤傳》牙剌洼赤　《譯史》作謨罕默德牙剌瓦赤，《舊史》太宗本紀作麻合没的滑剌西迷，他卷又作牙老瓦赤哈喇斯迷，今從《秘史》。李文田《元秘史注》謂牙剌洼赤即《昔班傳》之闊里别斡赤，非是，牙剌洼赤與闊里别斡赤亦非對音。

考證二十三 卷一百三十六 列傳第三十三 孟速思

《孟速思傳》後徙大都　據程鉅夫撰《武都忠簡王神道碑》。

八里木阿的息思　據《神道碑》。

又使迎安藏於和林　據《安藏傳》。

大德十一年　《舊傳》作武宗朝，誤。

買奴　據《神道碑》。

《阿失帖木兒傳》　《舊史》無傳，據《神道碑》補。

考證二十四 卷一百三十八 列傳第三十五 史天祥史秉直傳附

《史天祥傳》秉直從祖弟也： 《舊史》以懷原稿以下殘闕碑，天祥爲尚書曾祖仲氏之孫，是懷闕。

銀答忽 《太祖本紀》、《木華黎傳》均作寅闕。按《本紀》木華黎攻北京，金元帥烏古闕守，《舊傳》作降其北京留守銀答忽曰闕。元以後之官，《舊傳》誤。《本紀》先烏古闕寅答虎上降元後始爲同知，《舊傳》闕。

西乾河答魯 按《吾也而傳》，金將撻闕口即乾河，惟《吾也而傳》斬撻魯於闕戰死爲不同耳，今兩存之。

興州守將趙守玉反，天祥與吾也闕： 討興州，禽其節度使趙守玉，不闕事亦不及天祥。

仙兄貴至，掩捕之 按《木華黎傳》闕。祥所掩捕，二傳互異，《舊傳》闕。實籍以來降之内，何煩兵力？

木華黎欲手斬吾也而 按吾闕以功上聞，正與此《傳》相反，今闕。

「世祖謂 『郭子儀、曹彬』」至「史天澤」闕。

考證二十五 卷一百四十 列傳第三十七 劉鼎 張迪同附張榮傳

《劉鼎傳》 《舊史》無傳，據程鉅夫撰《彭城獻穆侯劉府君神道碑》補。

《劉敏中傳》知制誥兼修國史 據《神道碑》。

《張迪傳》 《舊史》無傳，據歐陽玄撰《張公先世碑》補。

張鐸 從《舊史》。《碑》作「鑄」，乃字誤，以字「宣卿」推之，宜爲「鐸」。

考證二十六 卷一百四十四 列傳第四十一 匡才

《匡才傳》：《舊史》無傳，據程鉅夫撰《匡氏褒德碑》補。

率所部降於都元帥大赤：《碑》載降於甲午，爲太宗六年。按《本紀》五年金人以海、沂等州來降，才降蒙古必在此時，以邳與海、沂等州鄰境也。若甲午，則才以孤城獨守二年，恐無此情事矣。

考證二十七 卷一百四十五 列傳第四十二 靳用 靳和傳附

《靳用傳》：《舊史》無傳，據程鉅夫撰《靳同知墓碑》補。

考證二十八　卷一百四十八　列傳第四十五　王慶端王善傳附

《王慶端傳》「議用甓」至「賜銀鈔」　據程鉅夫撰《王忠穆公墓碑》補。

十九年設詹事院，就兼詹事丞　據《墓碑》。《舊傳》作改詹事丞，誤。

「世祖聞其事」至「宰相之器也」　同上。

慶端引義仍請扈從　同上。

「贈推忠」至「謚忠武」　據《恒山忠武王王慶端墓碑》，程碑贈官謚在前，此碑在後。

子桓　《舊史·文宗本紀》分命勇士執中書左丞朶朶等下獄，内有太子詹事丞王桓，桓由平章政事改除詹事丞，史無明文，其後或爲燕鐵木兒所殺或釋之，皆不可考矣。

考證二十九　卷一百四十九　列傳第四十六　月乃合

《月乃合傳》　馬祖常撰《禮部尚書馬公神道碑》作月合乃，又作月忽乃。

後徙於净州　據《金史·馬慶祥傳》。

因以馬爲氏　錢詹事《攷異》曰：《馬祖常傳》：高祖錫里吉思，金季爲鳳翔兵馬判官，子孫因其官以馬爲氏。祖常撰月合乃《神道碑》同，與此《傳》皆不合。今考《金史·馬慶祥傳》，史既係以馬姓，則以馬立氏由來已久，當以昔里吉思以兵馬判官死節，子孫引以爲榮，故歸之耳。

「父馬慶祥」至「不屈而死」　據《馬慶祥傳》。

一嫗抱嬰兒出，即月乃合也　據袁桷《開封郡伯馬公神道碑》。《舊傳》父死時年方十九，誤甚。袁與馬祖常同僚，祖常請桷撰其父碑，不容紕繆。《舊傳》誤明矣。

金亡北渡河　《舊傳》作奉母渡河。按昔里吉思盡室自焚，月乃合乃一乳嫗抱之出，安得有母奉之？《舊傳》殊失實。

《馬潤傳》　《舊史》無傳，據《神道傳》補。

考證三十 卷一百五十一 列傳第四十八 也黑迭兒

《也黑迭兒傳》 《舊史》無傳，據歐陽玄撰《馬合馬沙公碑銘》補。

西域人 《碑》云系出西域，世爲大食國人。按唐之大食國在元初爲報達，也黑迭兒是報達人也。以無明文，仍《舊史》體例，作西域人。

大興府尹張柔 據《張柔傳》。

考證三十一 卷一百五十二 列傳第四十九 阿兒思蘭

阿兒思蘭傳蔑怯思都城 《舊史》作圍阿兒思蘭之城即阿速都城名蔑怯思，今據《譯史》改正。

闊兒哥叛軍 即《譯史》之扯耳思哥，《舊史》以爲叛軍則誤。

諭降爲所殺 《舊史》作力戰死之，《譯史》載遣使諭降，不云是阿散真，今考酌書之，以憲宗未嘗與扯耳思哥王接戰也。

考證三十二 卷一百五十三 列傳第五十 田嗣叔

《田嗣叔傳》：《舊史》無傳，據程鉅夫撰《趙國公田府君神道碑》補。

考證三十三　卷一百五十五　列傳第五十二　闊闊

《闊闊傳》命闊闊與廉希憲皆師事之　按《王鶚傳》作命闊闊與柴禎等五人從之游。

考證三十四 卷一百六十 列傳第五十七 貫雲石阿里海牙傳附

《貫雲石傳》 《舊傳》作小雲石海涯，今據歐陽玄撰《貫公墓誌銘》。

貫只哥馭下寬 據《墓誌銘》。

考證三十五 卷一百六十三 列傳第六十 鄭制宜鄭鼎傳附

《鄭制宜傳》鼎攜之入見世祖　據袁桷撰《鄭公行狀》。叱之曰：「汝賊也！」

鄭制宜死惟一子　《舊傳》作而父歿王事，惟有一子。誤屬於鄭鼎，誤。

故事樞臣扈從　《行狀》：院留母行，公曰：「年少宜服勞，願以偕行。」上愛而勿許。與《舊傳》不同，今從《舊傳》。

籍於官者三十萬頃　據《行狀》。

「制宜性恭謹」至「眷之厚」　同前。

制宜事母孝　《舊傳》云以賜内醖奉母，帝聞之，封潞國大夫人。誤綴二事爲一，今不取。

「鄭阿思蘭」至「海内寃之」　據《武宗本紀》。

謚敬敏　據柳貫撰《鄭阿思蘭謚議》。

考證三十六 卷一百六十五 列傳第六十二 吴祐 吴安民吴祐傳附 梁禎

《吴祐傳》《舊史》無傳，據陸文圭撰《武德將軍吴侯墓誌銘》補。

《吴安民〔傳〕》《舊史》無傳，據袁桷撰《吴氏墓誌銘》補。

《梁禎傳》《舊史》無傳，據袁桷撰《武義將軍梁公神道碑》補。

考證三十七 卷一百六十七 列傳第六十四 游顯 賈居貞

《游顯傳》 《舊史》無傳，據姚燧撰《神道碑》補。

劉儀 《太宗本紀》作義。

位宣撫使張文謙下 《世祖本紀》中統元年張文謙爲大名彰德路宣撫使，游顯副之。按《碑》不言顯爲副使。

「以顯行宣慰司」至「皆隸之」 據《世祖本紀》，此事《碑》不載。

線真罷右丞相 按《舊史》無線真傳，僅於游顯《神道碑》附見此事，然亦可見其人之諒直。

顯以七騎抵城下 按陳（元）〔立〕武撰《游資德生（詞）〔祠〕記》稱顯隻身渡略約抵城下，與《碑》小異。《碑》云遷中奉大夫、行浙西宣慰使，不言階資德大夫，陳《記》可補其闕。

《賈居貞傳》真定獲鹿人 按《金史·賈守謙傳》云沃州人，沃州元改趙州，似居貞當爲趙州人。姚燧撰居貞《神道碑》云歸葬威州井陘牛山先塋，似居貞又當爲威州井陘人。《舊傳》云真定獲鹿人，未知何據，不敢臆改也。

「祖守謙」至「蔡州推官」 據《神道碑》。

稱爲清慎

居貞習國語，命特入奏事：皆不許　並（且）〔同〕上。《舊傳》作不拜。按《舊傳》全用燧文，略爲删改。《碑》云皆不許，乃世祖不許其辭官，《舊》改不拜，正與《碑》相反。

罷諸侯世守，立遷轉法　據《世祖本紀》。

「知襄陽府」至「佩虎符」　據《神道碑》，《舊傳》略之。

「居貞嚴戢士卒」至「斬之」　同上。

「免括商船」　《舊傳》誤作免括商税。

「下令凡宋告身」至「坐死」　據《神道碑》，《舊傳》改告身爲文帖，尤誤。

「都昌與吾南康」至「磔之」　同上。

謚文正　據《神道碑》。

「居貞貌粹」至「〔負〕書讀之」：

「子鐸」至「鹽官州」　並同上。

子汝立　《舊傳》作子汝立嗣。錢詹事曰：史稱某入嗣者，皆謂先世有封爵，以其人承襲也。賈氏無世職，不當云嗣。

「冬大雪」至「悉以諮之」　據《神道碑》。

考證三十八 卷一百七十二 列傳第六十九 張庭珍 李克忠

《張庭珍傳》「性彊毅」至「《左氏春秋》」　據姚燧撰《神道碑》。

「庭珍勃然曰」至「撝之去」：

「庭珍嫌江水温惡」至「皆讋服」　並同上。

光昞惶恐下拜　按《舊史·〔安〕南傳》，七年十一月，中書省移牒光昞，言其受詔不拜，待使介不以王人之禮，光昞復書抗辯不屈。《庭珍傳》則云光昺惶恐下拜，姚燧撰《神道碑》亦云王屈下拜，蓋據傳狀之詞，未足馮信也。

聞喪不得輒行　據《神道碑》。

「河北旱」至「事寢不下」　同上。

年五十六：

「子岳」至「行省宣差」　並同上。

《李克忠傳》　據歐陽玄《李氏先塋碑》。

至元十二年世祖遣哈撒兒海涯、奴剌丁使安南　據《舊傳》。以下闕傳雖不言，然十二年三月遣哈撒兒海涯充安南達魯花赤，仍仝以下闕正合，非略奴剌丁及李克忠不言耳。

克忠要以三事　按《安南傳》下詔諭以六事：君長親朝，子弟入質，編民數，與此三事同。其出軍役，輸租稅，當併入籍户之内。仍置達魯花赤，則是時安南雖請裁達魯花赤，中國並未允之，故克忠□以此相要也。

納洪土老蠻　《舊史》本紀作禿老蠻。十五年雲南行省招降禿老蠻高州、筠、連等城寨，即此。

工部郎中兼計議官　按《安南傳》，十五年，遣禮部尚書柴椿，會同館使哈剌託，因工部郎中李克忠，工部員外郎董端，持詔往諭，與《碑》合。

陪臣黎仲堪　據《安南傳》，八年陳光昺復中書省書，有云陪臣黎仲堪等陛見之日，是前此仲堪已入覲，今復與克忠同來。《碑文》載克忠三至安南，以《史·安南傳》皆略之，僅一載其名，圭齋此《碑》足裨史闕。

考證三十九 卷一百七十三 列傳第七十 王顯祖 李元 孫顯

《王顯祖傳》《舊史》無傳，據陸文圭撰《總管王公行狀》補。

要束木以貪暴聞，命達爾罕往鞫之 《舊史》作塔剌海，《本紀》二十六年詔械要束木，致湖廣省誅之，不載命塔剌海往鞫其事，衹云罷塔剌海等理算僧官錢穀。

先散鹽而後支價 《成宗本紀》：元貞元年，廣西鹽先給引而徵其直，私鹽日横，及官自鬻，民復不售。詔先以鹽與民，而後徵之。即顯祖此法。當是因顯祖申請，而推行於廣西。

《李元傳》（史舊）〔《舊史》〕無傳，據《李元墓碑》。按其從北平王，爲昔里吉思所拘之事，《碑文》詳覈，可補史闕。

北平王那木罕 《舊（使）〔史〕》本紀中統三年封皇子南木合爲北平王，南木合即那木罕，惟《本紀》不載那木罕征西域事。

至元十四年諸王昔列及叛 《舊史》世祖本紀作十四年，昔列及，《舊史》作昔里吉。《碑》云十五年，誤。

王薨 按《舊史》諸王表，那木罕薨於大德五年。

《孫顯傳》《舊史》無傳，據姚燧撰《神道碑》補。

河南路課竹税　按《食貨志》至元四年命制國用使司印造懷、孟等路司竹監引一萬道，凡發賣皆給引。二十二年罷司竹監，聽民自賣輸税。明年，又用郭畯言，復立竹課提舉司，凡輝、懷皆隸焉，在官辦課，在民輸税。二十九年，丞相完澤言懷、孟竹課無所出，宜罷，世祖從之。顯爲懷、孟總管，在大德二年已經完澤奏罷竹課，而顯尚白其事於户部，改辦課爲納税。蓋完澤奏罷之後，又規復其舊額乎？史文闕略，不可徵矣。

考證四十 卷一百七十四 列傳第七十一 曹世貴 韓政 白棟 高良弼 詹士龍

《曹世貴傳》《舊史》無傳，據姚燧撰《神道碑》補。

副國王塔納格爾 《世祖本紀》作「頭輦哥」。

導其王入覲 《碑》云縛林衍致闕，按《世祖本紀》及《高麗傳》均云衍病死。《碑》云縛致，當據傳狀增飾之詞。

《韓政傳》《舊史》無傳，據袁桷撰《韓威敏公家傳》補。

相威討西番 按《相威傳》以海都有異志，拜征西都元帥。不載其討西番事，可補《舊史》之闕。

劾盧世榮 按政以武夫，能糾劾奸人，不愧風憲之臣，一時所罕也。

《白棟傳》《舊史》無傳，據姚燧（碑）〔撰〕《神道碑》補。

棟爲講鄭伯克段於鄢 按此爲阿里不哥事，棟可爲伉直矣。

《高良弼傳》《舊史》無傳，據姚燧（傳）〔撰〕《神道碑》補。

運使郭琮 按郭琮即賊殺趙炳者，良弼爲琮同官，坐視炳之冤死，亦不能無罪。

《詹士龍傳》《舊史》無傳，據劉楚臣《詹公墓誌銘》。

考證四十一

卷一百七十六　列傳第七十二　王綧

《王綧傳》高麗王瞮族子也　《舊史》誤作暾。瞮音徹。瞮族子，據《太宗本紀》。《舊傳》作猶子。

封永寧公　據李齊賢撰《高麗忠憲王世家》。

入爲禿魯花　同上。

哈丹等收散卒，脅掠水達達女直之地　同上。

太宗十三年瞮遣綧　據《太宗本紀》。以李齊賢撰《世家》考之，應在六皇后稱制二年。《玉昔帖木兒傳》，禿魯干不知所終，據此《傳》知古都與禿魯干俱降於兀愛，《玉昔帖木兒傳》未覈。《李庭傳》稱其走死高麗，亦誤。

考證四十二 卷一百八十二 列傳第七十九 羅璧

《羅璧傳》「幼孤以孝聞」至「善騎射」 據程鉅夫撰《都水監羅府君神道碑》。

「廷議轉江南之粟」至「海道使」 據《神道碑》。《舊傳》敘此事稍舛，璧先主海運之議，後漕粟至楊邨始擢萬户，與朱清、張瑄同列。

賜宴中書省 同上。

上便宜十二策 同上。

「峒蠻奪民田」至「民皆悦服」 同上。數事皆璧之惠政，《舊傳》删去之，殊不合。

浚阜通河而廣其隄 同上。《舊傳》改浚阜通河而廣之，誤。

奉命治邳、徐水災 同上。

考證四十三　卷一百八十八　列傳第八十五　閻復　白恪　張伯淳

《閻復傳》字子静　據袁桷撰《閻文康公神道碑》。《舊傳》作子靖。

時稱東平四傑　據《神道碑》。

兼集賢侍講學士　《舊傳》作改集賢侍講，誤。

改集賢學士　《舊傳》不載。

知讓誠美事勿强之　據《神道碑》。

條上十九事　同上。

以老致仕，進榮禄大夫，遥授平章政事　此因復致仕，故以摇授官寵其行。《舊傳》：「未幾，進榮禄大夫，遥授平章政事，餘如故，復力辭，不允。」誤以遥授官爲見任官，失其實矣。

婦弟李處恭　據《神道碑》。

子嗣度　同上。

拜翰林學士承旨　按袁清容撰白恪《神道碑》稱承旨閻公持士論賢否。撰復《碑》則云：「入議事堂，鵠峙山立，中外各改容以奉。」並著微詞，殆復以先進自居，有簡於同僚之意歟?

《白恪傳》 《舊史》無傳,據袁清容撰《白公神道碑》補。

行省平章要束木 《碑》不言其人,以事考之,則要束木也。

哈剌哈孫拜行省平章 據《哈剌哈孫傳》。《碑》作丞相太傅公,據見官稱之。

公田租減十二 按公田爲宋賈似道之苛政,《碑》云賈某公田,某即似道。

《張伯淳傳》字師道 據程鉅夫撰《張公墓誌銘》。

知制誥,同修國史 同上。

考證四十四　卷百一八十九　列傳第八十六　程鉅夫　袁桷

《程鉅夫傳》十一年世祖召問宋何以亡　據揭傒斯撰《雪樓先生行狀》。

「以銀盆磨墨」至「頓首謝」　據《行狀》。

十六年授應奉翰林文學，明年進修撰　《行狀》。危素撰《神道碑》並同。《舊傳》以應奉翰林文字與召見爲一時事，誤。

「取會江南仕籍」至「給江南官吏俸錢」　據《雪樓集》。

「時宫門已閉」至「程秀才來矣」　據危素撰《神道碑》。

民間利病七事　《行狀》、《神道碑》俱作五事，乃字誤。

「江南買賣」至「江南官吏」　據《雪樓集》。

召屬吏諭之曰　據《行狀》。

明年加商議中書省事　《行狀》。《神道碑》並同，《舊傳》誤。

每呼程雪樓而不名　據《行狀》。

朱子《貢舉私議》可損益而行　據《行狀》。

經學當用程朱傳注　據《神道碑》。

「博聞强識」至「《雪樓集》四十五卷」　據《行狀》。

十年金谿縣尹　據《行狀》。

大本秘書省著作郎　據《雪樓集》。《行狀》作郊祀署□令，蓋作《行狀》時大本尚未官秘書。

孫世京集賢修撰　據《雪樓集》。按《雪樓集》爲世京重編。

《袁桷傳》父洪　據程鉅夫撰《袁府君墓誌銘》。

其序曰　據《清容居士集》。

少好學，讀書常達旦不寐　據蘇天爵撰《墓誌銘》。

「近代禮樂之沿革」至「爲之一更」　同前。

「修三史」至「著作郎」　同前。

考證四十五 卷一百九十 列傳第八十七 趙孟頫 趙與 趙孟頫傳附

《趙孟頫傳》宋太祖十一世孫　據歐陽玄撰《神道碑》。

宋亡，益自力於學　據楊載撰《行狀》。

「御史中丞」至「逐之出」　同上。

謝曰吾失在不學：

參議高明持不可：

戒毋令桑哥知：

狀元前受宋朝恩　並同上。

使我有萬世名，子昂之力　據《神道碑》。

賀勝以不通文字　據《行狀》。

「帝曰朕年老」至「謝不對」　同上。

遷集賢學士　《舊史》漏不載，據《行狀》。

「一帝冑」至「佛老之學」　據《行狀》。

贈江浙行省平章　據《神道碑》。

雍官至集賢侍制　據《元史類編》。

取孟頫及管氏子雍所書　據《行狀》。

《趙與票傳》十四年召至上都　據袁桷撰《趙公墓誌銘》。《舊傳》作十三年，誤。

「極言沈默爲高」至「深然之」　據《墓誌》。

孟寶、孟賚　同前。

帝問宗室之賢者　按袁清容撰《行狀》：會大臣有奇公狀貌，告於世祖皇帝。不言伯顏荐之，與《舊傳》不同。

十五年與票奏之　據袁桷撰《趙公行狀》。

又言江南括責聚斂　同前。

考證四十六 卷一百九十一 列傳第八十八 王構

《王構傳》少以詞賦入鄉學　據袁桷撰《王文肅公墓志銘》。

行臺從事賈居貞　據《賈居貞傳》。居貞爲東平行臺掌書記，見構而器之，非構爲行臺官。《舊傳》誤以掌書記屬構，舛戾殊甚。

詔構與李槃徵賢能　據《墓志》。構奉詔至臨安求賢，因與董文炳言，輦致三館圖書，《舊傳》作構與李槃被旨至杭取三館圖籍云云，誤莫甚矣。

受業於東平李謙　據《墓誌》。

限一月治辦　同前。

「撰太祖追謚册」至「亡慮數十人」　同前。

贈大司徒謚文肅　同前。

文集三十卷　據袁桷撰《請謚事狀》。

考證四十七 卷一百九十二 列傳第八十九 大乘都 唐仁祖 潔實彌爾

《大乘都傳》《舊史》無傳，據程鉅夫撰《秦國公先墓碑》補。

別失八里人　別八失里即高昌故地，大乘都亦畏兀氏。《碑》云別失八里人，今仍《碑》文之舊，不爲改易。

阿都直　《舊史·世系表》安西王忙哥剌二子阿難荅。按檀不花無阿都直之名，可補《史》表之闕。

王出征土番　《世祖本紀》三十年，敕選河西質子軍，赴皇孫阿難荅所出征，即此事。

大慈都平章政事　《舊史·宰相表》不載，《武宗本紀》大慈都由太子少詹事爲太子詹事，不言爲平章。

《唐仁祖傳》拜參議尚書省事　按仁祖十八年往平陽閱真定等路，爲阿合馬秉政事。參議中書，則桑哥當國之時，在二十五年，相距七八年。仁祖前抗阿合馬，後抗桑哥，《舊傳》殊未分晰。

《潔實彌爾傳》《舊史》無傳，據吴澄撰《齊國文忠公神道碑》補。

回鶻氏　《碑》作北庭人。按元人以回鶻種爲北庭人，裕宗謂高昌、回鶻皆貪，獨汝不樂其俗，是也。

考證四十八 卷一百九十五 列傳第九十二 蕭泰登 權秉忠

《蕭泰登傳》 《舊史》無傳，據程鉅夫撰《監察御史蕭則平墓誌銘》補。

副李衎往諭安南 事見《舊史·安南傳》。

《權秉忠傳》 《舊史》無傳，據程鉅夫撰《權公墓誌銘》補。

考證四十九 卷二百六 列傳第一百三 歐陽玄

《歐陽玄傳》「居父喪」至「三瑞焉」 據危素撰《行狀》。按《元史類編》注引元明善撰《行狀》、危素撰《墓碑》，今《圭齋集》止有危素撰《行狀》一篇，疑《類編》誤也。

「帝問前蕪湖尹」至「少監」 據《行狀》。

至順元年修《經世大典》 同上。

「元奏衍聖公」至「改給三品印」 據《元史類編》。

遺奎章閣典籤 據《行狀》。

湖廣行省中書左丞相 據《行狀》。《舊傳》作左丞誤。

《圭齋集》四十四卷 據揭傒斯撰《文集序》。宋濂爲《序》者，乃二十四卷本，今通行本十六卷。

考證五十 卷二百十一 列傳第一百八 曾福仲 劉聞 均逯魯曾傳附

《曾福仲傳》 《舊史》無傳，據明曾鳳韶撰《墓誌銘》補。

逯魯曾不能對 按此事見《舊史·逯魯曾傳》，不云聞之福仲，第《魯曾傳》語前後違舛，恐有訛誤。

朵斤只歹 即朵兒只。

《劉聞傳》 據歐陽玄撰《劉聘君墓碑》。

天臨路 即潭州路，文宗天曆二年改爲天臨路。

考證五十一　卷二百十九　列傳第一百十六　星吉　石抹宜孫　邁里古思　蘇友龍　均石抹宜孫傳附　也兒吉尼

《星吉傳》除中尚監丞　據宋濂撰《神道碑》。《舊傳》奪「丞」字。

「謹於出納」至「不與」

「疏劾帖木迭兒倒刺沙」至「出爲江南行台御史大夫」　並同前。按星吉涖官，並有名績，《舊史》削而不載，祇云十五遷至宣政使，出爲江南行台御史大夫，疏漏過甚。濂撰《神道碑》在《明史》既成之後，叙述特詳，殆欲彌縫其闕歟？

「星吉擇剛明御史」至「盡斷其田於民」　同前。

丞相脱脱惡之　據《神道碑》。《舊傳》作執政者惡之。

惡得從小門入　同前。《舊傳》作焉得從不退之道入乎？不如《碑》得其實。

械其酋數十人　《碑》作六百人，今從《舊傳》。

平章和尚　據《神道碑》。

「詔與浙西平章」至「守江州」

「星吉建閫太平」至「以圖恢復」　並同前。《舊傳》叙戰事前後舛錯，今依《碑》改正。

「狂賊我國家大臣」至「何謂降也」

「贈開府」至「謚忠肅」「子刺咱識理」至「山東按察副使」　並同前。

《石抹宜孫傳》蕲黄賊自閩犯龍泉　據宋濂撰《章溢神道碑》。

處州判官欲盡誅良民注誤者　據《章溢碑》。《舊傳》漏此事，賴《碑》載之。

宜孫檄章溢以民兵赴援　同上。

「遣千户曹勝安」至「東陽諸賊」　據宋濂撰章溢、胡深《神道碑》。

其母與弟俱爲明兵所獲　據《明史·陳友定傳》。

明將胡大海間道攻處州　據《胡深碑》。

「走建寧」至「爲所害」　據《明史》。《舊傳》作至慶元縣爲亂民所害，殊失實。今據《明史》改正。

《邁里古思傳》　《舊傳》簡略，今據《輟耕録》補。

「黄中等以奇計紿賊」至「大潰」　據宋濂《贈行軍鎮撫平寇詩序》。

方國珍遣兵侵紹興　按國珍先動兵，邁里古思始興帥問罪。陶宗儀如斥其擅興師旅，黜之斬之皆可。是非倒置甚矣，今不取。

「贈中大夫」至「西夏侯」　據楊維楨撰《邁公墓志銘》。

《蘇友龍傳》 《舊史》無傳，據宋濂撰《墓誌銘》補。按濂文云：友龍以政事聞於時，附載《元史》。檢《舊史》，無《友龍傳》，惟《石抹宜孫傳》載其名，濂偶忘之耳。

《也兒吉尼傳》 《舊史》無傳，據《永樂大典》卷二千三百四十三引鄒魯撰《德政碑》、《蒼梧郡志》及《元史類編》補。

字尚文，唐兀氏 據鄒魯撰《德政碑》。

疏玏丞相別兒怯不花 《德政碑》但云疏玏丞相，無人名。證以《舊史》，則別兒怯不花也。按《別兒怯不花傳》，御史玏別兒怯不花，詔復加太保，言章交至，別兒怯不安，尋謫居渤海縣，皆與《德政碑》合。惟《碑》云罷相爲太保，《傳》云加太保爲不同。

「丁父憂」至「鼓行而西」 據《德政碑》。

「乃議繕城郭」至「皆出於此」 據《元史類編》（集）。

「集諸將謂之曰」至「廣西始定」 據《德政碑》。

都元帥甄崇福 《德政碑》祇云都元帥，無人名。《舊史·順帝紀》 廣西元帥甄崇福復道州，誅周伯顏。今據增。

使萬户孫思敬赴援 據《順帝紀》。則元帥甄崇福之功，蓋孫爲崇福之偏裨。

湖廣行省平章政事兼廣西道肅政廉訪使 據臨桂縣至正修《舜廟碑》。

「立廣西行省」至「十五年」　據《順帝紀》。

「使副使王暹」至「無中者」　據《永樂大典》引《蒼梧郡志》。

使萬户黄祖顯　按《順帝紀》　十二年徐壽輝僞將許甲攻衡州，洞官黄安撫敗之，即此事。

「六月璟使降將」至「城遂陷」　據《明太祖實録》。

「追執之」至「全家自殺」　據《元史類編》。

考證五十二 卷二百二十九 列傳第一百二十六循吏 王德亮 邢裕今本作邢德裕 柯謙 柯九思柯謙傳附

《王德亮傳》 《舊史》無傳，據程鉅夫撰《王君墓志銘》補。

《邢裕傳》 《舊史》〔無〕傳，據袁桷撰《邢尚書墓碑》。

教學者以雅樂祀孔子廟 武億《邢尚書墓碑跋》 秉仁移廣平路，教學者以雅樂祠事先聖。蓋即《禮樂志》延祐五年命各路府宣聖廟置雅樂。秉仁能奉行之，以淑其士民，良吏之績，莫著於兹。然《元史》不附於《良吏》之後，採摭之疏也。

充廣平彰德等鐵冶都提舉 武億《跋食貨志》。延祐六年始罷兩提舉司，併爲順德、廣平、彰德等處提舉司。此不言順德者，當未與廣平、彰德併爲一。是秉仁爲此官，在延祐以前。

民爲立去思碑 據邢氏《先塋碑》。

《柯謙傳》 《舊史》無傳，據張養浩撰《墓志銘》補。

《柯九思傳》 據《元史類編》。

「舉學士虞集」至「揭傒斯次之」 據《輟耕録》。

奎章閣學士院鑒書博士 據九思撰《河源志序》。

考證五十三 卷二百三十四 列傳第一百三十一儒林一 陳庚 徐之綱 薛玄

《陳庚傳》 《舊史》無傳，據程鉅夫撰《陳先生墓碑》補。

「兄賡」至「《敝帚集》」 據程鉅夫撰《河東宣慰司參議陳公墓碑》。

《徐之綱傳》 《舊史》無傳，據袁桷撰《徐君墓志銘》補。

《薛玄傳》 《舊史》無傳，據程鉅夫撰《薛庸齋先生墓碑》補。《碑》稱河南薛玄微。鉅夫撰《洛西書院碑》則云下邽薛先生玄。是庸齋名玄、字玄微也。

考證五十四 卷二百三十六 列傳第一百三十三 儒林三 劉莊孫 劉彭壽

《劉莊孫傳》 《舊史》無傳，據袁桷撰《劉隱君墓誌銘》補。

《劉彭壽傳》 據歐陽玄《功》(下闕)。

考證五十五　卷二百三十七　列傳第一百三十四　文苑上　戴表元　劉詵

《戴表元傳》　《舊史》無傳，據袁桷撰《墓誌銘》補。

《剡源集》　袁桷《師友淵源録》作《榆林集》。

《劉詵傳》鄉人鄧光薦至，深器之　據歐陽玄撰《墓碑》。

周鼎　據《元史類編》。

考證五十六　卷二百四十　列傳第一百三十七　篤行下　姚仲實

《姚仲實傳》　據程鉅夫撰《姚長者碑》。

考證五十七 卷二百四十一 列傳第一百三十八 隱逸 王義端張慶之傳附

《王義端傳》 《舊史》無傳，據程鉅夫撰《墓志銘》補。

考證五十八　卷二百四十二　列傳第一百十九　藝術　李時　胡夢魁

今本無傳，今附此卷後。

《李時傳》　《舊史》無傳，據劉楚臣《李時傳》。

《胡夢魁傳》　《舊史》無傳，據程鉅夫撰《胡君墓碣》補。